21世纪高等院校创新精品规划教材

现代教育技术

主　编　田　斌

副主编　谢利东　邓小华　李志坚

主　审　杨国龙

中国水利水电出版社
www.waterpub.com.cn

内 容 提 要

现代教育技术是现代教师必备的专业技能，为此师范类专业均开设了“现代教育技术”这一公共课程。

本书以提高教学效率和效益为宗旨贯穿始终，突出内容的新颖性、实践性和示范性，包括5篇8章6个实践训练项目内容，其中“理论篇”包括“教育技术概述”、“教育技术理论基础”和“教学系统设计”三章的内容，主要介绍现代教育技术的基本概念和理论基础；“资源篇”包括“媒体符号系统在现代教学中的应用”、“数字化学习资源的设计与开发”两章的内容，主要介绍现代教学中的媒体符号系统、多媒体课件与网络课程的设计与制作；“环境篇”包括“学校现代教育技术环境”一章的内容，主要介绍传统教学媒体环境、计算机与校园网环境以及多功能教室环境；“应用篇”包括“现代远程教育”和“信息技术与课程整合”两章的内容，主要介绍现代教育技术在远程教育领域和课堂教学的具体应用；“活动篇”是对前面各章节所涉及理论内容的实践操作。

本书可作为高等院校师范类专业的现代教育技术公共课教材，也可作为教师现代教育技术培训教材。

本书配有电子教案和素材文件，读者可以从中国水利水电出版社网站和万水书苑免费下载，网址为：http://www.waterpub.com.cn/softdown/和 http://www.wsbookshow.com。

图书在版编目（ＣＩＰ）数据

现代教育技术 / 田斌主编. -- 北京 : 中国水利水电出版社, 2010.8 （2013.8 重印）
21世纪高等院校创新精品规划教材
ISBN 978-7-5084-7710-7

Ⅰ. ①现… Ⅱ. ①田… Ⅲ. ①教育技术学－高等学校－教材 Ⅳ. ①G40-057

中国版本图书馆CIP数据核字(2010)第138096号

策划编辑：寇文杰　　责任编辑：张玉玲　　加工编辑：樊昭然

书　名	21世纪高等院校创新精品规划教材 现代教育技术
作　者	主　编　田　斌 副主编　谢利东　邓小华　李志坚 主　审　杨国龙
出版发行	中国水利水电出版社 （北京市海淀区玉渊潭南路1号D座　100038） 网址：www.waterpub.com.cn E-mail：mchannel@263.net（万水） sales@waterpub.com.cn 电话：（010）68367658（发行部）、82562819（万水）
经　售	北京科水图书销售中心（零售） 电话：（010）88383994、63202643、68545874 全国各地新华书店和相关出版物销售网点
排　版	北京万水电子信息有限公司
印　刷	北京蓝空印刷厂
规　格	184mm×260mm　16开本　13.25印张　324千字
版　次	2010年8月第1版　2013年8月第4次印刷
印　数	8001—10500册
定　价	23.00元

前　　言

现代教育技术是教学改革的突破口和制高点，是教师必备的专业技能之一。目前，在教师的职前教育阶段，高等师范院校都开设了“现代教育技术”公共课，旨在向师范生传播现代教育技术理论，培养师范生运用现代教育技术进行教学改革的意识和能力，以培养能适应教育信息化发展、能设计有效教学，提高教学质量和效率、能实施素质教育的现代教师。

“现代教育技术”公共课程受众面广、课程内容更新较快。为此，楚雄师范学院教育技术教研室充分发挥教研室各位教师对现代教育技术多年的研究和教学经验优势，组织编写了此教材。教材力求反映时代气息，体现现代教育技术最新发展动态，同时兼顾文、理科学生知识面和操作技能差异，注重教学效率和效益研究，注重实践性和示范性。

“理论篇”、“资源篇”、“环境篇”、“应用篇”以及“活动篇”五大部分构成了本书的基本框架，它们基本涵盖了现代教育技术的主要内容。理论篇包括“现代教育技术概述”、“现代教育技术理论研究”和“教学系统设计”三章的内容，主要介绍现代教育技术的基本概念和理论基础。资源篇包括“媒体符号系统在现代教学中的应用”、“数字化学习资源的设计与开发”两章的内容，主要介绍现代教学中的媒体符号系统、多媒体课件与网络课程的设计与制作。环境篇包括“学校现代教育技术环境”一章的内容，主要介绍传统教学媒体环境、计算机与校园网环境以及多功能教室环境。应用篇包括“现代远程教育”和“信息技术与课程整合”两章的内容，主要介绍现代教育技术在远程教育领域和课堂教学的具体应用。活动篇是对前面各章节所涉及的理论内容的实践操作，以提高学习者现代教育技术的应用操作能力。

本教材在现代教育技术相关理论研究方面有所创新，特别是对媒体符号系统的专题研究，具一定的新颖性，避免再次步入现代教育技术“重硬轻软”、本末倒置的误区。

教材的特点如下：

（1）突出新颖性和实践性。本书以“新颖性”和“实用性”为标准来取舍内容，舍弃了部分不实用或跟不上信息技术发展要求的内容，吸取了大量现代教育技术的最新研究成果，以及信息技术发展的最新动态。在内容组织上，以教学设计为主线来组织各部分内容，包括5篇、8章、6个实践训练项目，突出对学生动手能力的培养，为发挥学生的特长，强化能力提供条件，力求学以致用。

（2）突出师范性，兼顾文理科学生。教材突出针对教师现代教育技术素养培养，提高教学效率和效益理论指导的有效性；突出教师现代教育技术教学实践的实用性和可操作性。同时，考虑到文、理科学生的学习特点差异，理论部分的阐述力求做到精简、实用，而实践训练项目的讲解则力求做到详略得当，步骤清晰。

楚雄师范学院教育技术教研室参与本书编写的人员有：谢利东（第一章、第二章）；邓小华（第三章、第七章）；田斌（第四章、第五章第二节、活动一至活动五）；康艳霞（第五章第一节、第六章第一节）；刘少昌（第五章第三节、第六章第三节）；段连鑫（第六章第二节，第六章第四、五节）；李志坚（第八章）；彭习梅、杨家宽、钱志明三位老师参与了部分审阅和修改工作，全书由田斌统稿，由初等教育学院副院长杨国龙老师主审。

本书在编写过程中参考和引用了不少国内外专家、学者的研究成果，不一一注明出处，谨向各位作者致谢!

现代教育技术内容涵盖广泛，发展日新月异，本书的内容虽然经过了多次修改，但由于水平和时间有限，不足和不当之处仍在所难免，敬请专家、读者批评指正。

编　者

2010 年 6 月

目　录

环境篇

应用篇

活动篇

理论篇

第一章　教育技术概述

【学习目标】

1．理解教育技术的定义、内涵及研究内容。

2．了解教育技术的产生、发展及其趋势。

3．了解教育技术与教育改革的关系，以及师范生学习教育技术的重要性。

教育技术的应用不仅在社会、经济领域产生了深刻的影响，也对教育教学领域提出了挑战。教育技术在教育教学领域的全面应用，必将导致教学内容、教学手段、教学方法和教学模式的深刻变革。所以，教师以及未来有可能成为教师的师范类学生，学习和掌握现代教育技术既非常必要也非常重要。

第一节　教育技术的基本概念

一、教育技术的定义

教育技术是在 20 世纪 20 年代前后的视听教学、程序教学以及系统化设计教学等教学方法的基础上发展起来的，逐渐从教学方法范畴内分离出来的一门新兴的教育科学中的分支学科。

那么，什么是教育技术？对这个问题的回答可谓仁者见仁，智者见智。在教育技术的发展过程中曾有过多个定义，这些定义带有明显的时代特征，并因为研究者的研究背景、价值取向不同而有所差异。

目前，国内教育技术界广泛认同的一个定义是 AECT’94 定义。1994 年，美国教育传播与技术协会（Association for Educational Communications and Technology，AECT）出版了《教育技术：领域的定义和范围》一书，提出了教育技术的定义。国内将这个定义称为 AECT’94 定义，表述如下：Instructional Technology is the theory and practice of design, development, utilization, management, and evaluation of processes and resources for learning.

国内一般将上述定义译为：教学技术是关于学习过程和学习资源的设计、开发、运用、管理和评价的理论与实践。

这一定义明确地指明了教育技术的两个研究对象（学习过程、学习资源）、五个研究范畴（设计、开发、运用、管理、评价）、两种研究形态（理论、实践）。图 1-1 给出了教育技术 AECT’94 定义的基本结构。

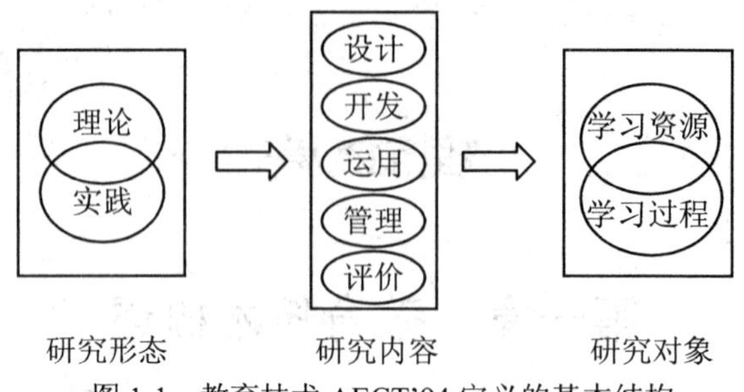

图 1-1 教育技术 AECT'94 定义的基本结构

二、教育技术的研究内容

根据教育技术的 AECT '94 定义，教育技术的研究范畴包括设计、开发、运用、管理和评价五个方面，每个方面都有其具体的内容，如图 1-2 所示。

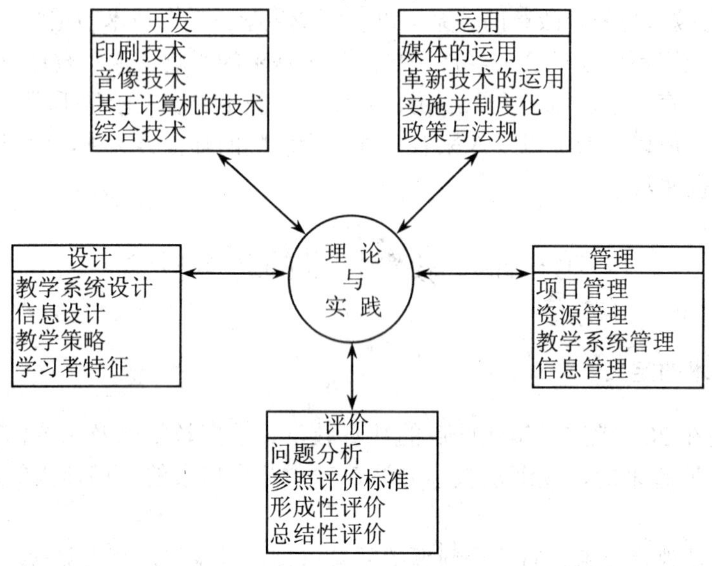

图 1-2 教育技术的五个范畴

1. 设计

设计是指运用系统科学方法和相关的学与教的理论，分析教学问题，确定教学目标，建立解决教学问题的策略方案，并对方案进行试行、评价和修正的过程。设计范畴包括教学系统设计、讯息设计、教学策略设计和学习者特征设计四个子范畴。

教学系统设计是一个宏观层次上的设计，包括分析、设计、开发、实施和评价等步骤。讯息设计主要是运用有关教与学原理来设计教学信息的传递和反馈形式。教学策略设计是对具体的教学内容、教学活动程序、方法、媒体等因素的总体考虑。学习者特征设计是指影响学习过程有效性的学习者经验背景的各个方面，包括智力因素、非智力因素以及社会文化背景等。

学习者特征分析为教学系统设计、讯息设计、教学策略设计提供了依据和设计的起点。通过分析学习者特征，确定学习者的学习起点；在此基础上，确定具体的教学目标，进行教学内容、教学策略的设计，合理选择教学媒体、反馈方式，以使每个学生都能成为成功的学习者。

2. 开发

开发是设计方案“产品化”的过程。以技术发展历程为依据，可以将开发范畴分为印刷技术、视听技术、基于计算机的技术和整合技术四个子范畴。

印刷技术是主要通过机械或照相印刷过程制作、发送教学材料的方法，如文本、图像等。视听技术是通过使用机械或电子设备来制作或发送教学材料，来呈现听觉和视觉讯息的方法，如录像、幻灯、投影等。基于计算机的技术是指利用基于计算机的资源来制作和发送教学材料的方法，通常包括硬件和软件两个部分。整合技术是指在计算机控制下的各种媒体形式的教学材料的制作和发送方法，如多媒体教学平台。

3. 利用

利用是对新兴技术、各相关学科的最新研究成果和各种信息资源的利用和传播，并注意加以制度化、法规化，支持教育技术的不断革新。“利用”具体包括媒体利用、革新推广、实施并制度化、政策和法规四个子范畴。

媒体的利用是对学习资源的系统使用，需要根据教学设计方案进行决策。革新推广是为了使革新能被采纳而通过有计划的策略进行传播的过程。实施是组织中的个人对有关材料和革新成果的合理使用，而制度化是将革新成果整合到整个组织结构中。政策和法规是影响和规范教育技术推广和使用的强制性规则和行为。

4. 管理

管理是对所有学习资源和学习过程进行计划、组织、协调和监督，具体包括项目管理、资源管理、传送系统管理和信息管理四个子范畴。

项目管理是指计划、监督和控制教学设计和开发项目。资源管理指计划、监督和控制资源以支持系统和服务。传送系统管理包括计划、监督和控制教学材料分发的方法与向学习者呈现教学信息的媒体和使用的方法等。信息管理包括计划、监督和控制信息的存储、转换或处理，目的是为教与学提供资源。科学的管理是教育技术的实施以及教育过程、教育效果最优化的保证。

5. 评价

评价是对计划、产品、项目、过程、目标或课程的质量、有效性或价值的正式确定，包括问题分析、标准参照测量、形成性评价和总结性评价四个子范畴。

问题分析是评价的前端步骤，通过信息搜集和决策策略来确定问题的本质和范围，阐明目标和约束条件。标准参照测量是确定学习者对于预定内容的掌握程度。形成性评价是搜集达标方面的信息，并使用这些信息作为进一步发展的基础。总结性评价与形成性评价相对应，搜集达标方面的信息，并使用这些信息来作出利用方面的决策。

三、教育技术、教学技术与电化教育

对于“教育技术”（Educational Technology）和“教学技术”（Instructional Technology）这两个术语，国内外的使用并不十分严格。在AECT’94定义出现之前，习惯上称为“教育技术”。AECT’94定义把“教育技术”改为了“教学技术”，但同时也在说明文件中指出，可以把“教学技术”视同“教育技术”。而在最新的AECT 2005定义中，又将“教学技术”改回了“教育技术”。总之，国际上将这两个术语作为同义词，国内更习惯于“教育技术”的称呼。

“电化教育”是我国特有的名词，它出现于20世纪30年代。较为正式地使用该词则始于1936年，当时的教育部举办电化教育人员培训班，由各地选派学员参加。以后各级教育行

政部门也陆续使用电化教育一词并沿用至今。《中国大百科全书》对电化教育的定义是："利用幻灯、投影器、电影、无线电广播、电视、录音、录像、程序学习机和电子计算机等教学设备及相应的教材进行的教育活动"。而在我国影响最广、至今仍被广泛使用的电化教育定义是："运用现代教育媒体，并与传统教育媒体恰当结合，传递教育信息，以实现教育最优化。"

从概念的本质上来看，"教育技术"、"教学技术"与"电化教育"都是相同的，都具有应用科学的属性，目的都是要取得最好的教育效果，实现教育最优化。因此，本书不拟刻意讨论它们的区别，统称为"教育技术"。

四、关于 AECT 2005 定义

AECT 在 2005 年发布了关于教育技术的新定义，即 AECT 2005 定义。该定义实际提交给 AECT 讨论的时间是 2004 年 10 月，故国内也将该定义称为 AECT 2004 定义。原文表述如下：

Educational technology is the study and ethical practice of facilitating learning and improving performance by creating, using, and managing appropriate technological processes and resources.。

对于上述定义的翻译，国内学者有不同的看法。本书采用如下译文：

"教育技术是指通过创建、运用和管理适当的技术过程和资源来促进学习和提升绩效的研究和符合职业道德规范实践。"

与 AECT'94 定义相比，新定义在 4 个方面进行了改动：①将"教学技术"重新改为"教育技术"；②将"学习过程"与"学习资源"这两个研究对象改为用来促进学习和提升绩效的"技术的过程"和"资源"；③将"设计、开发、利用、管理和评价"五个研究范畴缩减为"创造、使用和管理"三个范畴；④将"理论与实践"这两种研究形态更改为"研究"与"符合伦理道德的实践"。

AECT 2005 定义发布以后，引起了国内教育技术界的高度关注，许多专家、学者积极参与讨论、分析，并提出批判或质疑。目前，对该定义尚没有达成统一的共识。因此，本书仍采用 AECT'94 定义。

第二节　教育技术的发展与趋势

一、教育技术的产生与发展

（一）国外教育技术的发展

国外教育技术是在视觉教育、视听教育、教育传播的基础上发展起来的，大致经历了以下 4 个发展阶段。

1. 视觉教育阶段（20 世纪初 ~ 30 年代）

19 世纪末，科学技术的迅速发展和科技成果引进教育领域，对教育技术的发展产生了深刻的影响。照相、幻灯、无声电影等新媒体相继应用于教学，向学生提供了生动的视觉形象，使教学获得了不同以往的良好效果。1906 年美国宾夕法尼亚州一家公司出版了《视觉教育》一书，介绍照片拍摄、制作与使用幻灯片，这是最早使用"视觉教育"术语的。随之，越来越多的教育工作者参与对新媒体应用的研究。1913 年，托马斯·爱迪生（Thomas Edison）宣布："不久将在学校中废弃书本……有可能利用电影来教授人类知识的每一个分支。在未来的 10 年里，我们的学校将会得到彻底的改造"。10 年过去了，爱迪生预期的变化没有出现。然

而，视觉教育活动却有了长足的发展。1923年，美国教育协会建立了视觉教学分会（Department of Visual Instruction），视觉教育工作者开始发展他们自己的学说，并把夸美纽斯的直观教学论作为视觉教育的理论基础，1928年出版了第一本关于视觉教育的教科书《学校中的视觉教育》，并断言“视觉经验对学习的影响比其他各种经验都强的多”。

1924年，在美国心理学会的会议上，S.L.普莱西宣布他设计出了第一台可以教学、测验和记分的教学机器。它不仅能呈现视觉材料，还能针对学生的学习情况提供反馈信息，这是教学机器与音像媒体的重要区别。该教学机器用于个别化教学活动，于是产生了早期的个别化教学。

2. 视听教育阶段（20世纪30~50年代）

20世纪30年代后期，无线电广播、有声电影、录音机先后在教学中获得应用，人们开始在文章中使用视听教育的术语。1947年美国教育协会视觉教学分会正式改名为视听教育分会。

1931年7月，美国辛克斯公司在华盛顿做了一个电影教学的实验：在儿童看电影的前后，分别用5种测验表格考查他们的学习成绩，看电影后比看电影前成绩平均增加88分，学生增加知识量35%。美国哈佛大学在麻省3个城市中学所进行的实验也证明，用电影教学的学生比不用电影教学的学生成绩提高20.5%。二次世界大战期间，美国政府生产工业培训电影457部，为军队购买了5.5万部电影放映机，花费在影片上的投资达10亿美元，将教学电影用于作战人员和军工技术人员的培训并取得了显著成效，也提高了人们对战后学校教学使用视听媒体的兴趣和热情。

20世纪50年代，电视的出现为视听教育提供了更好的技术手段，与电影相比，电视具有制作周期短，传播、复制容易等优点，被迅速应用到教育领域。从30年代到50年代，在美国掀起了一场视听教育运动。与此同时，关于视听教育的理论的研究进一步推动了视听教育的发展，其中以戴尔（Dale）的“经验之塔”理论最具代表性，被做为视听教育的主要理论依据。

20世纪50年代中期，美国心理学家斯金纳根据行为主义学习理论设计了新一代的教学机器，被称之为斯金纳程序教学机，并由试验阶段转入实用阶段，在大学和军队中得到应用。

3. 视听传播阶段（20世纪50~60年代）

20世纪60年代以后，教育电视的使用由实验进入实用阶段，程序教学机风靡一时。与此同时，由拉斯维尔等人在20世纪40年代创立的传播学开始影响教育领域，有学者将教学过程作为信息传播过程加以研究。上述背景推动了对教育传播的重视，提出了视听传播（Audiovisual Communications）的概念。1963年，美国视听教育协会对视听传播的概念进行了描述：视听传播是教育理论和实践的分支，主要研究控制学习过程的信息的设计和使用，它包括：①关于直观和抽象的信息，各自独特的和相互联系的优缺点的研究，这些信息可用于任何目的的学习过程；②将教学环境中的人和设施产生的教育信息使其结构化和系统化。上述研究涉及计划、制作、选择、管理、运用各种部分和整个结构系统，其目标是有效地运用每一种传播方法和媒体来帮助挖掘学习者的全部潜能。

这时，比“视听媒体”概念更为广泛的“教学资源”概念崭露头角，人们逐渐将关注的焦点从原先的视听教具转向整体的教学传播过程、教学系统方面上来。

另一方面，美国IBM公司于1958年首次将电子计算机用于辅助教学，伊利诺斯大学于1960年研制出著名的PLATO教学系统，上述计算机辅助教学对个别化教学作出了重要贡献。

4. 教育技术阶段（20世纪70年代至今）

20世纪70年代中期，微型计算机问世，计算机教育应用进入新的阶段。1970年，美国教育传播和技术协会（AECT）成立，首次提出教育技术的概念并对其进行了定义。此后，AECT又在1972年、1977年两次对定义进行修改，并在原有的传播理论，行为主义学习理论的基础上，把系统理论作为教育技术的理论基础。随着多媒体计算机、网络技术、远程通信，激光视盘等媒体技术的发展，教育技术的实践进一步深入，使教育技术的内涵不断丰富。上述发展也推动了教育技术理论的研究，并把认知主义学习理论，建构主义学习理论作为其理论基础。1994年，AECT再次对教育技术进行定义，从而使之更加科学与完备。

（二）我国教育技术的起步与发展

我国的教育技术萌芽于20世纪20年代，起步于30年代，改革开放后取得了长足发展。

1. 萌芽阶段

20世纪20年代，受美国视听教育运动的影响，我国教育界也尝试利用电影、幻灯等媒体作为教学工具。主要运用幻灯、播音、电影等媒体进行社会教育和学校教育活动，由此揭开了中国电化教育发展的序幕。

1920年，商务印书馆创办的国光电影公司拍摄无声教育影片《女子体育》与《盲童教育》。1936年，我国最早的教育技术刊物《现代教育技术》周刊在上海出版。1937年，商务印书馆出版了我国第一本教育技术专著《有声电影教育》（陈有松著）。1945年，我国最早的教育技术系在苏州国立社会教育学院建立。

2. 我国教育技术的初步发展阶段

中华人民共和国成立以后，中国教育技术的发展翻开了新的一页。1949年11月在文化部科技普及局成立了电化教育处，负责领导全国教育技术工作。

1949年，北京人民广播电台和上海人民广播电台举办俄语讲座，后又改为俄语广播学校。每年参加学习的学员达5000人，到1960年，累计招生19万多人。1960年起，上海、北京、沈阳、哈尔滨、广州等地相继开办电视大学，培养社会发展急需的人才，取得了一定的成绩。

后来，还成立了一些专门的机构。在高等教育方面，北京师范大学、西北大学等许多高校开设了“电化教育”、“视听教育”等课程。另外，一些高校开始尝试利用视听媒体辅助课堂教学，特别是在外语教学方面取得了较好的效果。在1958年前后，中国掀起了教育改革运动，推动了高等学校和中小学电化教育活动的开展。北京、上海、南京、沈阳等地相继成立了电化教育馆，负责开展中小学的教育技术活动，取得了很大成绩。

3. 我国教育技术的重新起步和迅速发展阶段

20世纪70年代，受“文化大革命”的影响，我国的电化教育几乎没有什么发展。十一届三中全会以后，中国的教育技术重新起步。我国开展教育技术研究与实践已经有80余年的历史，但真正意义上的大发展，还是在改革开放以后的这20多年。1993年，原国家教委发布了“高师本科专业目录”，正式将“电化教育”专业改为“教育技术学”专业，我国的教育技术获得了长足发展，具体表现为以下几个方面：

（1）国家重视和政府支持。1978年春天，邓小平同志在全国教育工作会议上的讲话中指出：“要制定加速发展电视、广播等现代化教育手段的措施，这是多快好省发展教育事业的重要途径，必须引起充分的重视”。1983年，邓小平同志给北京景山学校题词：“教育要面向现代化，面向世界，面向未来。”邓小平同志提出的这三个面向，从教育发展战略的高度充分肯定了教育技术的作用，奠定了教育技术作为实现教育现代化重要组成部分的思想和理论基础。1984年，邓小平同志在上海视察中国福利会儿童计算机活动中心时指示：“计算机要从娃娃抓起”。1993 年 2 月 13 日，中共中央、国务院正式印发了《中国教育改革和发展纲要》，文件中明确提出：“积极发展广播电视教育和学校电化教学，推广运用现代化教学手段。要抓好教育卫星电视接收和播放网点的建设，到本世纪末，基本建成全国电教网络，覆盖大多数乡镇和边远地区”。

十一届三中全会以后，国家在政策以及资金方面给予教育技术大力支持。20 世纪 80 年代初期，国家拨款进口先进的视听教学设备，在学校建立计算机室、语音室等用于教学。1995 年，中国教育科研网开通，标志着中国网络教育应用的开端。1998 年 5 月，教育部部长陈至立指出“教育技术是教育改革的制高点和突破口”。2000 年，教育部制定了在中小学普及信息技术教育和实施“校校通”工程的战略目标。至今，教育部已经投入了至少 3.6 亿元从事现代远程教育工程，涉及硬环境建设、资源建设、理论与实践相结合的相关问题研究。

（2）组织机构。从 1979 年开始，教育部成立了电化教育局和中央电教馆，负责全国的电教管理工作和业务工作。现在，中央和各省市都建立了电化教育馆，各级各类学校建立了专业性的电化教育机构。1991 年，“中国电化教育协会”成立。1991 年，“电化教育教材委员会”成立，1993 年，更名为“教育部电化教育教学指导委员会”，2001 年 4 月，重组为“教育部高等学校教育技术学专业教学指导委员会”。2000 年 5 月，教育部高教司将全国高等学校文科 CAI 与试题库建设协作组、全国高等学校理科 CAI 与试题库建设协作组、全国高等学校工科 CAI 协作组、全国高等农林院校计算机教育研究协作组、全国高等医药院校计算机教育教学指导委员会改建为“全国高等学校教育技术协作委员会”，旨在加强统筹规划和宏观管理高等学校的教育技术活动。

（3）学术刊物。主要有《中国电化教育》、《电化教育研究》、《中国远程教育》、《开放教育研究》、《现代远距离教育》、《外语电化教学》等。其中，《中国电化教育》由中国电化教育杂志社主办，是一本面向教育工作研究人员和实际工作者的综合性杂志，属于中国教育类核心期刊。《电化教育研究》创刊于 1980 年 11 月，是一本理论性刊物，主要由电教理论探讨、网络教育、中小学电教研究等栏目构成。

（4）人才培养和学科建设。1978 年全国有教育技术从业人员 1400 多人，据 1995 年的调查，我国已有教育技术机构 74849 个，专职从事教育技术工作的人员达 20 万人。从 1978 年开始，几所高等院校着手开设教育技术（电化教育）专业。1986 年，国务院学位委员会正式批准北京师范大学、河北大学、华南师范大学设立教育技术学硕士学位授予点，2004 年 5 月的统计，全国高等学校开办教育技术学专业共 140 所，其中 38 所高校具有教育技术学硕士学位授予权，6 所高校有博士学位授予权，从而形成了完整的、多层次的、多方向的教育技术专业人才培养体系。

二、教育技术的发展趋势

随着现代科学技术的发展和教育信息化建设步伐的加快，教育技术也将不断发展，其发展趋势主要体现在以下几个方面。

（一）教育技术作为交叉学科的特点将日益突出

教育技术是涉及教育、心理、信息技术等学科的一个交叉学科。教育技术需要技术，尤其是信息技术的支持。作为交叉学科，教育技术融合了多种思想和理论，它的理论基础包括教育理论、学习理论、传播学、系统理论等。在教育技术领域内，上述理论相互融合，以促进发展为目标而各尽其力。现在，教育技术研究不仅关注个别化学习，还对学生之间如何协同与合作进行系统的研究。此外，教育技术交叉学科的特性决定了其研究和实践主体的多元化，协作将成为教育技术发展的重要特色。包括教育、心理、教学设计、计算机技术、媒体理论等不同背景的专家和学者共同研究和实践，开放式的讨论与合作研究已成为教育技术学科的重要特色。

（二）教育技术将日益重视实践性和支持性研究

教育技术作为理论和实践并重的交叉学科，需要理论指导实践，在实践中进行理论研究。目前，教育技术研究最前沿的两个领域是信息技术与课程整合和网络教育，所有这些乃至终身教育体系的建立都强调对学习者学习的支持，即围绕如何促进学习展开所有工作。正因如此，人们将会越来越重视包括教师培训、教学资源建设、学习支持等在内的教育技术实践性和支持性研究。

（三）教育技术将日益关注技术环境下的学习心理研究

随着教育技术的发展，技术所支持的学习环境将真正体现出开放、共享、交互、协作等特点，因此，适应性学习和协作学习环境的创建将成为人们关注的重点。教育技术将更加关注技术环境下的学习心理研究，深入研究技术环境下人的学习行为特征、心理过程特征、影响学习者心理的因素。更加注重学习者内部情感等非智力因素，注重社会交互在学习中的作用。

（四）教育技术的手段将日益网络化、智能化、虚拟化

教育技术网络化的主要标志就是 Internet 应用的迅速发展。在信息社会中，Internet 是进行知识获取和信息交流的强有力工具，它将改变人们的学习、工作和生活方式。基于 Internet 的远程教育目前正在发挥着越来越重要的作用。

人工智能是一门研究运用计算机模拟和延伸人脑功能的综合性学科。与一般的信息处理技术相比，人工智能技术在求解策略和处理手段上都有其独特的风格。人工智能的一些成果，以及智能计算机辅助教育系统目前已在教育教学领域得到应用。

虚拟现实是继多媒体广泛应用后出现的更高层次的计算机接口技术，其根本目标就是通过视、听、触等方式达到真实体验和交互，它可以有效地被用在教学、展示、设计等方面。虚拟现实技术支持下的学习环境将成为人们进行思维和创造的助手，以及对已有概念进行深化和获取新概念的有力工具。

随着教育信息技术的发展，教育技术网络化、智能化、虚拟化的程度将日益提高，并对教学手段、教学方法和教学模式产生深远影响。

第三节　师范生学习教育技术的重要性

一、教育技术是教学改革的制高点

自 20 世纪 90 年代以来，国际教育界出现了一种以教育信息化促进教育深化改革的趋势。教育信息化是指在教育领域全面深入地运用以多媒体计算机和网络通信技术为基础的现代化信息技术，促进教育现代化，使之适应信息化社会对教育发展的新要求。信息技术的应用，必将导致教学内容、教学手段、教学方法和教学模式的深刻变革，并最终导致教育思想、教学观念、教与学的理论乃至整个教育体制的根本变革。现代教育技术与信息技术密切相关，是整个教育改革的制高点或突破口，主要表现在以下几个方面。

（一）教育技术与教师专业发展

众所周知，应用现代教育技术，促进各级各类教育的改革与发展（尤其是促进基础教育的改革与发展），已经成为当今世界各国教育改革的主要趋势和国际教育界的基本共识。国际教育界之所以会有这样的共识，是因为现代教育技术的本质是利用技术手段（特别是信息技术手段）优化教育教学过程，从而达到提高教育教学效果、效益与效率的目标。效果的体现是各学科教学质量的改进；效益的体现是用较少的资金投入获取更大的产出（即培养出更多的优秀人才）；效率的体现是用较少的时间来达到教学内容和课程标准的要求。

现代教育技术所追求的这3个方面的目标，也是各级教育部门领导和校长们时时刻刻都在关注的目标。而确保这些目标的实现，正是现代教育技术的优势所在。但是技术是要靠人来掌握的，要让现代教育技术的上述优势得以发挥，需要靠教师去实施。这样，就对教师教育提出了更高的要求——在教师的专业技能中，提高应用教育技术的能力已变得越来越重要。例如，国际教育技术联合会制定了美国国家教师教育技术标准（NETS），美国国家教师教育认证委员会采用了这个标准，并作为审核教师认证的依据。再如，2004 年 12 月我国教育部颁布了《中小学教师教育技术能力标准》，就是要从制度上保证广大教师具有合格的应用教育技术的专业技能。

（二）教育技术与学生创新能力的培养

基础教育新课程改革的核心是要培养学生的创新精神，让青少年生动、活泼、主动地发展，这就要求教师改变在课堂上的教学方式与行为模式。而应用教育技术正是改变教师的教学方式与行为模式的最重要手段。此外，信息技术与各学科教学的整合还是新课改成功的必要条件，而有关信息技术与课程整合的理论、方法（即如何在各学科教学中进行有效的整合）则是现代教育技术研究的基本内容。所以，重视教师的教育技术能力发展，引导教师尽快提高应用教育技术的能力是基础教育课程改革的迫切需求。

（三）教育技术与学生信息素养的培养

信息社会要求新型人才应具有较高的信息素养。为了培养出能适应21世纪需要的、具有全面的文化基础（包括信息方面的文化基础）、创新能力和高尚道德精神的一代新人，现代教育技术具有至关重要的意义。这不仅是因为信息社会的文化基础包含信息方面的知识与能力，而信息方面知识与能力的培养显然有赖于现代化的教育技术手段，而且还因为各个学科（不管是大学、中学还是小学的学科）其教学的深化改革都离不开教育技术理论的指导和以计算机为基础的教学环境的支持。如上所述，教育四大支柱的实质是要培养具有创新能力和高尚道德精神的人才，而现代教育技术则对这两方面教育目标（培养创新能力与高尚道德）的实现均有不容忽视的重要作用，其中尤其是对创新能力的培养具有决定性的意义。

二、师范生学习现代教育技术的基本要求及内容

现代教育技术在教育中起着重要的作用，是整个教育改革的制高点，这就要求教师必须掌握一定的教育技术技能。那么，作为一个信息时代的合格教师，究竟应该具备哪些有关现代教育技术的基本知识、技能和素养，具备哪些运用现代教育技术进行教学的知识和技能，才能有效地在课堂教学中使用信息技术？下面以中、美两国对中小学教师的教育技术要求为例进行说明。

（一）面向教师的美国国家教育技术标准

早在1993年，国际教育技术联合会（International Society for Technology in Education，ISTE）

就制定了美国国家教师教育技术标准（National Educational Technology Standard for Teachers，NETS），具体说明了教师在教学中有效运用计算机和其他电子设备所必须具备的技能和知识。美国国家教师教育认证委员会（The National Council for Accreditation of Teacher Education，NCATE）将这个标准作为审核教师认证、培训相关项目的依据。

2008 年，ISTE 推出了 NETS 的新版本，部分内容节选如下：

Ⅰ. 促进与激励学生的学习与创造性

无论是在现实的或者虚拟的学习环境中，教师都能运用其擅长的学科内容，教学、学习和技术方面的知识，促进学生的学习、创造与革新。教师应做到：

a. 提倡并支持创新思维与独创能力，并为学生树立榜样。

b. 鼓励学生使用数字化工具和资源，探究并解决现实世界中的真实问题。

c. 促进学生使用协作性的工具进行反思，以揭示和澄清学生对概念的理解，思考、设计以及创造性的过程。

d. 在现实或虚拟的环境中，通过与学生、同事及他人共同学习，为学生树立协作知识建构的榜样。

Ⅱ. 设计开发数字时代的学习活动与测试手段

教师能够整合现代工具与资源，设计开发出富于真实性的学习体验活动和测试手段，并对二者进行评估，从而使特定情境中的学习效果实现最大化，使国家教育技术标准（学生版）中所规定的知识、技能和态度得到发展。教师应做到：

a. 设计学习活动或改进已有的相关活动，整合数字化工具与资源，以促进学生的学习及其创造性发挥。

b. 利用技术手段丰富学习环境。在此环境中，使所有学生都能实现自己的求知欲，自主设定教育目标，管理自我学习，评估自身进步。

c. 为学生度身定制个性化的学习活动，以适应学生多种多样的学习风格和学习策略，以及使用数字化工具与资源的能力。

d. 按照教学内容与技术标准，为学生提供多样化的形成性评价和总结性评价，并参考结果数据改进教与学。

Ⅲ. 成为数字时代工作与学习的表率

教师能展现出全球化数字时代具有创新精神的专业工作者所应具备的知识、技能与工作方法。教师应做到：

a. 在技术体系内游刃有余，能不断将已有知识迁移至新技术、新情境之中。

b. 运用数字化工具与资源，与学生，同事、家长以及社区成员协同合作，支持学生有效学习及实现创新。

c. 利用数字化时代的多种媒体种类与文件格式，与学生、家长及同事就相关信息与想法进行有效交流。

d. 协助学生以支持研究与学习为目的，高效利用通用的以及新兴的数字化工具查找、分析、评估并使用信息资源，并在此方面做出表率。

Ⅳ. 提倡数字化时代的公民意识与责任感，并以身作则

教师能在一个不断演进的数字文化中对区域性和全球化的社会问题与社会义务做出理解，并在其职业实践中展现出对法律与道德的尊重。教师应做到：

a．倡导、示范以及教授如何安全、合法以及符合道德规范地使用数字信息与技术，其中涉及对版权、知识产权、恰当的文件来源的尊重。

b．运用以学习者为中心的教学策略，提供使用适当数字化工具与资源的均等机会，从而使学习者们的不同需求得到满足。

c．倡导数字化时代在使用技术与信息的社会交往中应具备的礼仪规范与责任感，并能够以身作则。

d．使用数字化时代的交流与协作工具，同拥有其他文化背景的同事与学生进行沟通，以此促进自身的文化理解力与全球意识，为学生作出表率。

V．注重专业成长与领导力培养

通过倡导与示范对数字化工具与资源的有效利用，教师能够持续地提升专业实践水平，作出终身学习的表率，并在任职学校与专业共同体中发挥领导作用。教师应做到：

a．参与本土化的或全球性的学习共同体，探索如何创造性地运用技术提高学生学习水平。

b．秉持教育信息化的远见，参与共同决策与社区构建，帮助他人发展领导力与技术技能，以此种种展现自己的领导作用。

c．定期对当前研究与专业实践作出评价与反思，以便有效地利用通用的与新兴的数字化工具与资源，支持学生的学习。

d．为创建成效卓越、生气勃勃并不断自我更新的教育事业和学校、社区贡献力量。

（二）我国中小学教师教育技术能力标准

为了提高我国中小学教师教育技术能力水平，促进教师专业能力发展，2004 年 12 月 25 日，教育部正式颁布了《中小学教师教育技术能力标准》。标准包括 3 个部分，分别适用于教学人员、管理人员和技术人员。整个标准的的体系结构可以简单地概括为“4（14）N”：“4”表示有 4 个能力素质维度；“（14）”表示有 14 个一级指标；“N”表示有 N 个概要绩效指标（对于教学人员、管理人员和技术人员这 3 类子标准，N 依次为 41、46、44）。以下摘录了“第一部分 教学人员教育技术能力标准”：

一、意识与态度

（一）重要性的认识

1. 能够认识到教育技术的有效应用对于推进教育信息化、促进教育改革和实施国家课程标准的重要作用。

2. 能够认识到教育技术能力是教师专业素质的必要组成部分。

3. 能够认识到教育技术的有效应用对于优化教学过程、培养创新型人才的重要作用。

（二）应用意识

1. 具有在教学中应用教育技术的意识。

2. 具有在教学中开展信息技术与课程整合、进行教学改革研究的意识。

3. 具有运用教育技术不断丰富学习资源的意识。

4. 具有关注新技术发展并尝试将新技术应用于教学的意识。

（三）评价与反思

1. 具有对教学资源的利用进行评价与反思的意识。

2. 具有对教学过程进行评价与反思的意识。

3. 具有对教学效果与效率进行评价与反思的意识。

（四）终身学习

1. 具有不断学习新知识和新技术以完善自身素质结构的意识与态度。

2. 具有利用教育技术进行终身学习以实现专业发展与个人发展的意识与态度。

二、知识与技能

（一）基本知识

1. 了解教育技术基本概念。

2. 理解教育技术的主要理论基础。

3. 掌握教育技术理论的基本内容。

4. 了解基本的教育技术研究方法。

（二）基本技能

1. 掌握信息检索、加工与利用的方法。

2. 掌握常见教学媒体选择与开发的方法。

3. 掌握教学系统设计的一般方法。

4. 掌握教学资源管理、教学过程管理和项目管理的方法。

5. 掌握教学媒体、教学资源、教学过程与教学效果的评价方法。

三、应用与创新

（一）教学设计与实施

1. 能够正确地描述教学目标、分析教学内容，并能根据学生特点和教学条件设计有效的教学活动。

2. 积极开展信息技术与课程的整合，探索信息技术与课程整合的有效途径。

3. 能为学生提供各种运用技术进行实践的机会，并进行有针对性的指导。

4. 能应用技术开展对学生的评价和对教学过程的评价。

（二）教学支持与管理

1. 能够收集、甄别、整合、应用与学科相关的教学资源以优化教学环境。

2. 能在教学中对教学资源进行有效管理。

3. 能在教学中对学习活动进行有效管理。

4. 能在教学中对教学过程进行有效管理。

（三）科研与发展

1. 能结合学科教学进行教育技术应用的研究。

2. 能针对学科教学中教育技术应用的效果进行研究。

3. 能充分利用信息技术学习业务知识，发展自身的业务能力。

（四）合作与交流

1. 能利用技术与学生就学习进行交流。

2. 能利用技术与家长就学生情况进行交流。

3. 能利用技术与同事在教学和科研方面广泛开展合作与交流。

4. 能利用技术与教育管理人员就教育管理工作进行沟通。

5. 能利用技术与技术人员在教学资源的设计、选择与开发等方面进行合作与交流。

6. 能利用技术与学科专家、教育技术专家就教育技术的应用进行交流与合作。

四、社会责任

（一）公平利用努力使不同性别、不同经济状况的学生在学习资源的利用上享有均等的机会。

（二）有效应用努力使不同背景、不同性格和能力的学生均能利用学习资源得到良好发展。

（三）健康使用促进学生正确地使用学习资源，以营造良好的学习环境。

（四）规范行为能向学生示范并传授与技术利用有关的法律法规知识和伦理道德观念。

《中小学教师教育技术能力标准》是我国中小学教师的第一个专业能力标准。它的颁布与实施是我国教师教育领域一件里程碑性的大事，将对我国教师教育的改革与发展产生深远影响。

【内容小结】

教育技术是关于学习过程和学习资源的设计、开发、运用、管理和评价的理论与实践。教育技术以学习过程和学习资源为研究对象，包括设计、开发、运用、管理、评价五个研究范畴。国外教育技术主要经历了视觉教育、视听教育、视听传播、现代教育技术四个发展阶段；我国的教育技术是在电化教育的基础上发展起来的，萌芽于 20 世纪 20 年代，起步于 30 年代，改革开放后取得了长足发展。随着现代科学技术的发展和教育信息化建设步伐的加快，教育技术也将不断发展。随着教育信息化的推进和教育改革的全面深化，教育技术的作用更加重要。师范生只有认真学习和掌握现代教育技术，才能成为一名信息时代的合格教师。

【思考与实践】

1. 什么是教育技术?

2. 根据 AECT'94 定义，教育技术的研究范畴包括哪几个方面？

3. 国外教育技术的发展经历了哪几个阶段？各个阶段有何特点？

4. 如何理解教育技术与教育改革的关系？结合你所学专业的特点，谈谈教育技术在学科教学中的作用。

第二章　教育技术理论基础

【学习目标】

1．掌握行为主义、认知主义、建构主义学习理论的主要代表人物及其观点。

2．理解教育传播的概念、教育传播系统的组成，拉斯威尔、香农－韦弗、贝罗三个典型的传播模式，以及掌握教育传播过程的规律。

3．理解系统科学的基本概念、基本原理，掌握应用系统方法解决实际问题的步骤。

4. 理解“经验之塔”理论的内容和基本观点。

教育技术是一门综合性应用学科，涉及多门学科的相关理论，包括学与教的理论、教育传播理论、系统科学理论等。这些理论交叉渗透，形成了本学科的理论基础。本章简要介绍上述理论及其对教育技术的影响。

第一节　学与教的理论

一、行为主义理论

行为主义学习理论关注的是环境在个体学习中的重要性。行为主义认为，学习是刺激与反应的连接，有机体接受外界的刺激，然后作出与此对应的反应，这种刺激与反应之间的连接（S-R）就是所谓的学习。

（一）桑代克的试误说

1. 桑代克的实验

美国的心理学家桑代克，通过“饥饿的猫开门”的实验试图揭开学习的本质，实验如图 2-1 所示。他把一只饥饿的猫关进迷笼，笼外放着食物，笼门用活动的门闩关着。猫在笼里面躁动不安地乱碰乱抓，偶然碰到那个活动的门闩，门被打开了，猫吃到了食物。如此反复，猫打开笼门的时间会越来越少。实验表明，所有猫的操作水平都是相对缓慢地、逐渐地和连续不断地改进的。由此，桑代克得出了一个重要的结论：猫的学习是经过多次的试误，由刺激情境与正确反应之间形成的连接所构成的。

2. 桑代克的观点

桑代克通过上述实验提出了以下观点。

（1）学习是“刺激—反应”的连接。

桑代克认为人类的学习与动物的学习没有本质差异。人类的学习同样是个体在对外部刺激作出的反应过程中，所习得的“刺激—反应”连接。个体所学到的就是一连串“刺激—反应”连接的组成。每个“刺激—反应”连接，都是经由盲目的尝试与错误的减少的渐进过程，是由开始的错误反应多于正确反应，直到最后全部为正确反应的结果为止。

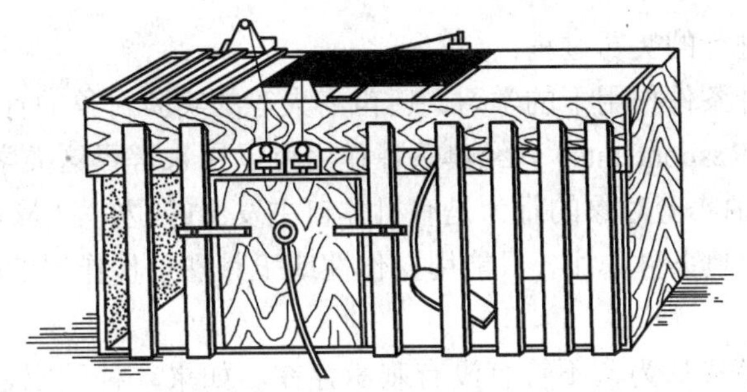

图 2-1　桑代克迷笼

（2）学习过程是试误的过程。

桑代克认为，人类的学习方式与动物的学习方式相同，也是一种试误学习。根据实验的结果，桑代克提出了许多学习规律，最主要的有 3 个，①准备律，指刺激与反应的连接因个体身心准备状态而异；②练习律，指刺激与反应的连接强度与练习的次数相关；③效果律，指刺激与反应的连接强度与效果相关，如果反应的结果是令人满意的，连接强度就很高，学习就会发生，反之，连接强度就会减弱。

（二）斯金纳的程序教学法

1. 斯金纳的实验

哈佛大学斯金纳教授是美国行为主义的代表人物之一。他通过“斯金纳箱”的动物实验研究，提出了强化理论。实验如图 2-2 所示，箱子里有一个开关（用白鼠为被试对象，就用一根杠杆或一块木板；若以鸽子为被试对象，就用一个键盘），开关连接着箱外的一个记录系统，用线条方式准确地记录动物“按”或“啄”的次数与时间。在实验时，并不是动物每一次按杠杆或啄键盘后都给喂食，食物的释放方式由实验者决定。除此之外，实验者还可以控制灯光、声音、电击、温度与湿度等。

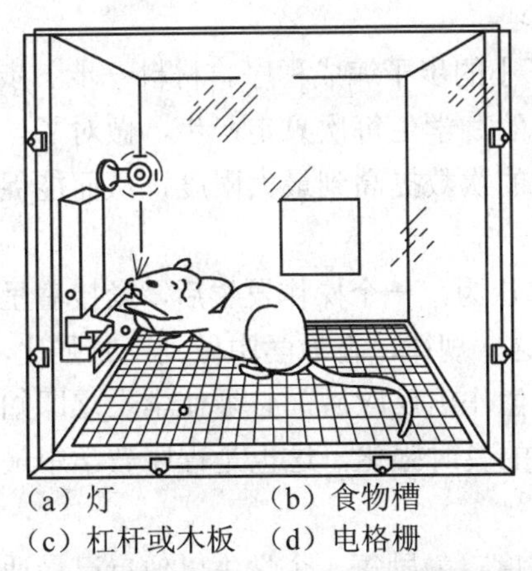

（a）灯　（b）食物槽
（c）杠杆或木板　（d）电格栅

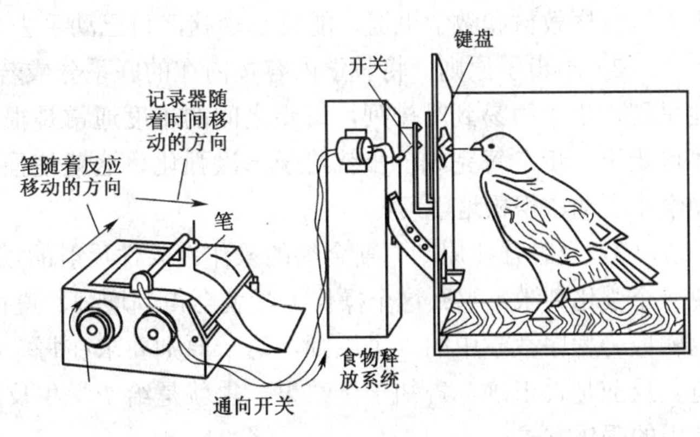

图 2-2　斯金纳箱

2. 斯金纳的强化理论

最早提出强化概念的是俄国著名的生理学家巴甫洛夫，在巴甫洛夫经典条件反射中，强化指伴随于条件刺激物之后的无条件刺激的呈现，是一个行为前的、自然的、被动的、特定的过程。而在斯金纳的操作条件反射中，强化是一种人为操纵，是指伴随于行为之后以有助于该行为重复出现而进行的奖罚过程。

斯金纳区分了两种条件作用下的学习。巴甫洛夫等的实验对象的行为是刺激引起的反应，称为“应答性反应”（Respondents），经典条件作用可以用来解释这类学习，斯金纳称其为“S类条件作用”；而斯金纳实验对象的行为是有机体自主发出的，称为“操作性反应”（Operant），解释这类学习不能用经典条件作用，只能用操作性或工具性条件作用的模式，称为“R类条件作用”。

操作条件作用的模式认为，不管有没有刺激存在，如果一种反应之后伴随一种强化，那么在类似环境里发生这种反应的概率就会增加。斯金纳区分了两种强化类型：正强化（Positive Reinforcement）和负强化（Negative Reinforcement）。当在环境中增加某种刺激，有机体反应概率增加，这种刺激就是正强化。例如，当饥饿的白鼠按动开关时给予食物，食物便是正强化物。当某种刺激在有机体环境中消失时，反应概率增加，这种刺激便是负强化，是有机体力图避开的那种刺激。例如，当处于电击状态下的白鼠按动开关时停止电击，停止电击就是负强化。

3. 强化理论在教学中的应用——程序教学理论

斯金纳认为，所谓教育，就是通过各种强化来塑造个体的行为，塑造在不久的将来对个人和他人有利的行为。而塑造行为时所需要的、大量的强化系列只有通过机械装置才能提供。这就是斯金纳设计教学机器、提倡程序教学的主要出发点。正是由于斯金纳对程序教学理论所作出的杰出贡献，斯金纳被称为“程序教学之父”。

程序教学是一种个别化的自动教学的方式，由于经常用机器来进行，也称为机器教学。斯金纳提出了程序教学的原则：

（1）积极反应原则。程序教学不主张完全由教师授课的方式进行教学，而是以问题的形式，通过教学机器或教材给学生呈现知识，使学生对一个个问题作出积极的反应。即要求学生通过程序教材和教学机器，能自己动脑，自己动手去学习。

（2）小步子原则。将教学内容按内在的联系分成若干小的步子编成程序。材料一步一步地呈现，步子由易到难排列，每步之间的难度通常是很小的。学生每次只走一步，做对了，才可走下一步，每完成一步就给予一次强化，这就使强化的次数提高到最大限度，从而能促使学生主动、积极地学习。

（3）及时强化原则。斯金纳的操作性条件反射的规律认为，一个操作发生后，紧接着呈现一个强化刺激，那么这个操作力量就会得到增强。遵循这一规律，在教学中做到及时强化，也就成为程序教学中的一个原则。这一原则要求在每个学生作出反应后，必须使学生立即知道其反应是否正确。告知学生结果，也就是给予学生反应的及时强化，这也是程序教学中最常用的强化方式。

（4）自定步调原则。以学习者为中心，不强求统一进度，鼓励每一个学生以他自己最适宜的速度进行学习。这样，学生可按各自不同的思维方式、速率来处理问题而不受其他人的影响。同时，通过一次次的强化，能够激发学生的学习兴趣，使他们能够稳步前进。当然这一原则是以个别化教学方式为基本条件的。

（5）低错误率原则。要求在教学过程中尽量避免学生出现错误的反应，错误的反应会得到令人反感的刺激，过多的错误会影响学习者的情绪和学习的速度。少错误或无错误的学习可以增强学生学习的积极性，提高学习效率。

斯金纳的教学理论指导和推动了20世纪五六十年代风行美国乃至其他许多国家的程序教学运动，不仅促进了学习理论的科学化，加速了心理学和教育学的有机结合，而且也推动了教学手段的科学化和现代化。同时，也重新激起了人们对个别化教学研究的兴趣，使个别化教学在中断多年后得以重新活跃起来。

二、认知主义理论

与行为主义相反，认知主义学习理论认为学习并非是机械的、被动的“刺激－反应”的连接，而是外界刺激和认知主体内部心理过程相互作用的结果，只有学习者把外来刺激同化进原有的认知结构中去，学习才会发生。

（一）布鲁纳的“认知一发现”说

布鲁纳（Jerome Seymour Bruner）是美国教育心理学家和教育家，当代认知心理学派和结构主义教育思想的代表人物之一。布鲁纳特别强调学习的主动探索，认为从事物变化中发现其原理原则，才是构成学习的主要条件，由此提出了“认知－发现”说。该学说包括两部分：一是对人类认知表征的理论解释；二是发现学习论中的结构理念。

1. 认知表征理论

认知表征是指人类对其环境中的事物，经知觉而将外在物体或事件转换为内在心理事件的过程。布鲁纳认为人类就是经由认知表征的过程获得知识。而不同的表征方式，就代表不同的学习方式，且这种方式会随年龄而发展，也与学习材料的性质相关。

布鲁纳将认知表征的发展分为以下 3 个阶段：①动作表征，指依靠动作来获取知识；②形象表征，指经由对物体知觉留在记忆中的印象或靠照片图形等获得知识；③符号表征，指运用符号、语言文字为依据的求知方式，如数、理、化等科目，非借助符号不可。认知发展至此程度，表示心智能力发展臻于成熟，此时可直接从事抽象思维，从彼此相关的事件中，发现原理原则，从而解决问题。

布鲁纳将人类认知表征的发展分为 3 个阶段，但实际教学情况中，他并不主要按年龄或年级采取 3 种方式去教学生求知，而是强调由于学生在认知方式上的个别差异较大，教师应配合学生身心发展的水平，教学生如何思维，如何发现原则，从而整理整合成自己的知识经验，这也是布鲁纳发现学习论的由来。

2. 发现学习的案例

发现学习是指学生在学习情境中经由自己的探索寻找，从而获得问题答案的一种学习方式。布鲁纳设计了一个如图 2-3 所示的天平，让 8 岁儿童借助动手操作、视觉映象和符号来掌握代数中的基本结构。在天平一边钩子 9 上挂 2 个小环，让学生在天平的另一边寻找各种能保持天平平衡的各种组合，并把它们记录下来。小学生根据玩跷跷板的经验，很快就能知道在钩子 2 上挂 9 个小环；在钩子 3 上挂 6 个小环；或在钩子 6 上挂 3 个小环等，都能保持天平的平衡。这样，学生掌握的不只是“9*2=18”，而是代数的基本结构——交换律。在学习过程中，开始时让学生动手操作；接着移去天平，让学生凭借头脑中形成的视觉映象来运算；最后，学生熟练掌握运算规则，不用实物和视觉映象，用符号也能自如地运算了。

3. 发现学习的特征及其教学策略

（1）强调学习过程。在教学过程中，学生是一个积极的探究者。教师的作用是要形成一种学生能够独立探究的情境，而不是提供现成的知识。“认识是一个过程，而不是一种产品。”布鲁纳强调的是，学生不是被动的、消极的知识接受者，而是主动的、积极的知识探究者。

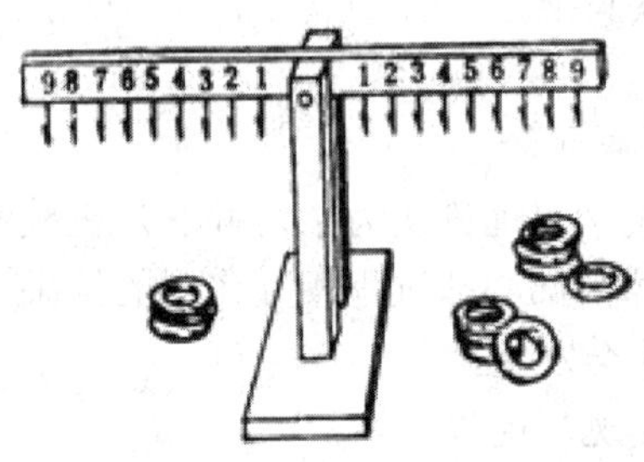

图 2-3　天平实验

（2）强调直觉思维。直觉思维是发现学习的前奏，对科学发现活动极为重要。布鲁纳认为，学生发现答案之前，依据自己的知觉和经验，对问题情境先作一番直觉思维。在直觉思维时，一旦发现解决问题的线索，此直觉思维就变成了发现学习的前奏。直觉思维的形成过程一般不是靠言语信息，尤其不靠教师指示性的语言文字。直觉思维的本质是映像或图像性的。所以，教师在学生的探究活动中要帮助学生形成丰富的想象，防止过早语言化。与其指示学生如何做，不如让学生自己试着做，边做边想。

（3）强调内在动机。在学生的学习动机方面，布鲁纳重视的是形成学生学习的内部动机，或把外部动机转化为内部动机。而发现活动有利于激励学生的好奇心。学生容易受好奇心的驱使，对探究未知的结果表现出兴趣。所以布鲁纳把好奇心称之为“学生内部动机的原型”。布鲁纳认为，与其让学生把同学之间的竞争作为主要动机，还不如让学生向自己的能力提出挑战。所以，他提出要形成学生的能力动机（Competence Motivation），就是使学生有一种求得才能的驱动力。通过激励学生提高自己才能的欲求，从而提高学习的效率。

（4）强调信息提取。布鲁纳认为，人类记忆的首要问题不是储存，而是提取。尽管这从生物学上来讲未必可能，但现实生活要求学生这样。因为学生在储存信息的同时，必须能在没有外来帮助的情况下提取信息。在一项实验中，布鲁纳让一些学生学习 30 对单词，要求一组学生记住单词以后要复述；而要求其他学生把每对单词造成句子。结果发现，后者能复述其中的 95%，而第一组学生的回忆量不到 50%。所以，学生如何组织信息，对提取信息有很大影响。学生亲自参与发现事物的活动，必然会用某种方式对它们加以组织，从而对记忆具有较好的效果。

（二）加涅的信息加工模式

1. 信息加工模式

20 世纪 50 年代后，随着计算机科学技术的兴起与发展，一些认知心理学家尝试使用计算机处理信息的过程来模拟人的心理过程。把人看作是信息加工的机制，而把认知看作是对信息的加工，以此来揭示学习和人脑加工信息的过程。通过实验和推测，得到了多个不同的学习过程的信息加工模式，美国教育心理学家加涅（R.M.Gagne）的信息加工模式是一个比较有代表性的模式，如图 2-4 所示。

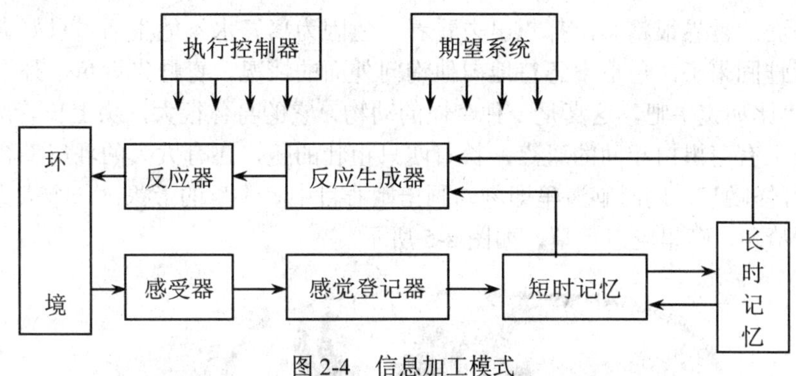

图 2-4 信息加工模式

图 2-4 简洁、清晰地表示出了信息流动的过程。来自外界环境的刺激通过学生的感受器，以映象的形式输入到感觉登记器，形成瞬时记忆，借助注意将这些信息以语义的形式储存在短时记忆中，然后经过复述、精细加工、组织编码等，则进入长时记忆。长时记忆的信息要转变为人能清晰意识到的信息，就需要将它们提取进入短时记忆。因此短时记忆是信息加工的主要场所，因此也称为工作记忆。它将来自感觉记录器和长时记忆中提取出来的信息进行处理加工，加工的结果，一方面送至长时记忆，另一方面送至反应发生器。反应发生器将信息转化成行动，也就是激起效应器的活动，作用于环境。在这个模式中，执行控制和预期是两个重要的结构，它们可以激发或改变信息流的加工。前者是已有的经验对当前学习过程的影响，起调节作用；后者是动机系统对学习的影响，起定向作用，它们可以对整个信息加工过程起调节和监督的功能。

2. 加涅信息加工理论在教学中的应用——九段教学法

加涅则依据其总结的学习与记忆的信息加工模型，明确指出如何通过教学将信息转化进入到学生的长时记忆，因此十分重视设计促进和激发学习者内部过程的外部活动，它们实际上是九个教学阶段。

- 引起注意——变化刺激、吸引兴趣改变体态、语调、音量。
- 告知目标——激起期望。
- 刺激回忆——明确同化新知识的经验范围。
- 呈示材料——注意考虑年龄、基础、学习类型等因素，安排顺序和份量。
- 提供指导——注意掌握指导的程度。
- 诱引行为——促使学生主动参与，积极作出反应。
- 及时强化——给学生行为及时反馈。
- 检查评价——独立测试、单元测试等方法。
- 促进迁移——系统复习、及时布置新任务。

三、建构主义理论

建构主义学习理论是行为主义发展到认知主义以后的进一步发展，强调“知识建构”，认为学习是学习者在与环境交互作用的过程中主动地建构内部心理表征的过程。

（一）“鱼牛”童话故事

德国的一则关于“鱼牛”的童话故事，简单地说明了建构主义的学习观。鱼和青蛙是好朋友，听说外面的世界很精彩，都想出去看看。鱼因为离开水不能生活，只好青蛙一个人去了。这天，青蛙回来了，鱼迫不急待地向他询问外面的情况。青蛙告诉鱼，外面有很多新奇有趣的东西。“比如说牛吧，这真是一种奇怪的动物，它的身体很大，头上长着两个犄角，吃青草为生，身上有着黑白相间的斑点，长着四只粗壮的腿，还有大大的乳房”青蛙说。鱼惊叫道：“哇，好怪哟!”，同时脑海里即刻勾画出她心目中“牛”的形象：一个大大的鱼身子，头上长着两个犄角，嘴里吃着青草，如图 2-5 所示。

图 2-5 “鱼牛”童话故事

（二）建构主义学习观

上述故事中，鱼脑中的牛形象在客观上显然是错误的，但对于鱼来说却是合理的，因为它根据从青蛙那里得到的关于牛的部分信息，从本体出发，将新信息与自己头脑中已有的知识相结合，构建出了“鱼牛”形象。这体现了建构主义的一个重要结论：理解依赖于个人经验，即由于人们对于世界的经验各不相同，人们对于世界的看法也必然会各不相同。

知识是个体与外部环境交互作用的结果，人们对事物的理解与个体的先前经验有关，因而对知识正误的判断只能是相对的；知识不是通过教师传授得到，而是学习者在与情景的交互作用过程中自行建构的，因而学生应该处于中心地位，教师是学习的帮助者。

由于学习是在一定的情境即社会文化背景下，借助其他人的帮助即通过人际间的协作活动而实现的意义建构过程。因此建构主义学习理论认为“情境”、“协作”、“会话”和“意义建构”是学习环境中的四大要素或四大属性。

情境必须有利于学生对所学内容的意义建构。在教学设计中，创设有利于学习者建构意义的情境是最重要的环节或方面。

协作贯穿于整个学习活动过程中，包括了教师与学生之间，学生与学生之间的协作。协作对学习资料的搜集与分析、假设的提出与验证、学习成果的评价直至意义的最终建构均有重要作用。

会话是协作过程中最基本的方式或环节，学习小组成员之间必须通过会话商讨如何完成规定的学习任务的计划；此外，协作学习过程也是会话过程，在此过程中，每个学习者的思维成果（智慧）为整个学习群体所共享，因此会话是达到意义建构的重要手段之一。

意义建构是整个学习过程的最终目标。建构的意义是指事物的性质、规律以及事物之间的内在联系。在学习过程中帮助学生建构的意义就是要帮助学生对当前学习的内容所反映事物的性质、规律以及该事物与其他事物之间的内在联系达到较深刻的理解。

（三）在教学中的应用

1. 情境性（抛锚式）教学

建构主义批评传统教学使学习脱离情境化的做法，提倡情境性教学。首先，这种教学应使学习在与现实情境相类似的情境中发生，以解决学生在现实生活中遇到的问题为目标，学习的内容要选择真实性任务，不能对其做过于简单化的处理，使其远离现实的问题情境。由于具体问题往往都同时与多种概念原理相关，所以，他们主张弱化学科界限，强调学科间的交叉。其次，这种教学的过程与现实的问题解决过程相类似，所需要的工具往往隐含于情境当中。教师并不是将提前已准备好的内容教给学生，而是在课堂上展示出与现实中专家解决问题相类似的探索过程，提供解决问题的原型，并指导学生的探索。最后，情境性教学不需要独立于教学过程的测验，而是采用融合式测验（Integrated Test），在学习中对具体问题的解决过程本身就反映了学习的效果，或者进行与学习过程的一致的情境化的评估（context-driven evaluation）。

由于真实性任务中学生了解自己所要解决的问题，有主人翁感；任务本身又具有整体性的，富有挑战性，解决了问题就是一种奖励，因此，容易激发起内部动机；它具有必要的复杂性，比起简化了的课堂环境更容易培养学生的解决问题能力；它的多样性又可以培养学生的探索精神并且在完成任务的过程中表达自己的知识。目前在这方面已有大量的研究，特别是利用多媒体进行计算机辅助教学可以提供与现实更加类似的问题情境，达到完成真实性任务的目的。

2. 支架式教学

支架（Scaffolding），本意是建筑行业中使用的脚手架，这里用来形象地说明一种教学模式：教师引导着教学的进行，使学生掌握建构和内化所学的知识技能，从而使他们进行更高水平的认知活动。简言之，是通过支架（教师的帮助）把管理调控学习的任务逐渐由教师转移给学生自己，最后撤去支架。这是以维果斯基的“辅助学习”（Assisted Learning）为基础的。维果斯基认为，人的高级的心理机能，如对于注意的调节以及符号思维等，在最初往往受外在文化的调节，而后才逐渐内化为学习者头脑中的心理工具。在支架式教学中，教师作为文化的代表引导着教学，使学生掌握和内化那些能使其从事更高认知活动的技能，这种掌握和内化是与其年龄和认知水平相一致的，但是，一旦他获得了这些技能，便可以更多地对学习进行自我调节。

支架式教学包括以下几个环节：

（1）搭脚手架——围绕当前学习主题，按“最邻近发展区”的要求建立概念框架。

（2）进入情境——将学生引入一定的问题情境（概念框架中的某个节点）。

（3）独立探索——让学生独立探索。探索内容包括：确定与给定概念有关的各种属性，并将各种属性按其重要性大小顺序排列。探索开始时要先由教师启发引导（例如，演示或介绍理解类似概念的过程），然后让学生自己去分析；探索过程中教师要适时提示，帮助学生沿概念框架逐步攀升。起初的引导、帮助可以多一些，以后逐渐减少——越来越多地放手让学生自己探索；最后要争取做到无需教师引导，学生自己能在概念框架中继续攀升。

（4）协作学习——进行小组协商、讨论。讨论的结果有可能使原来确定的、与当前所学概念有关的属性增加或减少，各种属性的排列次序也可能有所调整，并使原来多种意见相互矛盾且态度纷呈的复杂局面逐渐变得明朗、一致起来。在共享集体思维成果的基础上达到对当前所学概念比较全面、正确的理解，即最终完成对所学知识的意义建构。

（5）效果评价——对学习效果的评价包括学生个人的自我评价和学习小组对个人的学习评价，评价内容包括：①自主学习能力；②对小组协作学习所作出的贡献；③是否完成对所学知识的意义建构。

四、三种学习理论的比较

以上介绍了三种学习理论的主要内容，以及在教学中的应用。从行为主义－认知主义－建构主义可以看出，人类对学习的认知是一个不断深入的过程。在这一过程中，研究的焦点逐渐从外显的行为转向学习者意义的生成，从对简单行为操作学习的研究逐渐转向个人意义的建构与复杂问题的解决研究。下面对三种学习理论的关键特征进行一个简单的比较。

1. 知识观

对知识的不同看法成为隐藏在学习理论后面的基础，制约着、影响着人们对学习的认识。

行为主义和认知主义的知识观主要都是基于客观主义的，即世界是真实的，而知识就是对现实的准确表达，是有关现实的知识，是存在于学习者外部的。因此，行为主义认为知识积累的关键因素是刺激、反应以及两者之间的联系。而认知主义则把知识视为一种认知表征的形式，因而就被特别地赋予了一种先验的特性，知识的获取就是学习者把外来刺激同化进原有的认知结构中去。

建构主义则对知识的客观性和确定性进行怀疑，认为是主体对客观世界的一种解释或假设，是主体与客体相互作用的结果。因为人们对事物的理解与个体的先前经验有关，因而对知识正误的判断只能是相对的，具有暂定性。

2. 学习的实质及其过程

学习的实质是什么及学习如何发生，是任何学习理论都不可回避的根本性问题。

行为主义认为，学习是刺激与反应的连接，有机体接受外界的刺激，然后作出与此对应的反应，这种刺激与反应之间的连接（S-R）就是所谓的学习。

与行为主义相反，认知主义学习理论认为学习并非是机械的、被动的“刺激—反应”的连接，而是外界刺激和认知主体内部心理过程相互作用的结果，只有学习者把外来刺激同化进原有的认知结构中去，学习才会发生。

同样，行为主义和认知主义对学习的理解是基于对世界的客观性认识基础上的，知识的意义独立于个体学习者，认为学习的结果在于获得与客观世界相一致的形式或表征，从而获得知识并运用知识来解决问题。

建构主义则重新审视了学习者与客观世界、主体与客体之间的关系。既反对行为主义机械的反映论，同时对认知主义的客观经验主义不满。认为个体的知识既不是预成于内也不是完全来自经验，而是来自于主体与客体的相互活动中，学习就是学习者在与环境交互作用的过程中主动地建构内部心理表征的过程。

3. 学习的条件

学习的条件是指影响学习出现的各种因素，主要涉及学者自身和学习环境。

行为主义对学习者和环境都很重视，个体只有在与环境进行刺激反应的过程中，学习才会发生，因此他们认为要给予学习者各种刺激或反馈。学习的关键正是在于如何安排特定环境中的刺激及其后果的反馈。

像行为主义一样，认知主义也强调环境条件在促进学习中的作用，但更侧重于学习者的心理活动。认为是个体作用于环境，而不是环境引起人的行为。环境只是提供潜在刺激，至于这些刺激是否受到注意或被加工，这取决于学习者内部的心理结构。

学习者与环境这两个因素对建构主义来说只是必要条件，但学习真正发生，还有赖于连接个体与环境的活动，因为正是两者之间的具体互动创造了知识。

事实上，学习是一种复杂的心理现象，几乎不存在能够解释所有学习现象的学习理论。三种学习理论分别从不同的视角和方法来研究人类的学习，试图揭示人类学习的心理机制，以更好地促进人类的发展。在教学中，我们应该灵活应用各种学习理论的知识，依据学习者现有的能力水平、学习任务的类型，以及学习条件等，选择有效的教学方法。

第二节　教育传播理论

第二次世界大战以后，传播理论和早期系统观同时影响视听教学领域，传播理论引入教育技术领域，并成为教育技术的一个重要的理论基础。

一、教育传播

（一）传播的概念

传播（Communication）一词原指“通信、传达、交换、交流”之意，后专指信息的交换与交流。传播是自然界和人类社会普遍存在的信息交流的社会现象。传播学是一门研究人类传播行为的科学，是随着广播、电视、报刊等传播媒体的发展，逐步从社会学、心理学、政治学等学科分离出来的一门学科。

（二）传播的类型

信息是客观世界中各种事物的存在方式和它们的运动状态的反映，而信息传播也就无时不在，无处不在。因此，广义的信息传播包含自然界、人与自然界、人与人、人与机械系统之间等各种类型的传播；而狭义的传播则专指人类传播。按不同的标准，可以将人类的社会传播划分为不同的类型。根据传播者与接收者所属的范畴可分为人的内在传播（也叫自我传播）和人对人的传播，人对人的传播又进一步分为人际传播、组织传播、大众传播和教育传播，如图 2-6 所示。

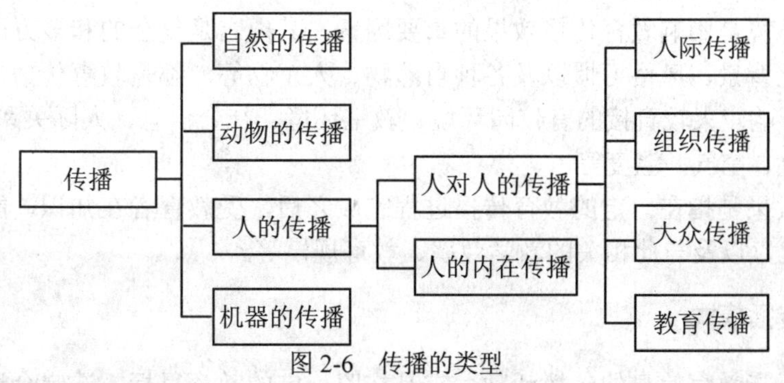

图 2-6　传播的类型

（三）教育传播的概念

教育是一种有目的、有组织的传播活动。当传播用于教育目的并具有教育相关性时，就称为教育传播。教育传播是由教育者按照一定的目的要求，选定合适的信息内容，通过有效的媒体通道，把知识、技能、思想、观念等传送给特定的教育对象的一种活动。

（四）教育传播系统

教育传播系统是一个传递教育信息，实现一定的教育目的，由各种相互关系、相互作用的要素构成，具有教育功能的综合体。教育传播系统由教育者、教育信息、受教育者、媒体、环境、效果六个要素组成，如图 2-7 所示。

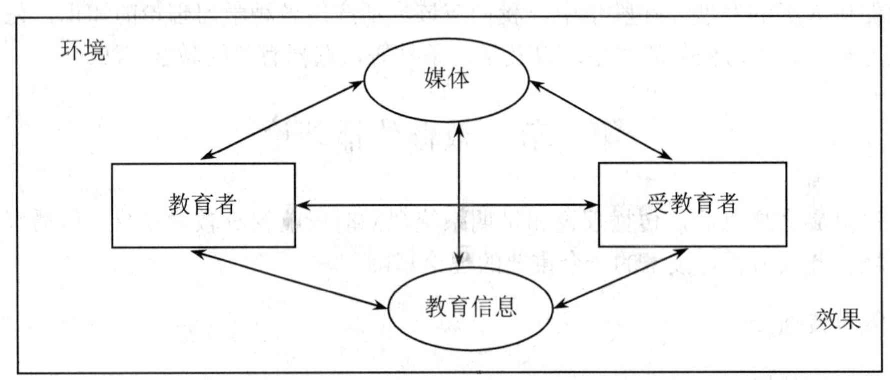

图 2-7　教育传播系统构成图

教育者是教育传播系统中具备教育教学活动能力的要素，是系统中教育信息的组织者、传播者和控制者，例如，学校中的教师、教育管理者、教材编制者、教学机器等。

教育传播过程是一个信息交流的过程，自始至终充满了教育信息的获取、传递、交换、加工、储存和输出。在教育信息传播过程中，主要的信息是教学目标信息、预测学生信息、教师传送信息、实践教学信息、家庭教育信息、大众传媒信息、人际交往信息、学生接受信息和学生反馈信息等。

受教育者是施教的对象，一般说就是接收教育信息的学生。在教育传播过程中，受教育者的工作主要是接收、变换、反馈信息，完成学习任务。

教育传播媒体是教育、教学信息的载体，是连接教育者与学习者双方的中介物，是人们用来传递和取得教育、教学信息的工具。例如，标本、直观教具、教科书、教学指导书、教学幻灯片、电影片、录音带、录像带、计算机课件等。

教育传播环境是影响教育传播效果的重要因素，其内容是复杂的和多方面的。社会、经济、科技、文化背景、风俗习惯以及各种自然物、人工物等，都是教育传播环境中不可忽视的因素，其中影响较大较直接的有校园环境、教室环境、社会信息、人际关系、校风、班风、电、光、声、色、空气、温度等。

教育传播效果是指在一定的教育传播过程完成之后，受教育者在知识、能力和行为等方面所发生的变化，以及与此相关的教学效率、教育规模等。

二、教育传播模式

教育传播泛指教育信息的传播活动，它是按照一定的教育目标，选定合适的教学信息内容，通过教育媒体，把这些教学信息传递给特定的教育对象。它与大众传播有许多共同之处，两者关系密切，因此可以把大众传播理论的研究成果应用于现代教育技术实践中，以提高教育质量和效率。下面简单介绍几种当代比较有影响的传播理论。

（一）拉斯威尔模型

1948 年，美国政治学家哈罗德·拉斯威尔（Haold Lasswell）在《社会会传播的构造与功能》一文中提出“5W 模式”：

谁（Who）、说什么（Say What）、通过什么渠道（In Which Channel）、向谁说（To Whom）、有什么效果（With What Effect）

拉斯威尔的 5W 模式指出了传播学研究的 5 个方向：控制分析、内容分析、媒体分析、受众分析、效果分析。如果应用到到教育传播过程中，则指明了教育传播过程中的 5 个要素，如图 2-8 所示。

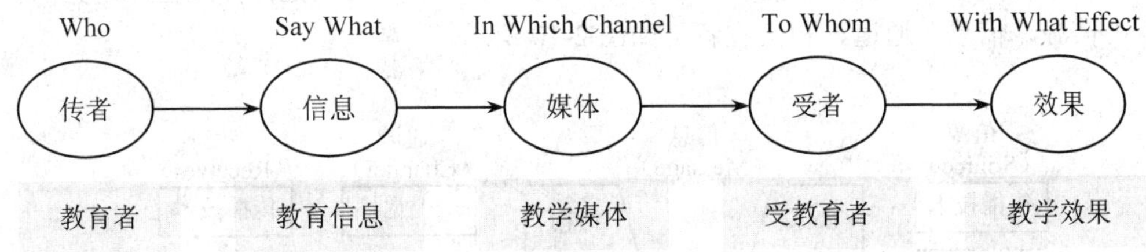

图 2-8　拉斯威尔 5W 模式

拉斯威尔的 5W 模式为传播研究提供了简明的 5 分类法，初步揭示了传播过程的复杂性。但这一模式过于简单，具有以下明显的缺陷：首先，它忽略了“反馈”的要素，它是一种单向的而不是双向的模式，由于它的模式的影响，过去的传播研究忽略了反馈过程的研究；其次，这个模式没有重视“为什么”或动机的研究问题。在动机方面，有两种值得重视的动机：一是受众为何使用传播媒体；二是传播者和传播组织为什么去传播。

（二）香农—韦弗（Shannon-Weaver）的传播模式

香农和韦弗（Shannon-Weaver）在研究电报通信问题时，在所著《通信的数学理论》一书中提出了一种传播模式，这一模式原为单向直线式，但是，他们不久就将这一模式加入了反馈系统，并引伸其含义，用来解释一般的人类传播过程，如图 2-9 所示。

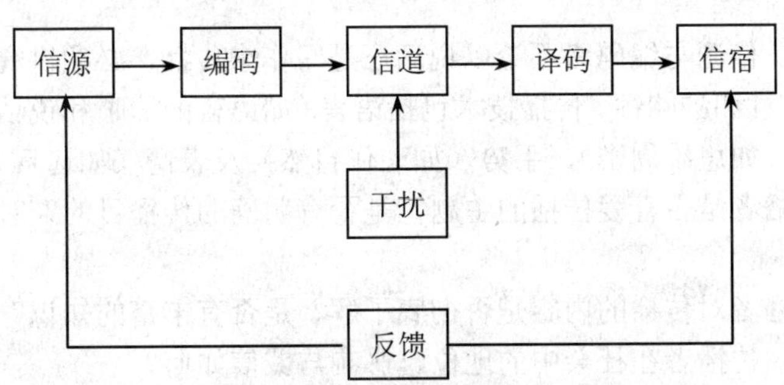

图 2-9　香农一韦弗传播模式

该模式揭示的传播过程是：信源即传者，把要提供的信息经过编码，即转变成某种符号，如声音、文字、图片、动态图像等，通过一种或多种媒体传出。信宿即受者，接收信息，经过译码（即解释符号）转换成有意义的信息。受播者收到信息后，必然在生理、心理上产生反应，并通过各种形式给传播者反馈信息。另外，在传播过程中还存在有干扰信号，干扰信号可以影响到信源、编码、信道、译码、信宿等部分。值得一提的是，有效的信息传播需要传者的经验与受者的经验有一部分重叠，否则受者难以理解或正确认识。

虽然香农—韦弗传播模式是从特殊的电报通信中发展起来的，未能在模式中更多地顾及人的因素、社会因素、忽视了讯息的内容、传播效果等，但它能用来解释人类一般的传播过程，成为其他许多传播理论的基础。现代教育技术采用香农—韦弗的传播模式，主要在于选择、制作适合表达和传播教育信息的现代教育媒体，及时分析来自各种渠道的反馈信息，以取得教育的最优化。

（三）贝罗的传播模式

贝罗（D.Berlo）的传播模式，综合了哲学、心理学、语言学、人类学、大众传播学、行为科学等新理论，来解释在传播过程中的各个不同要素。这一模式把传播过程分解为 4 个基本要素：信源、信息、通道、和接收者，如图 2-10 所示。

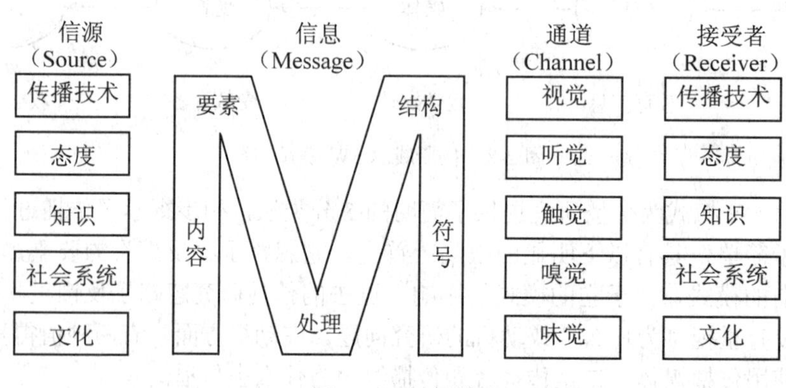

图 2-10　贝罗模式

1. 信源和编码者

研究信源和编码者，需要考虑他们的传播技术（对信源部分是指说话和写作，对接受者部分是指收听和阅读）、他们的态度、他们的知识水平、他们所处的社会系统及他们的文化背景等。现分述如下：

（1）传播技巧：信源与编码者不论以说话还是写作来传播，必须讲究传播的方式，才能保持信息本身的真实性和趣味性。传播技术包括语言（如语言的清晰和说话的技巧）、文字（如写作的技巧）、思想（如思维周密）、手势（如动作自然）及表情（如逼真）等。

（2）态度：传播者是否喜爱传播的主题？是否有明确的传播目的？对接受者是否有足够的了解？

（3）知识：传播者对传播的内容是否彻底了解？是否有丰富的知识？

（4）社会系统：传播者在社会中的地位、影响与威信如何？

（5）文化：传播者的学历、经历和文化背景怎样？

2. 接受者与译码者

信源、编码者与接受者、译码者，虽然处于传播过程的两端，但是在传播过程中，信源（传播者）可以变为接受者，接受者也可以变为传播者（信源）。所以影响接受者、译码者的因素与传播者、编码者相同，也是传播技术、态度、知识、社会系统与文化等项。

3. 信息

影响信息的因素有如下几项：

（1）符号：传播过程中采用的符号，包括语言、文字、图像与音乐等。

（2）内容：传播者为达到传播目的而选取的材料，它包括信息的成分及信息的结构。

（3）处理：传播者对信息选择及安排的符号所做的各种决定。

4. 通道

通道就是传播信息的各种手段和工具，如包括视觉媒体、听觉媒体、触觉媒体、嗅觉媒体、味觉媒体。例如，书籍、报纸杂志、播音、电影、电视、电话、唱片、图画、图表等，以及人的各种感觉器官。在传播过程中，信息的内容、符号及处理，均能影响通道的选择。例如，何种信息该用语言传送？何种信息应该用视觉的方式传送？何种信息应该用触觉、嗅觉、味觉方式传送？总之，通道的选择会影响信息的传送与接收效果。

贝罗模型现在常用来解释教育传播过程，它说明在教育传播过程中，影响和决定教学信息传递效率和效果的因素是多方面的、复杂的，各因素之间既相互联系又相互制约。为了提高教育传播的效果，必须研究和考察各方面的因素。贝罗模型给教育传播研究提供了一些结构性因素的考虑，对研究变量的设计和决定具有一定的指导意义。

但是，贝罗传播模式也存在缺陷，即它是单向的和线性的，缺少反馈环节，而传播中存在的各种干扰因素也未进行考虑。不过，后来贝罗的解释者增加了反馈环节。

三、教育传播过程的规律

教育传播的最终目的，是要取得良好的教育传播效果。而要取得好的效果，须遵循一些原理或规律，其中利用媒体进行传播的几个主要原理为：

1. 共同经验原理

教育传播是一种信息传递与交换的活动，教师与学生的沟通必须建立在双方共同经验范围内。一方面，对学生缺乏直接经验的事物，要利用直观的教育媒体帮助学生获得间接的经验；另一方面，教育媒体的选择与设计必须充分考虑学生的经验。

2. 抽象层次原理

抽象层次高的符号，能简明地表达更多的具体意义。但抽象层次越高，理解便越难，引起误会的机会也越大。所以，在教育传播中，各种信息符号的抽象程度必须掌握在学生能明白的范围内，并且要在这范围内的各抽象层次上下移动。

3. 重复作用原理

重复作用是将一个概念在不同的场合或用不同的方式去重复呈现。它有两层含义：一是将一个概念在不同的场合重复呈现。如在几个不同的场合下接触某个外语生词，以达到长时记忆。二是将一个概念用不同的方式去重复呈现。如同时或先后用文字、声音、图像去呈现某一概念，以加深理解。

4. 信息来源原理

有权威、有信誉的人说的话，容易为对方所接受。资料来源直接影响传播的效果。因此，在教育传播中，作为教育信息主要来源之一的教师，应树立为学生认可的形象与权威。所用的教材与教学软件，其内容来源应该正确、真实、可靠。

第三节　系统科学理论

一、系统科学

系统科学是系统论、信息论和控制论的总称，是研究一切系统的模式、原理及规律的学科。它既是现代自然科学、社会科学、思维科学综合发展的结果，又是现代科学研究共同的一般方法论。教育技术学在其产生、发展、成熟过程中，受到了系统科学理论的深刻影响。系统科学理论是教育技术的重要理论基础。

系统论由美籍奥地利人、理论生物学家 L.V.贝塔朗菲（L.Von.Bertalanffy）所创立。1968年贝塔朗菲发表专著《一般系统理论基础、发展和应用》（《GeneralSystemTheory;Foundations, Development, Applications》），真正确立了这门科学的学术地位。

所谓系统是指由相互联系、相互作用的要素（部分）构成的，具有一定结构和特定功能的有机整体。整体性、关联性、等级结构性、动态平衡性、时序性等是所有系统的共同的基本特征。

系统有 3 层涵义：①具有一定的结构，系统是由若干个要素构成的，系统内部各要素之间的关系构成了系统的结构；②具有特定的功能，系统总是处在相应的环境之中，系统的功能是系统和外部环境之间关系的反应，是通过对环境的作用而表现出来的；③系统形态各异，可以根据不同的原则和情况来划分系统的类型，例如，根据组成要素的性质和生成方法可分为自然系统和人工系统，而根据系统组成内容可分为实体系统和观念性系统等。

系统论的核心思想是系统的整体观念。贝塔朗菲强调，任何系统都是一个有机的整体，它不是各个部分的机械组合或简单相加，系统的整体功能是各要素在孤立状态下所没有的，即“整体大于部分之和”。系统论的基本思想方法，也就是把所研究和处理的对象，当作一个系统，分析系统的结构和功能，研究系统、要素、环境三者的相互关系和变动的规律性。

二、系统科学的基本原理

（一）整体原理

整体性是系统的根本属性。任何系统都是一个有结构的整体，系统是由若干相互联系、相互作用的要素构成的整体。系统的整体功能不仅包括各孤立部分的功能之和，还应加上各部分相互作用而形成的新结构产生的功能。任何系统的整体功能 ET，等于各部分功能的总和 EI 加上各部分相互联系形成结构产生的功能 ER，即 ET=EI+ER。

整体原理要求人们在研究问题时，要牢固树立全局、整体的观念，不仅要注意发挥系统中各部分的功能，更重要的是注意发挥各部分相互联系形成结构的功能。优化课堂教学，应重视从教学整体进行系统分析，综合考虑课堂教学过程中的各个要素，包括教学目的的确定、优化的教学方法、优化的媒体选择，并注意各要素之间的配合、协调，发挥系统的整体功能才能达到优化的目标。

（二）反馈原理

任何系统只有通过信息反馈，才能有效控制系统；如果没有反馈机制，必将以一种单一状态走向消亡。反馈包括系统内部信息的反馈和对外部影响的反馈。内部反馈是系统要素间相互作用时，受作用要素向施加作用要素发回的状态信息；外部信息反馈是系统中要素对系统外因素变化的反应。

在教育系统中，教师应及时获取学生学习态度和学习效果的反馈信息，从而调整教学程序、教学信息传递速度和教学方法，保证教学按照预定的教学目标和教学计划，高效率、高质量地有序进行。

（三）有序原理

由于系统的结构、功能和层次的动态演变有某种方向性，从而使系统具备了有序特征。系统从初始的简单、无序状态，通过逐步演变，走向高级、复杂、有序的状态。有序使系统趋向于稳定，而要达到有序，系统必须具有开放性，能够与外界进行信息交换。除此之外，系统还必须具有偏离平衡态的能力，这样在外部作用下，才能发生能量变化，并逐步趋向于稳定。

在教育系统中，需要处理好内部各要素之间，以及与外部环境之间的关系，使它们之间的信息交换处于开放、有序的状态。积极促进学习者、学校成为开放系统，对于促进学生的学习和教育的发展具有重要的作用。

三、系统方法

系统方法是系统科学基本原理和基本观念在认识和解决实际问题中的应用。系统方法是按事物本身的系统性把研究对象作为一个具有一定组织、结构和功能的整体来加以考察的方法。具体地说，就是从系统与要素之间、要素与要素之间、系统与外部环境之间的相互联系、相互制约、相互作用的关系中综合地研究对象的一种方法。

在具体使用系统方法的过程中，系统方法包括了 5 个基本步骤，加上“修订”环节而构成 6 个部分，如图 2-11 所示。

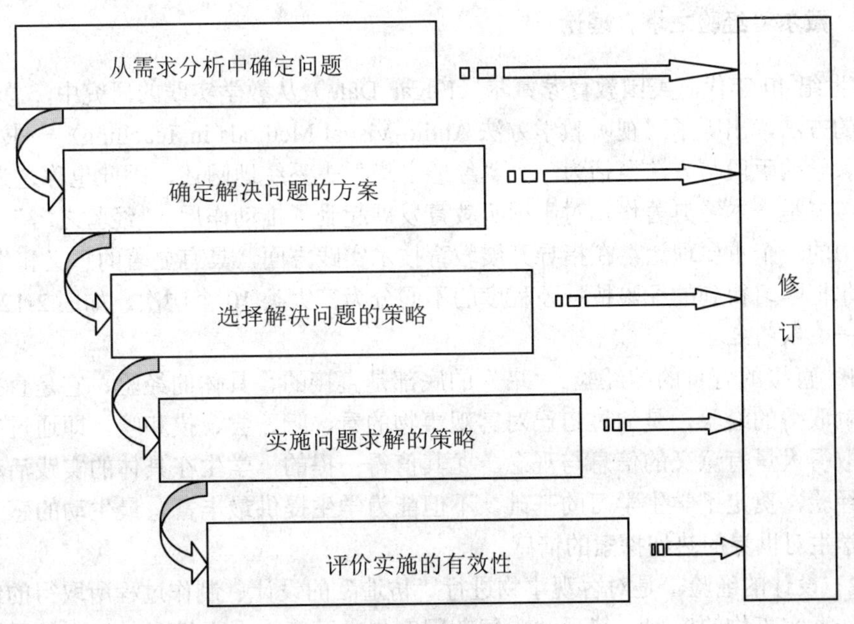

图 2-11　解决步骤

对每一步骤的说明如下：

（1）从需求分析中提出问题，确定目标。需求分析是对现状和希望的结果之间的差异分析，应用系统方法都是从需求分析开始。需求分析是一个极为重要的过程，在没有根据需求确定问题之前，任何方法显然都是无目的的，即使是有效的，充其量也仅仅是一种偶然的巧合。所以一般应用系统方法的第一步骤是根据需求分析提出解决的问题，并确定要达到的目标。

（2）确定解决问题的方案。根据提出问题和要达到的目标，提出解决问题的方案，而且一般是多种方案的选择。

（3）选择解决问题的策略。这是关于“怎么做”的一个步骤。在这一步骤里，要根据解决问题的方案选择达到目标的工具和方法。

（4）实施问题求解的策略。在这个步骤里，对产生的计划和选择解决问题的方法以及策略要具体加以实施。

（5）评价实施的有效性。在实施的过程中，收集的信息包括两部分，一部分是过程信息，另一部分是系统的产出信息。把这些信息与确定的目标相比较，给以评价和修正。

（6）如果有必要，对系统加以修正。根据实施所得出的具体执行信息，所构造问题解决系统的执行情况可以很快地反映到研究者那里，如果有必要的话，可以修订步骤、解决方案。这种自我修正的特征，保证了解决问题的有效性。

第四节　视听教学理论

视听教学理论指出了各种视听教学媒体在教学中的地位与作用，也是教育技术必须遵循的重要规律与所依据的基础理论。

一、戴尔“经验之塔”理论

20 世纪 40 年代，美国教育家戴尔（Edgar Dale）从教学实践的研究中，总结了一系列视听教学的方法，出版了《视听教学方法 Audio-Visual Methods in Teaching》一书。由于他把各种视听教学的手段与方法概括为一个“经验之塔”去系统地阐述，因此也称之为“经验之塔”理论。该书是一本经典著作，对于视听教育发展起到了推动作用。“经验之塔”理论已成为教育技术中的一个重要理论，在指导开展教育技术实践方面，具有显著的意义和作用。

戴尔把学习得到的经验按抽象程度的不同分为三大类 10 个层次，如图 2-12 所示。

（一）做的经验

（1）直接的有目的的经验。“塔”的底部是直接的、具体的经验、它是直接与客观事物本身接触取得的经验，是通过自己对客观事物的看、听、尝、摸和嗅，即通过完整的生活经验，去取得大量有意义的信息与观念。尤其值得一提的，学生在具体的实践活动中取得的第一手的经验，奠定了学生学习的基础，不但能为学生提供最丰富、最生动的感觉印象，而且能培养学生对世界的热切探索的情感。

（2）设计的经验。是对客观事物进行“仿造”的设计、制作过程所取得的经验。尽管设计、制作真实事物的模型，其尺寸、复杂程度与实际事物大不相同，但这种用模型替代的、简化的经验，能使现实生活的真正事物更便于学生理解。由于实际事物和情境有时太大或太小，模糊或混乱，隐蔽或复杂，以致无法清楚地直接感知，而采用简化的设计与制作比在真实事物中去取得直接经验更容易达到教育的目的。

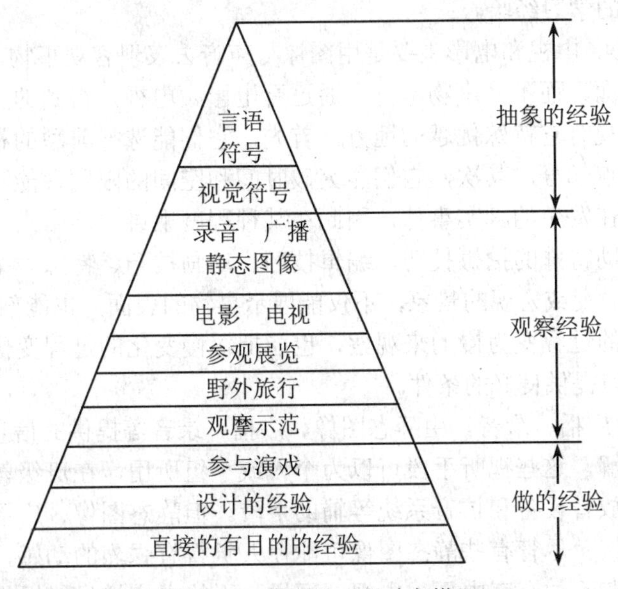

图 2-12　戴尔的“经验之塔”

(3) 演戏的经验。通常有许多事情我们是不能直接去实践而取得经验的，如一些历史事件，我们便无法再去取得直接的经验。有些意识形态，社会观念的东西，我们也无法把它变成设计的经验。若把这些事情，编成戏剧，使学生在戏剧中扮演一个角色，就可以使他们尽可能接近真实的情景去获得经验。参与演戏与看戏是大不相同的，演戏可以使人们参与重复的经验，而看戏只是获得观察的经验，在“塔”中是被放在“观摩示范”之上的。

上述 3 个层次都是通过亲自实践，从“做”的过程中去取得经验，尽管设计与演戏所实践的是仿造或重复的真实事物，是向抽象化方向发展，但它能突出重点，有利于达到教学目标。

(二) 观察的经验

(1) 观摩示范。观摩示范是将重要的事实、过程与观念用形象动作去呈现出来，使学生进行有目的的准确的观察，从而获得一种观察经验。这些经验也可以导致学生的“直接做”的实际活动，即看了示范之后，自己动手去做，亲自去尝试一下演示的过程。但要使示范有效，学生必须有高度的自觉性、积极性并富有想象地参与进去，在观察中进行抽象化的思维活动，以促使进行准确而有洞察力的观察。

(2) 野外旅行。见习旅行的目的主要是为了观察在课堂上看不到的处于自然状态的事物。而在大自然中，事物繁多，不易集中观察某种特定对象，因而更需发挥学生观察的自觉性与积极性。参观旅行，主要目的是观察，而在观察之后，也许会介入直接的活动。如当学生参观报社或电视演播室时，他们也许会采访记者或摄影师，这样旅行就获得了直接体验生活的效果。

(3) 参观展览。展览有陈列的实物、模型、图表甚至照片，由它们组合起来说明某一事件的特定意义。展览主要是提供人们看，参观者并不能操纵或触摸展品，从观察这些陈列的材料去取得观察的经验。有一类展览是展出学生自制的展品，这类展品虽没有博物馆或专业机构的精巧和专业水平，但包含观察与参加活动的两种经验，即看和动手做的两种经验综合，其结果是获得更有效的学习经验。

（4）电视和电影。电视和电影主要是用图像与声音去表现客观事物，在银屏上呈现的只是客观事物的替代画面，而不是事物本身。通过看电影、电视，得到的主要是间接的、替代的经验。但电影、电视有它特殊优越的地方。首先，它们能选择典型的材料，使学生能集中注意力观察事物的重点部分。其次，它们能突破时间和空间的限制，能随时重现过去的历史事件，或即时呈现正在发生的真实事件，因此在某种程度上讲也能带来一定的直接经验。另外，电影、电视能借助特殊的拍摄技巧、编辑技巧、动画技巧、特殊效果技巧等，帮助学生观察原本难以观察的微观或宏观的景象，不仅能展示事物的表面，也能剖析事物的内部结构，既能把快速变化运动的过程变为慢的来观察，也能把缓慢变化的过程变快，在很短的时间内呈现出来，为学生学习提供良好的条件。

（5）静态图像、广播、录音。由静态图像、广播、录音等提供的信息，通常能为没有文字阅读能力的人所理解。这些视听手段可以为个人或小组所用，在班级教学中，我们常用的是幻灯机、投影器、放音设备和扩音系统等辅助手段。但静态图像、广播、录音等都不及前面讨论的视听经验直接。尽管有些静态图像可能使人觉得有强烈的动感，甚至似乎可以听到声音，但是，照片终归不如有声电影、电视。同样，无线电广播只能提供声音信息，在信息量方面远没有电影、电视丰富。

（三）抽象的经验

（1）视觉符号。视觉符号是指平面地图、示意图、图表等抽象化的符号，它们与现实事物已没有多少类似的地方，如地图中用圆圈表示城市、乡镇，用线条表示公路、铁路，用曲线表示河流或等高线，用不同粗细的实线、虚线表示国界、省界、县界等。又如用示意图表示人口的增加、生产的发展，用图解、图表阐明各个概念之间的关系。由于视觉符号并不“再现”一个具体的经验，因此，往往一个很简单的符号是很难理解的，教师应力求做到使所使用的符号适合学生的理解水平，通过实践，让学生自己去制作图表，如统计图、地图等，培养和发展他们运用符号的能力。

（2）言语符号。言语符号是一种抽象化的代表事物或观念的符号。所谓抽象化就是这种符号已经没有实际事物的形态，不再含有对意义的视觉暗示。言语符号包括口头语言与书面的语词符号。口头语言是基本的，只要有听说能力的人，都能够使用他们的民族语言去进行思想交流与知识传播。书面语词是第二性的，是符号的符号，只有学习、掌握这些书面语词符号的人，才能利用这些符号。因此，在“经验之塔”中，口头语言的位置比书面语词要低一些。虽然语言符号本身是抽象的，但在使用时，它们是与“塔”中的所有其他材料一起发挥作用的。

二、“经验之塔”理论的基本观点

戴尔把“经验之塔”理论的要点概括为以下 6 个方面：

（1）“塔”中最底层的经验，是最直接最具体的经验，越往上升，则越趋于抽象。但并不意味获得任何经验都必须经过从底层到顶层的阶段，或下一层的经验比上一层的经验更有用。划分阶层，只是说明各种经验的具体与抽象的程度。

（2）根据人类认识事物和掌握经验的规律，教学应从具体经验入手，逐步过渡到抽象。有效的学习方法，应该首先给学生丰富的具体经验，应防止从概念到概念的做法。

（3）教学不能只满足于获得一些具体经验，而必须向抽象化发展，使具体经验普遍化，最后形成概念。概念可以作推理之用，是进行思维、进一步探求知识的基础，因而可以指导进一步的实践。

（4）在学校中，应用各种教育、教学工具，可以使得教育更为具体、直观，从而去获得更好的抽象。

（5）具体化程度越高，实施难度越复杂，受外部限制较大；相反，抽象程度越高，实施过程越简单。所以，位于经验之塔中层的视听媒体便成为较好的选择。相对于言语、视觉符号来说，视听媒体能为学生提供更具体的和易于理解的经验，弥补学生直接经验的不足；相对于演戏、设计、直接的有目的的经验等，视听媒体能突破时空的限制，降低了从底层获取直接经验的实施难度。所以，重视和研究视听媒体是十分有意义的。

（6）把具体的直接经验看得过重，使教育过于具体化，而忽视达到普遍化的充分理解，是很危险的。

"经验之塔"理论所阐述的是经验抽象程度的关系，符合人们认识事物由具体到抽象、由感性到理性、由个别到一般的认识规律。因此，它对今天教育技术的发展依然具有重要作用。

【内容小结】

行为主义学习理论关注的是环境在个体学习中的重要性。行为主义认为，学习是刺激与反应的连接，学习是尝试错误的过程，学习的成功要靠强化。斯金纳在此基础上提出了程序教学，即用机器来提供大量的强化系列，并提出了程序教学的五大原则：①积极反应原则；②小步子原则；③及时强化原则；④自定步调原则；⑤低错误率原则。

认知主义的学习理论与行为主义相反，认为学习并非是机械的、被动的"刺激－反应"的连接，而是外界刺激和认知主体内部心理过程相互作用的结果，只有学习者把外来刺激同化进原有的认知结构中去，学习才会发生。布鲁纳提出的"认知结构"认为学习是把新的知识整合到个体已有的知识结构中，虽然每个个体的认知结构不同，但只要我们对知识的表征系统进行设计，就可通过个体的主动探索进行学习，因此倡导发现教学法。加涅的信息加工理论认为学习是把通过感觉器官获得的信息存储在短时记忆中，短时记忆中的信息再通过各种方式把它存储到长时记忆中去，最后通过一定的线索提取出来，作用于环境。

建构主义学习理论是行为主义发展到认知主义以后的进一步发展，强调"知识建构"，认为学习是学习者在与环境交互作用的过程中主动地建构内部心理表征的过程。由于学习是在一定的情境即社会文化背景下，借助其他人的帮助即通过人际间的协作活动而实现的意义建构过程。因此建构主义学习理论认为"情境"、"协作"、"会话"和"意义建构"是学习环境中的四大要素或四大属性。在具体教学中，建构主义倡导采用情境教学、支架式教学等方法。

传播是信息的交换与交流，是自然界和人类社会普遍存在的信息交流的社会现象。而当传播用于教育目的并具有教育相关性时，就称为教育传播。教育传播系统由教育者、教育信息、受教育者和媒体、环境、效果 6 个要素组成。教育传播的基本模式有拉斯威尔传播模式、香农－韦弗传播模式、贝罗传播模式等。教育传播要取得好的效果，须遵循共同经验原理、抽象层次原理、重复作用原理、信息来源原理。

系统科学是系统论、信息论和控制论的总称，是研究一切系统的模式、原理及规律的学科，是教育技术的重要理论基础。系统是指由相互联系、相互作用的要素（部分）构成的，具有一定结构和特定功能的有机整体，具有整体性、关联性、等级结构性、动态平衡性、时序性等基本特征。系统科学的 3 个基本原理（整体原理、反馈原理、有序原理）建立了一个完整的理论体系，对研究现代教育技术和指导其实践有着重要的意义。系统方法是系统科学基本原理和基本观念在认识和解决实际问题中的应用。应用系统方法解决实际问题主要有 6 个步骤。

“经验之塔”理论把学习得到的经验按抽象程度的不同分为三大类 10 个层次，符合人们认识事物由具体到抽象、由感性到理性、由个别到一般的认识规律。因此，它对今天教育技术的发展依然具有重要作用。

【思考与实践】

1．简述行为主义、认知主义、建构主义学习理论的主要代表人物及其观点。

2．什么是教育传播？教育传播系统由哪些要素构成？画出教育传播系统的结构图。

3．描述并解释拉斯威尔、香农－韦弗、贝罗 3 个传播模式。

4．简述教育传播过程的规律，并谈一谈如何在教学中应用这些规律。

5．什么是系统？简要阐述系统科学的 3 个基本原理。

6．简述应用系统方法解决问题的步骤，并尝试使用系统方法解决学习、生活中遇到的问题。

7．画出“经验之塔”并对各个层次的内容进行说明。

8．简述“经验之塔”理论的基本原理。

第三章　教学系统设计

【学习目标】

1. 理解教学系统设计的基本概念和基本理念。
2. 理解教学系统设计的要素，并掌握各要素的分析方法。
3. 掌握教学系统设计的一般模式。
4. 掌握正确阐明教学目标的方法。
5. 掌握选择和制定教学策略的方法。
6. 掌握编制教学系统设计方案的步骤与方法。

教学系统设计是 20 世纪 60 年代从西方发展起来的一门实践性较强的学科，是现代教育技术的核心理论。它的主要任务是通过对学习过程和学习资源进行系统安排，从而优化教学过程，以促进学习者的学习。作为教师，有必要学习教学系统设计的相关理论和知识，以便能更好利用学过的教学理论与学科知识来设计教学，提高教学的效率和效果。本章主要介绍教学系统设计的原理、要素、一般模式以及案例 4 个方面的内容。

第一节　教学系统设计原理

一、教学系统设计的含义

（一）什么是系统与系统方法

所谓的系统指的是由两个或者两个以上相互联系、相互作用的要素组成的有机整体。它具有某种层次和结构，并具备一定的功能。世界上的万事万物都是一个系统，大到浩瀚的宇宙，小到微观粒子，它们都是由若干相互联系的要素组成的有序、有组织的系统。任何系统都具有有序性、动态性、层次性、和整体性的特点，一个事物可以同时是一个系统和一个要素。例如，人体共有 8 个系统：消化系统、神经系统、呼吸系统、循环系统、运动系统、内分泌系统、泌尿系统和生殖系统。这 8 个系统对于人体这个大系统来说是要素，但相对于心脏、肝、胆、胃与肺等器官来说，它们就是系统。

系统方法就是运用系统理论的观点，研究和处理各种复杂的系统问题而形成的方法，即按照事物本身的系统性把对象放在系统的形式中加以考察的方法。它的基本出发点就是整体性，它要求从整体出发，从整体与要素之间，整体与环境之间的相互联系、相互制约中综合地考察对象，从组成系统的各要素之间的关系和相互作用中去发现系统的规律性，从而指明解决复杂系统问题的一般步骤、程序和方法。

（二）什么是教学系统

教学系统是为达成特定目标而由各要素按照一定互动方式组织起来的结构和功能的有机

整体。任何教学系统都包括教育者、学习者、教学内容和教学媒体 4 个最基本的构成要素，它们是系统运行的前提，并组成了系统的空间结构。这些要素之间的相互作用、相互依赖、相互制约又构成系统输入和输出之间复杂的运行过程，也就是我们常说的教学过程。教学系统的功能就是通过教学过程运行的结果来体现的。

（三）什么是教学系统设计

在给教学系统设计下定义之前，我们先回顾一下历史，介绍几个有代表性的教学系统设计定义。

美国著名教育心理学家加涅在其所著的《教学设计原理》一书中将教学设计界定为“教学设计是一个系统化规划教学系统的过程。教学系统本身是对资源和程序做出有利于学习的安排。任何组织机构，如果其目的旨在开发人的才能均可以被包括在教学系统中。”

乌美娜教授认为“教学系统设计是运用系统方法分析教学问题和确定教学目标，建立解决教学问题的策略方案、试行解决方案、评价试行结果和对方案进行修改的过程。”

皮连生教授认为“教学设计是运用现代学习与教学心理学、传播学、教学媒体论等相关的理论与技术，来分析教学中的问题和需要，设计解决方法、试行解决方法、评价试行结果，并在评价基础上改进设计的一个系统过程。它既有设计的一般性质，又必须遵循教学的基本规律。”

何克抗教授认为“教学设计是运用系统方法，将学习理论与教学理论的原理转换成对教学目标（或教学目的）、教学条件、教学方法、教学评价等教学环节进行具体计划的系统化过程。”

从以上定义中我们可以归纳出教学系统设计的若干要义：

（1）教学系统设计的方法论基础是系统科学方法。

（2）教学系统设计的理论基础是学习理论、教学理论和传播理论。

（3）教学系统设计的任务是提出解决教学问题的最佳设计方案。

（4）教学设计的内涵共有 5 个方面：调查、分析教学中的问题和需求；确定目标；建立解决问题的步骤；选择相应的教学活动和教学资源；评价其结果。它包括了对象、目标、策略、评价 4 个基本要素。

（5）教学系统设计的目的是优化教学过程，促进学习者的学习。

教学系统设计就是运用系统思维和方法创设合适的教学系统，这一系统中包含了促进学生学习的方法、条件、经验、情景和资源，其根本目的是帮助学习者达到预期的目标，实现学习者知识、经验、能力的增长和精神世界的升华。概括地说，教学系统设计就是在学习理论、教学理论以及传播学理论的指导下，运用系统方法创设教学系统的过程，这一过程涉及到对教学目标、学习者特征、学习需要的分析和对教学媒体、教学策略、教学评价的选择，其根本目的是促进学习者的学习，实现教学过程的最优化。

教学系统设计有 3 个不同的层次：以“产品”为中心的层次；以“课堂”为中心的层次；以“系统”为中心的层次。一般意义下的教学系统设计是指以“课堂“为中心的层次，即系统地设计课堂教学，本书所讲的教学系统设计即属于这个层次。

二、教学系统设计的理念

教学系统设计不仅需要教学理论、学习理论的具体支撑，也需要一定思想、理念的指引。

在教学系统设计过程中，教师和设计者应该秉持以下两个基本理念。

（一）为学习设计教学的理念

任何教育的基本目的都是促进学习。不管所面临的教学具体情境是什么，不管学习者的年龄大小、认知特点是什么，也不管学习者所学的是什么科目，教育的根本目标就是让学习者获得特定的知识、技能以及形成正确的态度和价值观。教学是实现这一根本目标的基本途径。教学系统设计，归根到底就是设计能够促进学习者学习的教学。在传统教学观念的影响下，大多数教师有关教学的思想核心都集中于老师应该做什么，需要做什么，而不是学生应该学什么，应该做什么。在这个理念的支配下，教学就是老师对学生所做的事，不管学生是否愿意、不管学生是否有所准备，教学就是教师把设计好的信息传递给学生的过程。

教学系统设计的第一个理念是以教促学，以学定教，即“为学习而设计教学”，亦即把教学看做他们可以做的，任何得以帮助和鼓励学生学习的事情。教学就是让学生参与，就是设计一个适合学生学习的环境。

要贯彻为学习设计教学的理念，教学设计者（通常指教师）必须对以下问题有清晰的认识：学习者的学习是如何发生的？学习者的学习结果如何表征？学习者的学习动机是如何影响学习的？学习发生的内外部条件是什么？学习者可以运用什么策略来提高学习绩效？等等，这就要求教学设计者系统掌握学习心理学的相关理论，了解学习科学的进展。

（二）设计有效教学的理念

之所以要对教学进行设计，其基本的出发点就是提高教学的绩效，改变教学中无效操作过多的现状。教学系统设计必须设计有效教学，如果经过系统化的教学设计，实际的教学仍然效果不佳，效率低下，那么这种教学设计也是无效的设计。

有效教学是指在一定的教学投入内（时间、精力、努力）带来最好教学效果的教学，是卓有成效的教学。通俗地说，有效教学就是有效果的教学、有效益的教学、有效率的教学。有效教学的基本特征主要体现在以下几个方面：体现促进人的发展为根本宗旨的教学目标（一是学科教学的基础目标，二是主体性发展目标）；科学合理的教学内容（一是教师要正确理解和创造性地使用教材，二是认真挖掘教学内容的教育因素，三是关注教学内容的实践性）；教师的教学能力(指课堂教学监控、调节的能力，实践操作能力，良好的语言表达能力)。

教学系统设计要以设计有效教学为目标，教学设计者应该时刻想到如何提高教学的效率和效果，用最小的代价获得最大的效益。

要贯彻设计有效教学的理念，教学设计者必须对以下问题有明确的理解：有效教学的本质是什么？有效教学的过程是什么？有效教学产生的内外部条件是什么？教师如何才能做到有效教学？等等，这就需要教学设计者系统掌握有效教学的主要理论以及关注教学理论的前沿发展。

第二节　教学系统设计要素

教学系统设计本身也是一个系统，它由学习者特征分析、学习需要分析、教学目标分析、教学内容分析、选择教学媒体、选择教学策略以及设计教学评价等要素组成，它们相互联系、相互制约，组成一个非线性的有机整体。本节主要介绍学习者特征分析、学习需要分析、学习内容分析、教学目标分析、选择教学媒体、选择教学策略以及设计教学评价等，具体回答

“教学从哪里开始？”、“教学的最终要求是什么？”、“学习者从初始能力发展到教学目标所表述的终点能力需要学习什么内容？”、“如何达到既定的教学目标？”以及“如何知道是否已经到达？”等5个问题。

一、学习需要分析

美国著名教育心理学家奥苏贝尔指出：“假如让我把全部教育心理学仅仅归结为一句原理的话，那么，我将以一言蔽之：影响学习唯一最重要的因素，就是学习者已经知道了什么，要探明这一点，并应据此进行教学。”（《教育心理学：认知观点》，1994）这就是我们所说的学习需要分析，学习者知道了什么——知识基础，学习者想要知道什么——学习目标，通过学习需要分析，我们可以获得有关“差距”的资料和数据，由此可形成教学系统设计的总目标。

（一）什么是学习需要分析

在教学系统设计中，学习需要分析是一个特定的概念，是指学习者目前的状况与所期望达到的状况之间的差距。教学就是要缩短这个差距，教学系统设计必须以这个差距为依据，才能做到有的放矢。

学习需要的分析是一个系统的调查研究的过程，目的是：发现教学中存在的问题；分析产生问题的主要原因，以确定教学设计是否是解决该问题的合适途径；分析现有资源及约束条件，以论证解决该问题的可能性；分析问题的重要性，以确定优先解决的教学设计课题。学习需要的分析是一个形成教学设计项目总教学目标的过程。

分析学习需要的核心是了解问题以及解决问题的必要性和可能性，而不是研究解决方法。只有首先明确问题及其原因，才能找出合适的解决方法。分析学习需要的重点是研究学习者的学习状况，而不是教师教的情况，尽管教与学是密切相关的。

（二）学习需要分析的两种方法

对需要进行分析就是要采取恰当的需要分析方法，找出“实然状态”（目前学习状况）与“应然状态”（期望达到的学习状况）之间的差异，即明确进行教学设计所要解决的问题。根据目标参照系的不同，学习需要分析的基本方法可分内部需要分析法和外部需要分析法。内部需要分析法内部的需要评价是将学习者学习的现状与组织机构所确定的教学目标相比较，找出两者之间存在的差距，从而了解学习需要的一种分析方法。

外部的需要评价根据外界社会(或实际工作岗位)的要求制定教学目标，以此为标准来衡量学习者学习的状况，找出两者之间的差距，从而确定学习需要的一种分析法。例如，某学校的学生在计算机技能训练课的结业考试中能够每分钟打100个汉字，且错误率低于2%，这已经达到了教学大纲所规定的要求。但是社会上的各单位招聘打字员时需要能够每分钟打120个汉字，且错误率低于1%。如果以社会各单位的这个要求来制定教学目标，找出学习者现状与该目标之间的差距，就是外部需要分析法。

（三）学习需要分析的流程

无论是运用内部需要分析法还是外部需要分析法，学习需要分析都可以按照以下4个步骤进行。

（1）计划。主要任务是确定分析的对象以及收集资料的工具与技术（包括问卷、评估量表、访谈提纲、访谈的形式等）。

（2）收集数据。根据第一个步骤所作的计划，收集所需要的资料数据，即组织有关人员，使用事先计划好的工具与方法，收集所需资料。

（3）整理分析数据。对收集到的数据资料进行整理、归类和分析。

（4）撰写分析报告。在整理分析数据资料的基础上撰写出关于学习需要分析的报告，主要应该包括 4 个方面的内容：①详细阐明学习需要分析的目的；②系统描述分析的过程（包括分析的参与者、分析的方法、分析的步骤等）；③用表格的形式或简单地描述说明分析的结果；④根据分析的结果，为教学系统设计提出具体的建议。

二、学习者特征分析

学习者特征与具体的学科内容并无直接联系，但是在教学系统设计中起着至关重要的作用，它影响着教学设计者对教学内容的选择和组织，也影响着教学策略和教学媒体的选择。学习者作为学习活动的主体，其具有的认知、情感、社会等特征都将对学习过程产生影响。因此，要取得教学设计的成功，必须重视对学习者特征的分析。

（一）学习者特征分析的主要内容

学习者特征分析主要包括学习者初始能力分析、学习者一般特征分析和学习风格分析 3 个方面的内容。

1. 学习者初始能力分析

任何一个学习者都是把他的经历、生活体验以及原来所学的知识、技能、态度带入新的学习过程中。在教学系统设计中，学习者进入新任务的学习前已经具备的知识、技能和态度水平等被称为初始能力、起始能力或者起点水平。教学设计者必须明确了解学习者的初始能力，以便更有针对性地进行教学。

学习者在开始新的学习之前，已经掌握的知识与技能叫做预备技能。在教学目标中规定学生必须掌握的知识和技能称为目标技能。而学习者态度主要指对教学内容是否存在疑虑、偏爱或误解以及学习动机如何等方面。学习者初始能力分析包括预备技能分析、目标技能分析以及学习态度分析 3 个方面。

2. 学生者的一般特征

学习者的一般特征，是指他们具有与具体学科内容无关，但影响其学习的生理、心理和社会等方面的特点，包括年龄、性别、生理特征、学习动机、生活经验等内容。在教学设计过程中，分析学生的一般特征，以此作为制定教学策略，选择教学方法和媒体等工作的依据。

3. 学习者的学习风格

学习风格是学习者持续一贯的带有个性特征的学习方式，是学习策略和学习倾向的总和。通俗地讲，学习风格就是学习者的学习偏好，一般可以分为以下几种类型：

（1）独立型与依存型。有些学生在知觉的时候，较多地受到他们所看到的环境信息的影响，这样的学生具有场依存性；而另一些学生则基本不受或很少受到环境因素的影响，他们具有场独立性。反映在教学中，具有场依存性的学生需要教师给予明确的指导或讲授，喜欢结构严密的教学，希望学习材料是经过预先组织的。他们对人文科学、社会学科内容的学习有较好的效果。而独立型的学生在学习过程中对教师提供的学习材料他们能够进行重新组织，比较适应结构松散的教学方法。他们的自主性较强，不太看重反馈的作用，可以自己进行强化，他们比较善于学习数学及自然科学。

（2）沉思型与冲动型。冲动型的学生往往只以一些外部线索或单一的判断标准为基础，未加仔细考虑就急于回答问题，缺乏对问题的深入探究，缺乏计划性，所以他们用的时间虽然比较少，但出错率较高。沉思型的学生则表现得谨慎、仔细、周详，一般不急于回答问题或得出结论，倾向于对自己的选择进行反复思量、论证，直到具备较大把握，在确认没有问题的情况下才给出答案，所以错误较少。

（3）整体策略与序列策略。采用整体学习策略的学生倾向于把问题视为一个整体，注重全面看问题，并能依据对主题综合的、广泛的浏览在大范围寻找与其他材料的联系。采用序列学习策略的学生的主要特征是把注意集中于小范围，擅长用逻辑严谨、紧抓要点的方法，把学习材料细分成许多段落来学习。

（二）学习者特征的分析方法

（1）学习者初始能力的分析方法：为了解学习者是否具备了从事新的学习所必须具备的预备技能，可先在教学内容分析结果图上设定一个起点，把起点线以下的知识与技能作为预备技能，以此为依据编写测试题，通过测验了解学习者对这些预备技能的掌握情况。

（2）学习者一般特征的分析方法：为获得学生一般特征，通常采用的方法有访谈、观察、问卷调查和查阅文献。

（3）学习风格的分析方法：了解学习风格的主要目的在于找出不同的学习风格与教学组织形式、教学策略运用、教学媒体选择之间的关系，以便为学习者提供适合其学习风格特点的教学。通常采用学习风格量表进行测量，以获得学习者的学习风格。

三、学习内容分析

学习内容是指为了实现教学目标要求学习者系统学习的知识、技能和行为经验的总和。学习内容分析要解决的核心问题是安排什么样的学习内容，才能够实现学习需要分析所确定的总的教学目标。我们对学习内容进行分析，即是以教学目标为基础，划定学习内容的范围，对每一项学习内容之间的逻辑关系进行详细的剖析过程。

（一）学习内容的分类

我们通常从知识的性质角度把知识分为陈述性知识和程序性知识两大类，陈述性知识是个人具有有意识的提取线索，能够直接加以回忆和陈述的知识，是关于“是什么”的知识，包括对事实，规则，事件等信息的表达。程序性知识是指关于办事的操作步骤和过程，主要用来解决做什么和怎么做的问题，也称步骤性和过程性知识。教育心理学中阐述为：个人没有有意识的提取线索，其存在只能借助某种作业形式简介推测的知识，是关于“怎样做”的知识，是可以进行操作和实践的知识。对知识分类有重大影响的研究成果首推美国当代著名教育心理学和教学设计专家加涅的分类，他把学习结果分为言语信息、智力技能、认知策略、动作技能、态度五大类。

（1）言语信息：指学生通过学习以后能记忆一些具体的事实，并且能够在需要时将这些事实陈述出来。例如，事物的名称、颜色、地点、时间、定义等。

（2）智力技能：指学生通过学习获得的对外界环境作出反应、并与他人进行交流的能力。言语信息与知道“什么”有关，而智力技能与知道“怎样”有关。智力技能可以分为辨别技能、形式概念、使用规则和解决问题 4 类，这 4 类依次形成递进的层级关系。

（3）认知策略：是学生内部组织起来，供以调节他们自己的注意、学习、记忆和思维等内部过程的技能，是处理内部世界的能力。

（4）动作技能：是一种习得能力，表现在身体运动的迅速、精确、力量或连贯等方面，如乐器演奏、绘图、实验操作、打球、唱歌等。

（5）态度：是习得的、影响个人对特定对象做出有选择的内部准备状态。特定对象包括事物、人和活动。

每一门学科的学习内容或每一节课的学习内容都可以根据加涅的学习结果分类理论进行归类。对学习内容的分析不仅仅是分析它们的重难点，更为关键的是剖析各项内容的纵向以及横向之间的关系，从而形成一个系统的知识体系。

（二）学习内容的分析方法

在实践过程中，人们总结出了多种学习内容的分析方法，这里就应用广泛而且操作方便的 3 种分析方法做一简单介绍。

1. 归类分析法

归类分析法主要是对根据一定的标准学习内容进行分类，目的是鉴别为实现教学目标所需学习的知识点。确定分类方法后，或用图示、或列提纲，把实现目标所需学习的知识归纳成若干方面，从而确定学习内容的范围。

2. 图解分析法

图解分析法是一种用直观形式揭示教学内容要素及其相互联系的内容分析方法。图解分析的结果是一种简明扼要、提纲挈领地从内容和逻辑上高度概括教学内容的一套图表或符号。这种方法的优点是使分析者容易觉察内容的残缺或多余部分以及相互联系中的割裂现象。

3. 层级分析法

层级分析法是用来揭示教学目标所要求掌握的从属技能的一种内容分析方法，这是一个逆向分析的过程，即从已确定的教学目标开始考虑，要求学习者获得教学目标规定的能力，以及他们必须具有哪些次一级的从属能力。

四、教学目标分析

教学目标是教学设计者对学习者应取得的学习成果和达到的最终行为目标的明确阐述。教学目标是教学活动的出发点、依据和归宿，它为每一门课程、每一个教学单元或每一节课的教学活动的进行规定了明确的方向。

（一）教学目标的分类

美国心理学家布卢姆（B.S.Bloom）将全部教学目标划分为认知领域（cognitive domain）、情感领域（affective domain）和动作技能领域（psychomotor domain）3 个部分。认知领域包括有关知识的回忆或再认，以及理智能力和认知策略的形成等，其教学目标按照智力特性的复杂程度分为 6 个等级：知识、理解、应用、分析、综合以及评价。情感领域的目标主要包括兴趣、态度和价值等方面的变化，以及判断力和令人满意的适应性的形成。其教学目标可以划分为 5 个层次：接受、反应、评价、内化以及个性化。动作技能领域的目标强调的是：学生通过肌肉运动对材料和客体的某种操作，或需要神经肌肉协调的活动，它们最常见于技术、书法、绘画、演讲、武术、体育等学科。我国新一轮的基础教育课程改革确定了 3 个维度的具体教学目标，即知识与技能，过程与方法，情感态度与价值观。这也是一种教学目标分类方式，与布卢姆的教学目标分类没有实质上的差别，认知领域与动作技能领域的目标也就是知识与技能、过程与方法维度的目标，情感领域的目标与情感态度与价值观维度是一致的。

（二）教学目标的编写

有的教学目标是外显的，是可以量化的，如知识与技能目标，有的教学目标是内隐的，不可量化，如情感态度与价值观。但作为教学系统设计的一部分，教学目标的编写必须突出可测量、可观察的特点，必须与学习者的行为表现联系起来。例如，“让学生了解中国矿产的分布”、“让学生掌握一元二次方程的解法”、“培养学生的爱国主义情感”、“激发学生的学习兴趣”等教学目标都是不合格的，它们都不具备可操作性，不能作为教学评价的直接依据。

1. 行为目标陈述法

认知领域和动作技能领域的教学目标可以直接用行为目标来表示，即是对学习者通过教学以后将能达到何种状态的一种具体的、明确的表述。在具体编写这类教学目标时，一般要求用明确、具体、详细的行为术语来描述。为了保证教学目标的可操作性，通常采用 ABCD 方法编写教学目标。

所谓 ABCD 方法是指一个规范的教学目标包括 A、B、C、D 四个要素，简称 ABCD 模式：

A—对象（Audience），指阐明教学对象，即学习者。

B—行为（Behaviour），指说明通过学习以后，学习者应能做什么（行为的变化）。

C—条件（Condition），指说明上述行为在什么条件下产生。

D—标准（Degree），指规定上述行为应达到的程度或最低标准。

例如，给出一段短文（C），学生（A）能够找出（B）该段短文中的所有（D）动词。在 1 分钟时间内（C），学生（A）能够在计算机上用键盘（C）输入（B）100 个汉字，错误率低于 1%（D）。

一个行为目标是对“学习者表现什么样的行为才能说明他已经掌握了教学所要求的知识或技能？”的精确说明。在一个学习目标中，行为的表述和标准是最基本部分，不能省略，相比较而言，对象和条件是两个可选择的部分。行为目标的关键是行为动词，如果没有准确描述学习者行为的动词，那么教学目标是不具体、不明确的。表 3-1 列举了认知领域教学目标的行为动词，可供编写教学目标时选用。

表 3-1 认识领域教学目标的行为动词 (采自黄希庭，1997)

认知领域教学目标	行为动词
1. 知识	界定、描述、指出、标明、列举、选择、说明、配合、背诵等
2. 理解	转换、辩护、区别、估计、解释、引申、归纳、举例说明、猜测、摘要、预估、重写等
3. 应用	改变、计算、示范、表现、发现、操纵、修饰、操作、预估、准备、产生、关联、解答、运用等
4. 分析	细列、图示、细述理由、分辨好坏、区别、指明、举例说明、猜测、关联、选择、分开、再分等
5. 综合	联合、编纂、组成、创造、计划、归纳、修饰、设计、重组、重建、重改、重写、总结等
6. 评价	鉴别、比较、结论、对比、检讨、分辨好坏、解释、指明、阐释、关联、总结、证明等

2. 内部过程与外显行为相结合的目标陈述法

行为目标基于行为主义的“刺激－反应”模式，强调行为结果而未注意内在的心理过程，尽管能体现教学目标的可观察性和可测量性，但行为目标过分注重行为的训练而忽视了比行为变化更重要的心理体验、心理倾向的变化。另外，在教学过程中，有大量的心理过程无法用行为目标来表示，例如，理解和领悟某一科学原理，学生学习兴趣的变化、对某个情景的感受和体验、对某种行为和观念的态度等，这些都无法用行为动词来描述，但却是教学企图达到的重要目标。因此为了全面准确编写教学目标，描述学生内部心理操作的术语就不可完全避免。

内部过程与外显行为相结合的具体做法是：①在陈述学习目标时，先用描述学生内部心理过程的术语来表明学习目标，以反映学生理解、应用、分析、欣赏、感悟、尊重等内在的心理变化；②列举出一些能够反映上述内在变化的行为，使得学生内在的心理变化也能够被观察和测量；③在列举行为的变化时，主要采用前面介绍的 ABCD 法。

教育心理学家格朗伦（Gronlund，N.E）1978 年就指出，在编写教学目标时应首先明确陈述，如理解、领会、记忆、欣赏、掌握等内在的心理变化，然后用可观察的行为作为例子使这个目标具体化。格朗伦的方法既避免了用内部心理过程表述目标的抽象性，也避免了行为目标的局限性。下面用一个实例来说明这种内外结合的教学目标陈述方法。

例如，领会“揠苗助长”的含义：

（1）能用自己的语言讲述“揠苗助长”的故事。

（2）能用“揠苗助长”这个成语造句。

（3）能够在一组成语里面找出“揠苗助长”的近义词和反义词。

这里，“领会‘揠苗助长’的含义”是教学目标的一般陈述，旨在领会。而领会是一个内部的心理过程，不能直接测量和观察。例中为了使“领会”能够得到测量和观察，利用了 3 个能证明学生是否具备“领会”能力的行为实例进行描述。值得注意的是，这里利用内部过程和外显行为相结合描述的教学目标强调的“领会”，而不是表明“领会”的具体行为样例。即主要达到的目标是内部心理过程的变化，而不是行为上的变化。

五、选择教学媒体

狭义的现代教育技术，就是现代教学媒体在教育中的应用。实践证明，教学媒体可以提高教学的效果和效率，优化教学过程。从传播学的角度讲，教学媒体是教学内容的传递工具，是沟通教师、学习者以及教学内容的桥梁。为了达到预期的教学目标，需要在不同形式和不同功能的教学媒体中进行选择。在实际的操作中，有很多因素会影响到媒体的选择，因此在选择教学媒体的时候，一定要把握住问题的关键，在坚持基本原则的前提下，兼顾其他因素。

（一）影响选择教学媒体的因素分析

教学媒体的选择不是随意的行为，不是由教师的喜好来决定，而必须考虑到许多客观和主观的因素。

1. 学习者因素

学习者始终是教学必须考虑的首要因素，教学媒体的选择也不例外。学习者的年龄、认知发展特征、学习风格、个人经验以及学习兴趣等都会影响到教学媒体的选择。例如，对于小学生来说，他们习惯于形象思维，喜欢动画片。在训练学生的英语听力中，就不能用录音机来播放，而要把声音配合到形象的动画片中；相反，对于高中学生来说，他们的认知特征和兴趣都发生了转移，用录音机播放听力效果会更好。

2. 学习内容因素

学习内容也就是学习任务对教学媒体的选择有直接的影响。不同的教学内容需要不同的教学媒体来呈现。在英语学习中，听力的训练与语法的学习是不同的学习任务，它们对于媒体的要求不同，前者需要借助于现代媒体手段，而后者使用粉笔+黑板或投影就可以达到目的。不同学科的教学对教学媒体也有不同的需要。化学、物理、生物、几何、历史等学科的教学更多需要教学媒体的参与，尤其需要图片、图像、视频、动画等来演示教学内容，而哲学、代数、政治等学科的教学对教学媒体的需求就相对较弱，要求也相对较低。

3. 教学目标因素

不同类型的教学目标也会影响到教学媒体的选择。实现认知领域的目标、实现动作技能领域的目标与实现情感态度领域的目标对教学媒体有不同的诉求。要成功掌握一套体操的所有动作，依靠声音媒体是很难实现的，必须求助于图像、视频等视觉媒体。而要达到默写生字的目标，只需纸质文本教材就可以了，不需要其他声音、视频等现代媒体。

4. 媒体自身因素

能否选出一种适宜可行的媒体，还将受到媒体自身特点及其使用等一些实践性因素的制约。忽略它们，也将导致媒体选择的失败。这些因素包括：①媒体资源，包括媒体硬件、软件的配备情况、资源的丰富程度；②媒体功能，即媒体在呈现教学信息时表现的不同性能能否满足实际教学的需要，包括媒体在图像呈现、尺寸大小、色彩表现以及动态与否等多个方面的属性；③媒体的操作情况，包括媒体操作的难易程度以及学会操作的准备时间；④媒体质量，即媒体在使用时候的稳定性和可控性。

5. 其他因素

除了以上 4 个主要的影响因素外，还有一些影响教学媒体选择的因素。如教学组织形式，大班教学、小班教学以及个别化教学对教学媒体的需求是不一样的。教学媒体的选择还要考虑经济因素，如果可以采用较便宜的媒体来上课，其效果与价格高的教学媒体上课一样好，就不必要用价格高的媒体来上课。还有教师的教育技术能力也是影响教师选择教学媒体的制约条件，是一个主观的因素。

（二）选择教学媒体的方法

对教学媒体的选择，除了考虑上述影响因素外，还可以参照一些具体的方法、程序或模型。

（1）问卷法。这种方法是列出一系列有关媒体选择中的问题作为问卷内容，教师通过答题对这些问题进行逐一深入地考虑，来确定适用于一定教学情境的媒体。

（2）流程图法。此方法是问卷法的形象化。它把选择过程划分成一系列有序排列的步骤，每一步骤就是一个问题，每一个问题都紧跟前一个问题，排列成流程图的形式。教学设计者对每个问题都回答“是”或“否”而进入不同的选择分支，依此类推，最后剩下的媒体就是最适合的选择结果。具体的选择过程如图 3-1 所示。

（3）矩阵图法。此种程序是把各种教学媒体和选择媒体所要参照的主要指标（如教学目标、教学功能、学习类型等）进行二维排列，建立一个矩阵式的表格。常见的矩阵一般以媒体的种类为一维，教学目标或媒体的教学功能或媒体的特性为另一维，然后用某种评判尺度

（如效能的低、中、高）反映两者之间的对应关系。表 3-2 是加涅提出的常用媒体教学功能表。

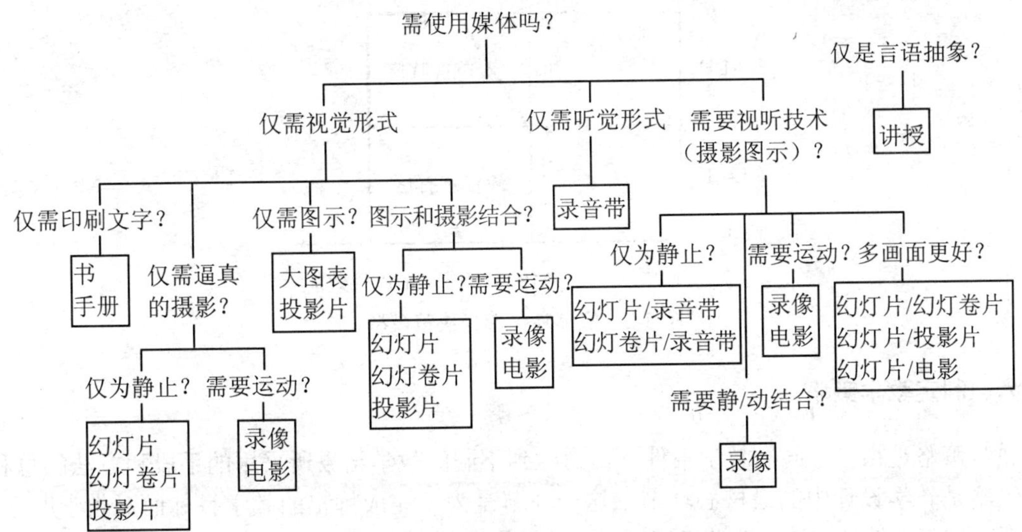

图 3-1　流程图媒体选择法

表 3-2　矩阵图法媒体选择表

种类 功能	实物演示	口头传播	印刷媒体	静止图像	活动图像	有声电影	教学机器
呈现刺激	Y	Li	Li	Y	Y	Y	Y
引导注意和其他活动	N	Y	Y	N	N	Y	Y
提供所期望行为的规范	Li	Y	Y	Li	Li	Y	Y
提供外部刺激	Li	Y	Y	Li	Li	Y	Y
指导思维	N	Y	Y	N	N	Y	Y
产生迁移	Li	Y	Li	Li	Li	Li	Li
评定成绩	N	Y	Y	N	N	Y	Y
提供反馈	Li	Y	Y	N	Li	Y	Y

（三）选择最优的教学媒体

什么是最优的选择？最少的代价能获得最好的效果就是最优。教学系统设计追求的是实现教学过程的最优化，选择教学媒体时就要考虑到最优的原则。在教学系统设计过程中，可能面临对传统媒体、现代媒体以及交互媒体的取舍，图 3-2 是一个教学媒体最优选择的决策模型。

图中的纵坐标表示使用教学媒体需付出的代价，包括制作成本、维护条件、耗费时间等。L 表示最低，M 表示中等，H 表示代价最高。图中的横坐标表示媒体的功效，即媒体在完成教学目标中所能起作用的大小程度，LP 表示低效能，MP 表示中等效能，HP 表示高效能。图中的横线区域表示以较低的代价（由 L 到 M）可获得较高的效能（由 MP 到 HP）的优选范围。斜线区域表示虽然代价较大（由 M 到 H），但其效能也较高（由 MP 到 HP），属可选范围。

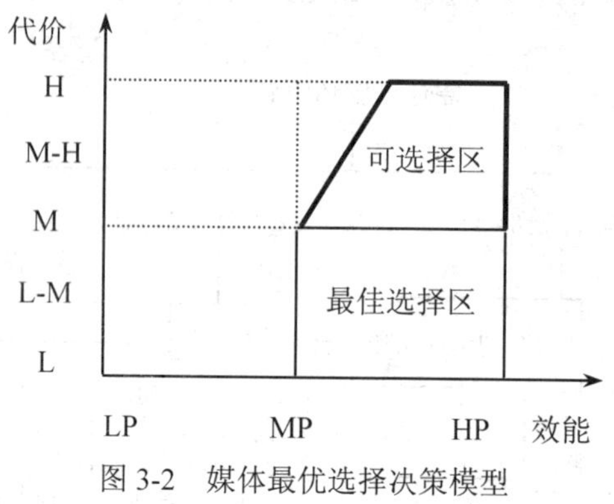

图 3-2　媒体最优选择决策模型

六、制定教学策略

教学策略是指在不同的教学条件下，为达到不同的教学结果所采用的手段和方法的总和。教学策略是教学设计中的最核心环节，这一环节是为了完成特定的教学目标而对教学顺序、教学活动程序、教学方法、教学组织形式、教学媒体等因素进行总体考虑，主要解决教师“如何教”和学生“如何学”的问题，它直接反映了设计者的教学思想与观念。

大体上，我们可以把教学策略划分为基于“教”的教学策略和基于“学”的教学策略。前者主要是告诉教师如何做，后者主要告诉学生如何做。在教学系统设计的过程中，教师是选择基于“教”的教学策略，还是选择基于“学”的教学策略，取决于教学目标、教学内容和已有的教学条件。下面分别介绍这两类教学策略，在教学系统设计过程中，教师可以根据具体的需要来进行选择。

（一）基于“教”的教学策略

目前成熟且影响较大、运用较广的基于“教”的教学策略有“先行组织者”策略、“五段教学”策略、“九段教学”策略等。

1. 先行组织者教学策略

所谓先行组织者是指安排在学习任务之前呈示给学习者的引导性材料，它比学习任务具有更高一层的抽象性和包摄性。提供先行组织者的目的就在于用先前学过的材料去解释、整合和联系当前学习任务中的材料（并帮助学习者区分新材料和以前学过的材料）。奥苏贝尔认为能促进有意义学习的发生和保持的最有效策略是利用先行组织者，以便建立新、旧知识之间的联系。先行组织者的作用是将学习者认知结构中的原有观念用恰当的语言文字、媒体或两者的结合形式表述或呈现出来。先行组织者策略的实施步骤分为 3 个阶段，如表 3-3 所示。

2. 五段教学策略

五段教学策略来源于赫尔巴特学派的“五段教学法”（预备、提示、联系、统合和应用），后经凯洛夫的改造而传入我国，是一种接受学习策略。这种教学策略的主要步骤是：激发动机→复习旧课→讲授新课→运用巩固→检查效果。这是我国课堂教学的经典教学策略，一直被沿用到今天，而且还会继续运用下去。在具体的运用这一策略的过程中不宜机械地按此流程的先后次序进行。例如，激发动机不一定非得在开头进行，也可以在复习旧课之后进行，还可以在讲授新课中进行。

表 3-3　先行组织者策略的实施步骤

	教学过程	教学活动
阶段 1	呈现先行组织者	阐明本课的目的。 呈现作为先行组织者的概念：确认正在阐明的属性；给出例子；提供上下文。 使学习者意识到相关知识和经验
阶段 2	呈现学习任务和材料	使知识的结构显而易见； 使学习材料的逻辑顺序外显化； 保持注意； 呈示材料； 演讲、讨论、放电影、做实验和阅读有关的材料
阶段 3	扩充与完善认知结构	使用整合协调的原则； 促进积极的接受学习； 提示新、旧概念（或新、旧知识）之间的关联

3. 九段教学策略

这是美国著名教育心理学家加涅将认知学习理论应用于教学过程的研究而提出的一种教学策略。加涅认为，教学活动是一种旨在影响学习者内部心理过程的外部刺激，因此教学程序应当与学习活动中学习者的内部心理过程相吻合，即把学习者的学习心理与教师的教学活动一一对应起来。根据这种观点，加涅把学习活动中学习者内部的心理活动分解为九个阶段：激发兴趣与动机→阐明教学目标→刺激回忆→呈现刺激材料→根据学习者特征提供学习指导→诱导反应→提供反馈→评定学生成绩→促进知识保持与迁移，相应地教学程序也应包含九个步骤。“九段教学策略”是建立在科学的认知学习理论基础上的，它不仅发挥教师的主导作用，也能激发学生的学习兴趣，并随时注意到调动学生的学习主动性、积极性。在具体的教学过程中，并非一定要按照这九个步骤依次进行，可以根据实际情况进行删减或改变。

（二）基于“学”的教学策略

基于“学”的教学策略主要的理论基础是建构主义学习理论，该类教学策略强调以学习者为中心，强调学习者的主动探究过程，强调学习者的自主学习。目前应用比较广泛的有“支架式教学策略”、“抛锚式教学策略”以及“随机进入式教学策略”。

1. 支架式教学策略

支架式教学应当为学习者建构对知识的理解提供一种概念框架。这种框架中的概念是为发展学习者对问题的进一步理解所需要的，为此，事先要把复杂的学习任务加以分解，以便于把学习者的理解逐步引向深入。框架的建立遵循维果茨基的“最近发展区”理论，且要因人而异（每个学生的最邻近发展区并不相同），以便通过概念框架把学生的智力发展从一个水平引导到另一个更高的水平，就像沿着脚手架那样一步步向上攀升。

支架式教学策略由以下几个步骤组成：

（1）搭脚手架——确定要建构的知识，围绕学习主题。

（2）进入支架——呈现一定的问题情境，由此将学习者引入概念框架中的某个节。

（3）独立探索——让学习者在支架的帮助下自主寻求问题的答案，探究的内容包括确定与给定概念有关的各种属性，并将各种属性按重要性大小顺序排列。

（4）合作学习——进行小组协商、讨论。

（5）效果评价——对学习效果的评价包括学习者个人的自我评价和学习小组对个人的学习评价。

2. 抛锚式教学策略

抛锚式教学要求建立在有感染力的真实事件或真实问题的基础上。确定这类真实事件或问题被形象地比喻为“抛锚”，因为一旦这类事件或问题被确定，整个教学内容和教学进程也就被确定（就像轮船被锚固定一样）。

抛锚式教学的主要目的是使学生在一个完整、真实的问题背景中，产生学习的需要，并通过合作学习，凭借自己的主动学习、生成性学习，亲身体验从识别目标到提出和达到目标的全过程。抛锚式教学策略由这样几个步骤组成：

（1）创设情境：创设与现实情况基本一致或相类似的学习情境。

（2）抛锚：在创设好的情境里，选择出与当前学习主题密切相关的真实性事件或问题作为学习的中心内容，选出的事件或问题就是“锚”，这一环节的作用就是“抛锚”。

（3）自主学习：教师向学生提供解决该问题的有关线索（例如，需要搜集哪一类资料、从何处获取有关的信息资料以及现实中专家解决类似问题的探索过程等），并要特别注意发展学生的“自主学习”能力。

（4）协作学习：讨论、交流，通过不同观点的交锋，补充、修正、加深每个学生对当前问题的理解。

（5）效果评价。由于抛锚式教学要求学生解决面临的现实问题，学习过程就是解决问题的过程，即由该过程可以直接反映出学生的学习效果。因此对这种教学效果的评价往往不需要进行独立于教学过程的专门测验，只需在学习过程中随时观察并记录学生的表现即可。

3. 随机进入式教学策略

随机进入式教学策略是指学习者可以随意通过不同途径、不同方式进入同样教学内容的学习，从而获得对同一事物或同一问题的多方面的认识与理解。它的基本过程如下：

（1）呈现基本情境：向学生呈现与当前学习主题的内容相关的情境。

（2）随机进入学习：取决于学生“随机进入”学习所选择的内容，而呈现与当前学习主题的不同侧面特性相关联的情境。在此过程中教师应注意发展学生的自主学习能力，使学生逐步学会自己学习。

（3）思维发展训练：由于随机进入学习的内容通常比较复杂，所研究的问题往往涉及许多方面，因此，在这类学习中，教师还应特别注意发展学生的思维能力。

（4）小组协作学习：围绕呈现不同侧面的情境所获得的认识展开小组讨论。在讨论中，每个学生的观点在和其他学生以及教师一起建立的社会协商环境中受到考察、评论，同时每个学生也对别人的观点、看法进行思考并作出反映。

（5）学习效果评价：包括自我评价与小组评价，评价内容与支架式教学中的评价内容相同。

教学策略是复杂多样的，影响因素比较多，这就涉及教学策略的有效性问题。一般来说，能实现教学目标的教学策略是有效的，当然有效教学要求能保持学习者的学习积极性。因此，有效教学策略的制订或选择的基本依据主要包括教学目标、教学对象、教学者等方面的因素。由于教学目标、教学内容的不同，以及学生的需求不同，不存在适用于一切教学活动的最优教学策略。教学设计者必须掌握一系列适用于不同目标、内容、对象的各种教学策略，才能在教学设计中实现教学的最优化。

七、设计教学评价

教学评价是对教学过程与结果进行价值判断的一种活动，具体说来，即是根据教学目标的要求，采取一定的方法和手段对教学效果进行描述和评定的过程，它是教学中的重要一环，也是教学系统设计不可或缺的组成部分。

教学评价不仅需要关注学生知识、技能的掌握情况，更要关注学生掌握知识、技能的过程与方法，以及与之相伴随的情感态度与价值观的形成。教学评价不是为了给学生定等级、贴标签，而是要发挥评价的激励作用，关注学生成长与进步的状况，并通过分析指导，提出改进计划来促进学生的发展。

作为教学系统设计要素的教学评价设计，着重要解决 3 个问题：谁来评价？评价什么？如何评价？在设计教学评价时，教学设计者应该遵循如下 4 个原则来对这 3 个问题进行具体的回答。

（一）统一标准与个体差异相结合的原则

这是教学评价的总则，是设计教学评价时应遵循的基本理念。教学评价不能没有标准，不能没有统一的规范，也就是说教学评价有客观性的一面，它是根据一定的标准实施的。在我国的教育现实中，这种标准通常是成绩，也就是分数，评价的工具就是标准化的试卷。结果，以分数来评价学习成为了教学评价的主要手段，而这种教学评价的弊端也日益凸显出来。分数在一定程度上可以成为教学评价的标准，而且操作起来特别容易，但是这种以学业成绩为标准的评价方式忽略了个体的差异，例如，积极的学习态度、创新精神、分析与解决问题的能力以及正确的人生观、价值观等，这些不是分数所能衡量的，而且每个人都有不同的表现。在教学评价中既要做到坚持一定的标准和规范，但也要做到关注学习者的个体差异，从而对每位学习者的学习效果进行综合地全方位的评价。

（二）他评与自评相结合的原则

该原则是对谁来评价以及评价谁的回答。一改以往以教师为主的单一评价主体的现象，目前世界各国的教学评价逐步成为由教师、学生、家长、管理者，甚至包括专业研究人员共同参与的交互过程。在传统的教学评价中，学习者是完全的被评价者，教师是掌握教学评价权力的权威。而现在，传统的被评价者成为了评价主体中的一员，评价主体得到了扩展，学习者也成为评价的主体，他们不仅评价自己，也还可以评价同学，甚至教师也是被评价的对象。当然，在教学设计中，还要考虑如何实现评价者与被评价者之间的互动，如何在平等、民主的互动中关注被评价者发展的需要，以便共同承担促进其发展的责任。

（三）量化评价与质性评价相结合的原则

这条原则主要是从评价手段的角度对如何评价问题的回答。目前的教学评价主要采取量化的手段，把评价内容细化成评价量表中的各种条款，然后按照既定的标准逐个对这些条款打分，最后给出一个量化的评价结果。但随着评价内容的综合化，以量化的方式描述、评定一个人的发展状况时则表现出僵化、简单化和表面化的特点，学生发展的生动活泼和丰富性、学生的个性特点、学生的努力和进步都被消灭在一组组抽象的数据中。质性评价的方法则具备全面、深入、真实再现评价对象的特点和发展趋势的优点。例如，以激励性的评语促进学生的发展，在教师评价中运用面谈、行为观察和行为记录的方法。采用“成长档案袋”、“学习日记”、“电子学档”和“情景测验”等质性评价的方法。总之，在教学评价中，既要重视量化评价的方法，也要积极挖掘质性评价的方法，并把它们结合起来，应用多种评价方法，这样就有利于更清晰、更准确地描述学生、教师的发展状况。

（四）总结性评价与形成性评价相结合的原则

这是从评价方式的角度对如何评价的回答。传统的评价往往只要求学生提供问题的答案，而对于学生是如何获得这些答案的却漠不关心。只有关注过程，评价才可能深入学生发展的进程，及时了解学生在发展中遇到的问题、所做出的努力以及获得的进步，这样才有可能对学生的持续发展和提高进行有效地指导，评价促进发展的功能才能真正发挥作用。与此同时，也只有在关注过程中，才能有效地帮助学生形成积极的学习态度、科学的探究精神，才能注重学生在学习过程中的情感体验、价值观的形成，实现“知识与技能”、“过程与方法”以及“情感态度与价值观”的全面发展。质性评价方法的发展为这种过程式的形成性评价提供了可能和条件，注重过程，将总结性评价和形成性评价相结合。

八、教学系统设计成果的评价

教学系统设计评价是指依据评价目标，对教学系统设计的成果进行价值判断。换句话说，教学系统设计评价就是运用系统方法对教学过程进行系统规划而形成的教学设计方案进行价值判断。以下就教学系统设计成果评价的要点进行简要的阐述。

（一）考虑教学设计方案的完备性和规范性

一个完整的教学设计方案应该涵盖以下几个部分：①学习需要分析；②学习者特征分析；③编写教学目标；④选择教学媒体和教学资源；⑤选择和制定教学策略（含教学方法）；⑥设计具体的教学过程；⑦设计教学评价；⑧总结和帮助。

虽然一个规范的教学设计方案不一定要严格按照以上 8 个部分的次序来撰写，但其内容应该要能够涵盖这些方面。

（二）考虑教学设计方案的可行性

教学设计方案的可行性也就是可实施性，即这个教学设计方案是否能够在实际的教学中得到实现。具体可以从时间因素、环境因素、教师因素、学生因素 4 个方面进行评价。

（三）考虑教学设计方案的创新性

教学设计方案是教师或教学设计者的劳动结晶，是对整个教学系统的系统化设计成果，应该具有创新性。例如，在设计理念上，既能发挥教师的主导作用、又能体现学生的主体地位；教学方法上有创新，能激发学生的兴趣，有利于促进学生高级思维能力的培养；教学组织形式上有所创新，有利于发挥每位学生的积极性等。总之，在教学设计方案中能够看到新理念、新方法或新技术的有效应用。

第三节　教学系统设计模式

模式是再现现实的一种理论性的简化形式。教学系统设计模式是对复杂、具体的教学系统设计过程的理论抽象，是对教学系统设计要素的合理安排。在这种意义上，教学系统设计模式就是教学系统设计的过程模式。这种模式是在教学系统设计的实践中逐渐形成的，是运用系统方法进行教学系统开发、设计有效教学理论的简化形式。它包含 4 个要点：

（1）教学系统设计模式是对教学系统设计实践的理论再现。

（2）教学系统设计模式是对教学系统设计要素的合理安排。

（3）它的内容是理论性的，代表着教学系统设计的理论内容。

（4）它的形式是简化的，是对复杂的教学系统设计实践的简化。

一、教学系统设计模式概述

目前，教学系统设计模式的研究已经非常成熟，产生了许多不同的教学设计模式。例如，有所谓的教学设计模式分代的研究，把教学设计的模式依据其学习理论基础的不同划分为第一代教学设计模式（ID1）和第二代教学设计模式（ID2）。还有一种分类方法，就是把教学设计模式分为以“教”为主的教学设计模式、以“学”为主的教学设计模式以及“教师为主导、学生为主体”的教学系统设计模式（简称“双主”模式）。

我们认为，国内一些学者把教学系统设计模式分为以“教”为主的教学设计模式、以“学”为主的教学设计模式以及“教师为主导、学生为主体”的教学系统设计模式是值得商榷的。有学者把由加涅、肯普、史密斯和雷根等学者提出的教学设计模式称为以“教”为主的教学设计模式，而把依据建构主义学习理论提出的教学设计模式称为以“学”为主的教学设计模式。有作者认为基于“学”的教学设计也可称为建构主义的教学系统设计，重视“情境”、“协作”在教与学中的重要作用，弥补了传统教学设计过分分离和简化教学内容的局限，强调发挥学习者在学习过程中的主动性和建构性。这种划分是不确切的，因为任何教学设计模式都是关于“教什么”、“为什么教”以及“如何教”的理论，教学系统设计所设计的都是“教”，至于有的教学是以学生学为主、有的教学是以教师教为主，那只是因为根据不同的教学目标、教学内容选择的教学策略不同而已。建构主义的教学系统设计重视“情境”、“协作”，其实质也是强调教学策略的选择。以学生学习为主的课堂也是教学，以教师讲授为主的课堂也是教学，相差的只是形式而已，其基本目的都是为了促进学生的学习。

二、教学系统设计的一般模式

（一）教学系统设计一般模式流程图

传统的课堂教学强调教师的中心地位，是以教为中心的教学。现代的课堂教学强调把中心还给学生，教师是引导者、是对话者、是辅助者，这不仅体现了教学观念的变化，也体现了教学策略的改变。在本书里，我们不打算按照 3 种划分的方式来介绍教学系统设计的模式，只是对教学系统设计的一般模式进行阐述，而且是建立在第二、三节对教学系统设计要素进行分析的基础上。

所谓的一般模式，也就是通用模式，即所有学科的教学系统设计都可以按照这个模式进行，任何课堂，不管是以“教”为主的课堂，还是以“学”为主的课堂，也都可以按照这个模式进行教学系统设计，其差别只是表现在分析教学目标、制定教学策略等具体的操作上。

任何教学系统设计都应该包括学习需要分析、学习内容分析、学习者特征分析、阐明教学目标、制定教学策略、选择教学媒体、设计教学评价以及对设计方案的评价等方面。教学系统设计的一般模式是对教学系统设计要素的一种合理安排，如图 3-3 所示是我们给出的教学系统设计一般模式流程图。

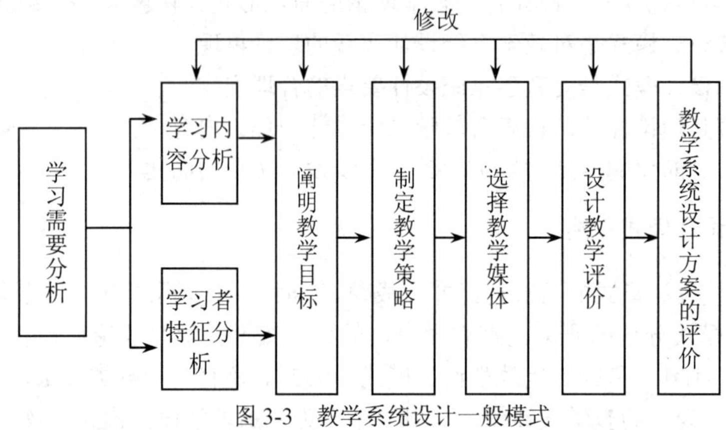

图 3-3　教学系统设计一般模式

（二）教学系统设计一般模式分析

1. 教学系统设计一般模式要素简析

前面已经对教学系统设计的各要素进行了详尽的阐述，这里结合教学系统设计一般模式，对这些要素的含义进行简要概括，以便对上述流程图作进一步的理解，如表 3-4 所示。

表 3-4　教学系统设计要素简析表

基本要素	含义简析
学习需要分析	学习需要分析是教学系统设计的起点，以社会需要以及教学内部需要为依据对学习者知识需要、技能需要进行分析，找出差距所在，阐述教学系统设计的必要性和可行性
学习者特征分析	进行内容分析的同时，还需要对学习者本身进行分析，重点了解学习者当前的知识、技能和态度水平，以及学习风格等特征，确定教学的起点
学习内容分析	学习内容是指为实现教学目标，要求学习者系统学习的知识、技能和行为经验的总和。对学习内容的分析，主要包括课程教学内容的说明、课程描述、内容大纲、教学方法与基本任务等
阐明教学目标	确定教学起点以后，就可以陈述教学目标，这些目标将描述学生通过教学以后，在何种条件下，能够达到的学习行为标准
制定教学策略	包括现代教学背景与环境的分析，教与学双方活动特征的分析，教学策略的制定，教学方法的优化选择与契合应用
选择教学媒体	包括多种教学媒体特性与效果功能的分析，教学媒体的优化选择，教学媒体的使用策略与方式的确定等
设计教学评价	设计教学评价就是对整个教学效果的评价设计，是教学系统设计的关键一环。它要回答 3 个基本问题：评价什么？谁来评价？如何评价？
教学系统设计方案的评价	收集并分析一些数据来对教学系统设计的成果进行评价和修改。主要包括形成性评价和总结性评价两种方式。形成性评价可以对之前的教学分析、学生分析、教学起点分析等的有效性进行再检验。总结性评价主要是实施教学设计方案后对教学设计成果的一个最终评价，可以为后续的教学设计提供借鉴

2. 对教学系统设计一般模式的分析

教学系统设计一般模式（以下简称一般模式）不仅要说明如何安排教学系统设计要素，而且要还说明要素之间是如何关联的。如图 3-3 所示的流程图说明这一点了吗？这里就该问题作进一步的分析。

（1）一般模式统筹了所有的教学系统设计要素，从学习需求分析到教学系统设计方案的评价，有始有终，构成了一个完整的设计过程。这些要素都是教学系统设计的基本要素，即不可省略的要素。在教学系统设计过程中，设计者要对每一个要素进行系统分析以及精确地描述每个要素的具体内容。

（2）一般模式对教学系统设计要素进行一种合理的安排，体现了系统方法的运用，具备整体性、层次性、结构性、有序性等系统特点。一般模式符合教学过程的基本规律，也符合教学设计者的思维习惯，各要素先后次序的安排存在明显的逻辑相依关系。

（3）一般模式看起来是一个线性的流程图，是线性地把教学系统设计要素串联在一起。一方面，这只是为了让一般模式显得简洁、明了；另一方面，教学系统设计确实存在一个先后的逻辑次序，它不是随机的、随意的。但这不代表教学系统设计要素之间的关系就是线性的，只有前面要素对后面要素的影响，而没有要素之间的相互影响。例如，教学目标是设计教学评价的直接依据，但在教学评价设计过程中还可以根据评价的方法和特点对教学目标进行修订，它们之间的关系不是单向的，而是双向的。类似的关系也存在与其他要素之间，教学设计者不仅要独立地考虑各要素，也要充分考虑到各要素之间的相互作用，使得教学系统设计更科学、更有成效。

第四节　教学系统设计案例

教学系统设计的成品是教学设计方案，是对整个教学的系统规划方案，它与教案有区别吗？区别在什么地方呢？在本节，我们首先对这一问题进行理论上的解释，然后再分析两个具体的教案和教学设计方案。

一、教案与教学设计方案

与教案相对应的活动是备课，与教学设计方案相对应的是教学系统设计，它们是不同活动的产物。备课是教师课前所做的准备工作，即教师充分地学习教学大纲，钻研教材、了解学生以及设计教学方法，并在此基础上写出教案的过程。“备教材”、“备学生”、“备教法”是备课的 3 个主要工作，其中“备教材”又是重心。这与教学系统设计的含义是不同的，教学系统设计强调的是用系统方法规划整个教学系统，这比备课有更丰富的内涵。教案与教学设计方案的不同点主要体现在以下两个方面：

（一）理论基础不同

教案是“课堂、教师、教材”为中心的传统教学思想的体现，它的核心目的就是教师怎样讲好教学内容，侧重于教师如何传递的过程。教案的编写很重视对学生进行封闭式的知识传授和技能训练，强调教师的主导地位，却常常忽略了学生的主体地位。教案编写主要依赖教师的个人教学经验、教学大纲以及教学参考用书，强调教学内容的分析、教学方法的选择，其理论基础主要是传统的教学理论，即如何传授知识的理论。

教学设计方案不仅重视教师的教，更重视学生的学，而且是为了学而设计教，为了使学生学得更好、达到更好的教学效果而设计教。教学设计方案要系统地分析学习需要与学习者特征，对编写教学目标、选择教学媒体、制定教学策略等也有特别的要求。它的理论基础主要是系统理论、现代学习理论、教学理论和传播理论。

（二）要素结构不同

教案一般包括课型、教学目标、重难点分析、教学方法、教学过程，教具的使用、教法的具体运用，时间分配、板书等因素，从而体现了课堂教学的计划和安排。

教学设计方案从理论上来讲，有学习者需要分析、学习内容分析、教学目标阐明、学习者特征分析、教学策略的制定、教学媒体的选择及教学评价的设计 7 个元素。当然，在实际的教学系统设计中，重点描述的教学目标、教学策略、教学媒体和教学评价 4 个主要元素。

二、教案实例

教案有简案和详案之分，简案是对课堂教学过程进行提纲式的描述，省略了一些要素，而详案是对教案的各个要素进行详尽的描述，尤其是教学过程。如表 3-5 所示描述的是一个教案实例。

表 3-5 《带刺的朋友》教案实例

<table>
<tr><td>学校</td><td></td><td>班级</td><td>四（4）</td><td>学科</td><td colspan="2">语文</td></tr>
<tr><td>课题</td><td colspan="2">15．带刺的朋友</td><td>教时</td><td>1 课时</td><td>日期</td><td>9 月 24 日</td></tr>
<tr><td colspan="7">一、教学目标：
1．在阅读中自主识字。借助近义词理解词语的意思。
2．朗读课文，用简洁的语言归纳课文中记叙的刺猬的两件事例。
3．体会句子的不同表达方式，懂得使用比喻句能够使句子生动形象。
4．体会作者对刺猬的喜爱之情。
二、教学重点：朗读课文，用简洁的语言归纳课文中记叙的刺猬的两件事例。
三、教学难点：体会句子的不同表达方式，懂得使用比喻句能够使句子生动形象。</td></tr>
<tr><td colspan="7">教 学 过 程</td></tr>
</table>

时间	教学环节	教师活动	学生活动	设计意图
5	一、整体阅读、引入新课	1．谈话：生活中，我们每个人都有自己喜欢的朋友。今天，老师向大家介绍一位特别的朋友。 2．出示课题、读课题。	1．读课题。 2．自读课文、读准字音、读通句子、完成练习。 3．交流：“带刺的朋友”是指（　　），课文写了关于它的（　）件事，分别是（　　）和（　　）。	整体感知，培养自学能力

续表

<table>
<tr><td>10</td><td>二、品读课文第一部分</td><td>1．听着这一段话，你的心里产生了什么感觉？
2．作者把小刺猬偷枣的过程描写的惟妙惟肖，挑选你喜欢的句子读给大家听一听，并说说你喜欢的理由。
3. 在（2~9）自然段中作者最成功的是刺猬偷枣过程中动词的恰当运用。老师选取了其中的6个动词，我们一起来做一个练习。
4．这就是刺猬偷枣的 4 个步骤，从中相信你已感受到刺猬偷枣的本领怎么样?这是一只怎么样的刺猬？作者对它产生了怎样的感情？
5．课文中哪句话作者直接赞扬小刺猬？
6．你想用怎样的语言来赞美这只小刺猬呢？</td><td>1．交流。
2．抽读、女生读。
3．齐读（2~9）小节，用波浪线画出小刺猬偷枣的句子。
4．学生交流。
5．做练习。
带着各自的赞美我们重读（2~9）小节。</td><td>培养阅读理解、朗读能力
课文内容和知识技能有机结合</td></tr>
<tr><td>10</td><td>三、品读课文第二部分</td><td>看着刺猬偷枣的过程，让我们不得不佩服它的高明，相信大家迫不及待的想知道刺猬又是用何高招战胜大老黑的。
1．从第一句话中你感受到什么？大老黑凶猛
2．第二句话中你又体会到什么？大老黑失败了
3．刺猬仅仅用了一招就战胜了大老黑。这一招是什么？
4．面对大老黑的挑衅，小刺猬们只用一招——缩成一团就击退了大老黑，小刺猬本领怎么样？从哪句话我们再一次感受到作者对小刺猬的喜爱之情？</td><td>1．请男同学齐读（3~15）小节，用直线划出描写大老黑的句子。
2．交流。</td><td>多读、多想、读中体会</td></tr>
<tr><td>10</td><td>四、拓展练习、拓宽视野</td><td>1．读一读，体会每一组句子的不同表达方式
2．动物世界非常有趣，我们举行一个有趣的动物信息发布会</td><td>1．第一句：简明扼要，在某些特定的文体里面很需要的，如通讯报道等
第二句：（是很必要的）？写出了红枣多，颜色艳，香气诱人，因而引来了小刺猬。
月光朦胧，飘浮，适合小刺猬一家外出散步，既安全又看得见周围的风景。第二句运用了比喻的手法，写得具体生动，显然在文章中第二句比第一句适合</td><td>拓展课外知识，培养语文能力</td></tr>
<tr><td colspan="5">反思重建</td></tr>
</table>

（来源：http://xcxx.mhedu.sh.cn/UpLoad/TrProDevelop/433.doc）

三、教学设计方案实例

教学设计方案比教案要复杂得多，一方面因为教学设计方案设计到的要素更多，另一方面是教学设计方案对要素分析的要求更加严格、更加科学、更加具体，这是教学设计方案与教案的最主要区别。如表 3-6 所示就是一个教学设计方案实例。

表 3-6 《曹冲称象》教学设计方案（来源：王云、李志河，2007）

<table>
<tr><td colspan="7">设计者：陈卫文　　执教者：陈卫文　　作者单位：广州市荔湾区乐贤坊小学</td></tr>
<tr><td colspan="7">一、教材内容</td></tr>
<tr><td colspan="7">选自九年义务教育六年制小学《语文》教科书第五课第二课时。
具体内容如下：
曹操的儿子曹冲才 7 岁，他站出来说：“我有个办法，把大象赶到一艘大船上，看船身下沉多少，就沿着水面，在船舷上画一条线。再把大象赶上岸，往船上装石头，装到船下沉到画线的地方为止。然后，称一称船上的石头，石头有多重，就知道大象有多重。”
曹操微笑着点点头，他叫人照曹冲说的办法去做，果然称出了大象重量。</td></tr>
<tr><td colspan="7">二、学生特征分析</td></tr>
<tr><td colspan="7">1．学生是广州市荔湾区乐贤坊小学二年级学生。
2．学生当前仍是以形象性思维为主，对抽象的问题难以理解，因此难以直接通过文字去理解曹冲称象的具体方法。
3．学生年龄小，喜欢叙事性强的课文，此课文是讲古时候的故事，学生对课文兴趣是比较浓厚的。
4．由于学生生活经验少，对浮力的原理知识知道得甚少。
5．学生已逐步学会多种汉字拆分方法（其中包括认知码的拆分方法，他们能根据认知码的拆分原则及方法，较快地给生字编码。但学生的认知水平仍不高，区别“相异点”的能力仍较差。</td></tr>
<tr><td colspan="7">三、教学内容与学习水平的分析与确定</td></tr>
<tr><td colspan="7">1．知识点的划分与学习水平的确定</td></tr>
<tr><td rowspan="2">课目名称</td><td rowspan="2" colspan="2">知识点</td><td colspan="4">学习水平</td></tr>
<tr><td>识记</td><td>理解</td><td>应用</td><td>分析综合</td></tr>
<tr><td rowspan="6">称象</td><td>1</td><td>字：沉、线、止、然、量</td><td>√</td><td></td><td></td><td></td></tr>
<tr><td>2</td><td>词：下沉、然后、一艘船、船舷、沿着、果然</td><td>√</td><td>√</td><td>√</td><td></td></tr>
<tr><td>3</td><td>句：比较句子
曹操的儿子曹冲 7 岁
曹操的儿子曹冲才 7 岁
…才…</td><td>√</td><td>√</td><td>√</td><td></td></tr>
<tr><td>4</td><td>曹冲称象的具体方法和步骤</td><td></td><td>√</td><td>√</td><td></td></tr>
<tr><td>5</td><td>曹冲称象的结果</td><td></td><td>√</td><td></td><td>√</td></tr>
<tr><td>6</td><td>我们应该向曹冲学习什么</td><td></td><td></td><td>√</td><td></td></tr>
</table>

续表

2．学习水平的具体描述			
知识点	学习水平	描述语句	行为动词
1	识记	读准字音、认清字形	读准　认清
		正确辨形、正确编码	辨形　编码
2	识记	记住词语	记住
	理解	解释词语	解释
	应用	使用词语做实验	使用
3	识记	指出两个句子的意思有什么不同	指出
	理解	知道有些句子中恰当地加上“才”字，能把话说得更加具体、形象。	知道
	应用	能用“才”字说一句话	说
4	理解	理解曹冲称象的具体方法和步骤	理解
	应用	有条理地复述曹冲称象的具体做法	复述
5	理解	概括曹冲称象的结果	概括
	分析综合	分析曹冲称象的办法，能称出大象重量的原因	分析
6	分析综合	归纳文章的思想内容（向曹冲学习什么）	归纳

3．分析教学的重点和难点

（1）形难字：然（左上角不要写成“夕”，右上角是“犬”不是“大”）。

（2）第四节讲曹冲提出称象的办法，这节是课文的重点，也是难点。

四、教学媒体的选择与运用

知识点	学习水平	媒体类型	媒体内容要点	使用时间（分）	资料来源	媒体在教学中的作用	媒体使用方式
1	识记	词卡	12 个生字（标有拼音）	1'	购置	复习生字字音	复习巩固
		计算机	认知码	12'	自编	认清字形，正确编码	议－打－讲评 边讲边板演
		黑板	沉、线、止、然、量	2'	自编	显示书写规范	
3	识记	投影	曹操的儿子曹冲 7 岁 曹操的儿子曹冲才 7 岁	3'	课后练习 2	设疑思辨，解决问题	设疑－播放－讲评

续表

4	理解	黑板	四个步骤： 大象上船画线；大象上岸；装石头；称石头； 石头总重量=大象的重量	2'	购置 自编	提供示范	边播放，边讲解
		实物模型	曹冲称象的方法	5'	自制	呈现过程，解释原理	设疑－演示－讲解
	应用	投影(活动复合式)	曹冲称象的方法	3'	购置	创设情境，复述称象的经过	边播放边练讲

板书设计：

然 沉 线 止 量

1. 大象上船　画线
2. 大象上岸　装石头
3. 称石头
4. 石头总重量=大象的重量

五、形成性练习题的设计

知识点	学习水平	题目内容
1	识记	组词： 沿（　）线（　）齿（　）默（　）量（　） 沉（　）线（　）止（　）然（　）是（　）
		抄写：沉、线、止、然、量
3	识记 理解 应用	曹操的儿子曹冲 7 岁。 曹操的儿子曹冲才 7 岁。 两个句子的意思有什么不同， 用带点的词造句。
4	理解	读一读，打一打，再抄写： 把大象赶到船上，看船身下沉多少，就沿着水面，在船上画一条线。再把大象赶上岸，往船上装石头，等船下沉到画线的地方，称一称船上的石头，石头一共有多重，大象就有多重。
	应用	把曹冲称象这个故事讲给别人听。
5	分析综合	现在，如果动物园里有一头大象等着你们去称，你会用什么方法来称象？

六、课堂教学过程设计

见下图

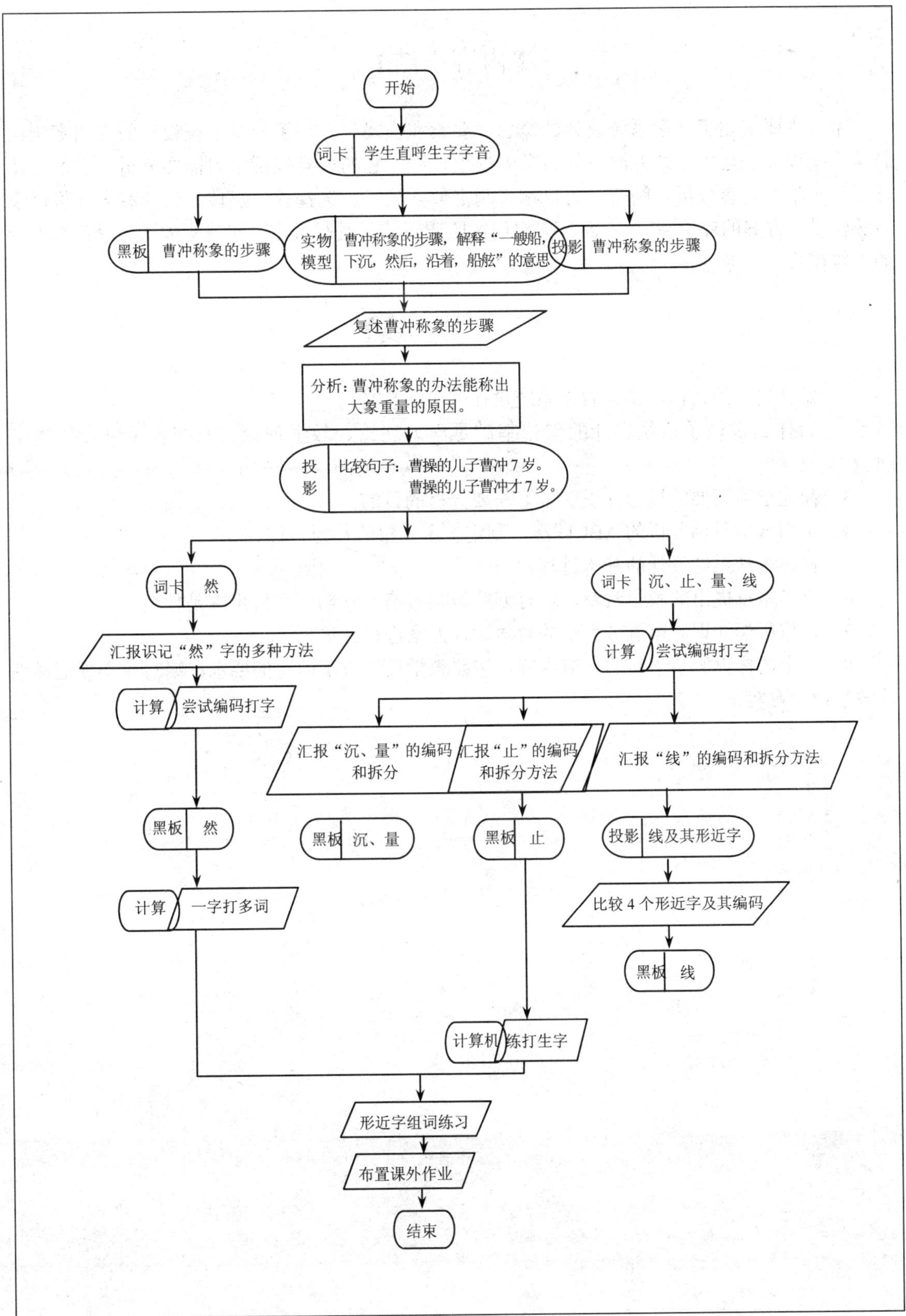
开始
词卡
学生直呼生字字音
黑板
曹冲称象的步骤
实物模型
曹冲称象的步骤，解释“一艘船，下沉，然后，沿着，船舷”的意思
投影
曹冲称象的步骤
复述曹冲称象的步骤
分析：曹冲称象的办法能称出大象重量的原因。
投影
比较句子：曹操的儿子曹冲7岁。
曹操的儿子曹冲才7岁。
词卡
然
词卡
沉、止、量、线
汇报识记“然”字的多种方法
计算
尝试编码打字
计算
尝试编码打字
汇报“沉、量”的编码和拆分
汇报“止”的编码和拆分方法
汇报“线”的编码和拆分方法
黑板
然
黑板
沉、量
黑板
止
投影
线及其形近字
计算
一字打多词
比较4个形近字及其编码
黑板
线
计算机
练打生字
形近字组词练习
布置课外作业
结束

【内容小结】

本章主要阐述了教学系统设计的概念、要素和模式；介绍了教学系统设计的应用案例；教学系统设计是运用系统方法规划教学系统地过程，它的要素包括学习需要分析、学习者特征分析、学习内容分析、阐明学习目标、制定教学策略、选择教学媒体、设计教学评价以及对教学设计方案的评价 8 个方面，把它们按照逻辑的关系联系在一起就构成了教学系统设计的一般模式。

【思考与实践】

1．结合自己的认识，谈谈教学系统设计的实际意义。

2．为什么说教学系统设计的理论基础是学习理论、教学理论、系统科学以及传播学理论？

3．简述学习需要的概念并说明学习需要分析的目的。

4．运用教学目标分析的 ABCD 法，制定一个完整的行为目标。

5．试述教学系统设计的基本过程。

6．除了本章提出的教学策略，还有哪些教学策略？它们的实施步骤是什么？

7．根据所学知识对第五节列举的教学设计方案进行评价。

8．自由选择你所学学科的一节内容，按照教学设计方案编写的要求，编写一个规范详细的教学设计方案。

资源篇

第四章　媒体符号系统在现代教学中的应用

【学习目标】

1. 理解媒体符号系统的概念。
2. 了解各类媒体符号的教学应用特性。
3. 掌握各类媒体素材的基本采集与制作方法。

媒体指信息在传递过程中的信息载体和加工、传递信息的工具。从定义中不难看出，媒体包括两层含义，一是指存储、加工和传递信息的实体，如教科书、电视机、计算机等实体设备；二是指承载和传递信息所使用的符号，即是在信息传递时所使用的编码形式。媒体的教学应用研究一直是教育技术研究的重要内容之一，但受教育技术发展历史等诸多因素影响，目前教育技术在媒体方面的研究仍然重硬件研究，而轻媒体符号系统的研究。在计算机多媒体技术迅速发展的今天，传统教育技术的众多媒体设备功能纷纷被多媒体计算机聚于一身，针对实际教学设计，特别是多媒体化的教学设计时，硬件媒体的教学应用研究意义已经可以逐渐淡化，而较之媒体的硬件应用研究，在多媒体教学设计和多媒体教学实施中，对媒体符号系统的研究更具实际意义。由此，本章主要针对媒体在符号系统层面，即各媒体信息形式的教学应用特性作相关剖析和探讨，并在此基础上学习各类媒体素材的获取与制作方法。

媒体符号系统是一组信息的符号表现形式，是把隐性的信息转换（编码）为显性的可进行传递的信号形式。根据其不同的信息表现形式，我们通常可把它分为文本、图形、图像、音频、动画、视频 6 大类，由于其各自所具有的独特性质，在对信息的承载或者说表达上具有其鲜明的特点，在实际应用中不同的媒体信息表达形式，针对不同信息的表达需求具有各自的表达和传播优势，同时也有其本身的表达缺陷。媒体符号系统中各媒体信息形式有着各自独特的呈现特性，教学中，针对不同的教学内容、学习者、学习目标，其表现出的是不同的教学信息呈现优势与不足。由此媒体符号特性，是教学系统设计中教学信息呈现形式科学化选择和应用的依据，不同媒体符号或不同媒体符号组合的教学内容呈现是形成不同教学方法的主要因素。在教学设计和多媒体课件设计中，只有在研究、掌握各类媒体符号特性的基础上，依据教学内容、学习者特征、教学目标需要等因素，科学选择教学内容或知识点的媒体信息呈现形式，才能最终达到高效率、高效益教学的目的。由此，可以说，教学系统设计中的媒体信息设计是形成较有效学习方案的核心因素之一。在教学应用中只有科学选择符合教学信息表达需求的媒体信息形式，才能实现真正意义上的有效教学。

第一节　文本在教学中的应用

一、文本的教学应用特性分析

文本指文字、数字和符号的集合，是人们视觉符号的约定俗成。

数字是以量的形式反映事物的特征。

文字是语言的书写符号系统，是记录语言的书写形式，即是人类用来记录语言的符号系统。文字在发展早期都是图画形式的表意文字（象形文字），发展到后期，除汉字外，都成为记录语音的表音文字。

符号是指具有某种代表意义的标识。

文本在教学应用中总体上具有凝练、抽象的特点，其内涵具有一定的确定性，但其外沿一般都较广泛，不确定，所以文字的表达比较抽象和粗泛，容易产生歧义。现实生活中文字的使用频率仅次于语言，相对于图像等元素人们对文本意义的“约定俗成”训练程度更高，所以有时也给人形成一种使用文字能更准确表达意思的印象，甚至一些专家也持这样的观点。但我们不能否认文字本身的抽象性，例如，使用语言和文字描述一个人的外貌，永远只能给别人留下一个模糊的不确定的印象。基于这样的特点，在教学中，文字往往较适合用于“共同经验”或者说“约定俗成”程度较高的情况下的精炼、快速表达传播；教学中较适用于规律性的概括、归纳和总结，形成概念等。而不太适合用于精确表达或严密的逻辑推理，文本中只有“约定俗成”程度较高的数字和符号才具有较高的准确性，可用于严密的逻辑推理。当然，教学中有时也有意利用文字外沿的“不确定”性，在文字的表达作品中给人以自由想象和发挥的空间。

二、文本媒体素材的获取与制作

（一）文本的获取

（1）键盘输入：当文本数据内容不是很多时，可通过键盘直接输入。

（2）使用剪贴板复制粘贴：不同文件格式之间的文本文件，通过“复制”功能，粘贴到Windows 操作系统的“剪贴板”上，然后在各种格式文件之间进行“粘贴”，实现文本的共享。

（3）借助字符识别技术：书本、杂志等印刷材料上的文本，可利用扫描仪扫描成图像，然后利用光学字符识别（OCR）软件自动将其转换为 ASCII 字符，获取所需的文本。如果条件具备，还可利用手写识别或语音识别等技术，将手写文稿或录音讲稿转换为文本数据。

（二）文本的制作

（1）选择制作文本的软件工具（也是文本的浏览工具），例如 Word。启动文本编辑软件，选择文字的输入方式，进行文字输入。文字输入后，对文字的字体、字号、字型（加重、斜体）、颜色、效果（下划线、阴影、浮凸、上标、下标等）进行处理。如图 4-1 所示为 Word 中选中菜单“格式”→“字体”命令后打开的文字格式设置对话框。

（2）符号的输入。在 Word 里，输入符号时，通过“插入”→“符号”命令进行符号输入。

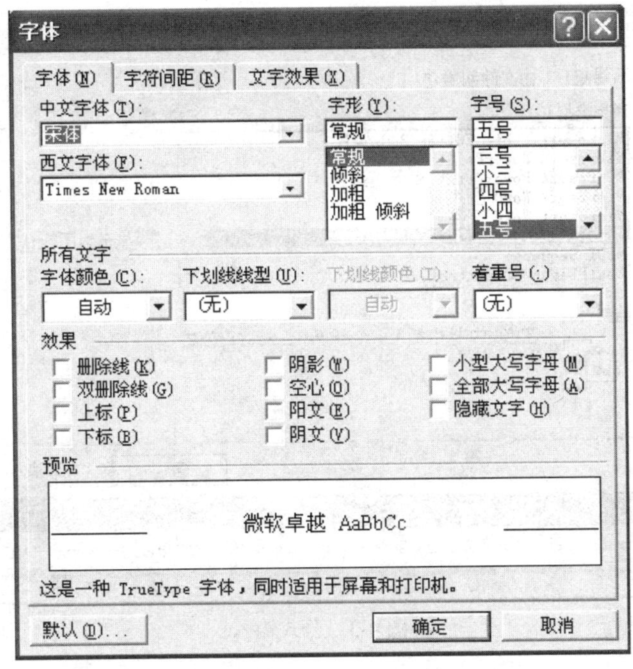

图 4-1 文字格式设置

通过单击输入法的软键盘图标，选择不同的符号进行输入，图 4-2 是在智能 ABC 输入法下，选择标点符号菜单后，标点符号所在键盘。

PC键盘	标点符号
希腊字母	数字序号
俄文字母	数学符号
注音符号	单位符号
拼　音	制表符
日文平假名	特殊符号
日文片假名	

图 4-2 标点符号的键盘输入

（3）公式符号的制作（数学公式、物理公式的输入）。输入复杂的数学、物理公式时，通过简单的文字编辑是难以完成的。因此常使用“公式编辑器”输入的方法（以 Word 为例）：

在 Word 中，选择“插入”→“对象”命令，打开“对象”对话框，在“对象类型”中选择“Microsoft 公式 3.0”，确定即可打开公式输入对话框，如图 4-3 所示。

（4）艺术字的制作。艺术字有许多制作方法，可以利用图形制作软件（如 Photoshop、PhotoImpact 等），制作图形形式的艺术字，也可以在 Word 或 PowerPoint 中制作艺术字。

在 PowerPoint 中制作艺术字，选择“插入”→“图片”→“艺术字”命令出现艺术字样式库，如图 4-4 所示。在样试库中选种一种式样，单击“确认”按钮后，出现如图 4-5 所示对话框，在对话框中输入文字，进行字体、字号设置，艺术字制作完成，如图 4-6 所示。

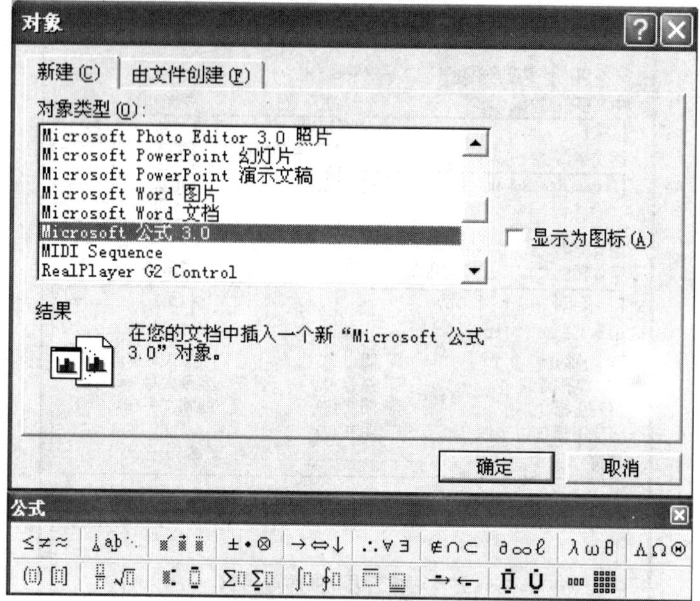

图 4-3　公式输入

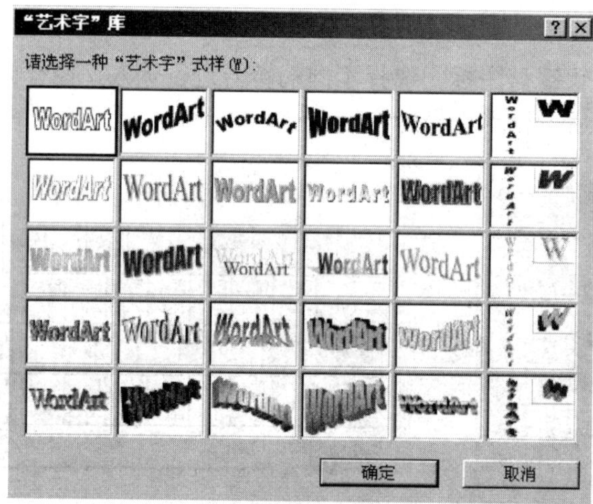

图 4-4　艺术字格式选择对话框

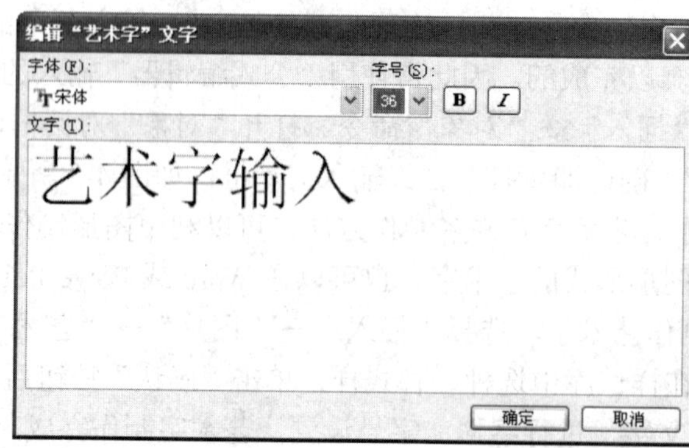

图 4-5　艺术字编辑对话框

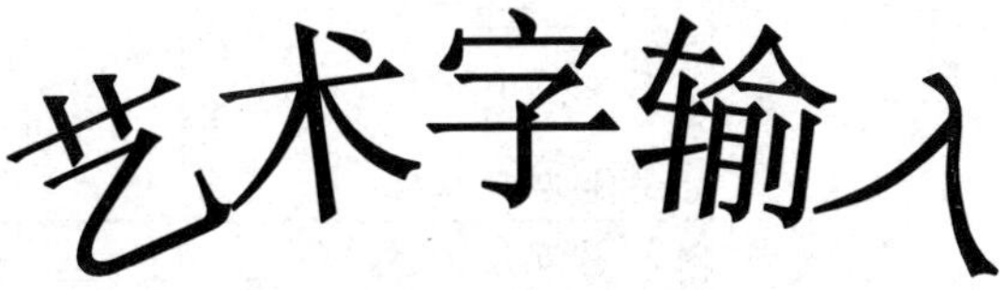

艺术字输入

图 4-6　艺术字

通过艺术字的编辑修改功能（如图 4-7 所示），还可改变字体的颜色和字体的形状（式样），旋转艺术字，改变字体的书写方向，改变艺术字的立体效果等。

图 4-7　艺术字属性设置与修改对话框

第二节　图形在教学中的应用

一、图形的教学应用特性分析

图形，从字面意义不难理解，图形就是具体图像的基本外形，一般由简略化的点、线、面等元素构成，是对图像主要表达意义的概括和抽象。由此可知，图形是对图像的特定意义的简略化表达方式。就像我们表达开心的笑脸时，用一个圆表示脸，用两点表示眼睛，而用上弯的圆弧表示“笑”的嘴。图形比较适合于“像”的特定意义的简略化表达，在特定意义表达方面具有快速和准确的特点，能有效避免图像本身所包括的过多细节所产生意义的干扰。由此图形被广泛应用于交通标识和教学中物体“意义”标识。也正因为如此，许多师范类院校把简笔画作为师范生的特需技能加以训练。如图 4-8 为物理教学中的图形应用例子。

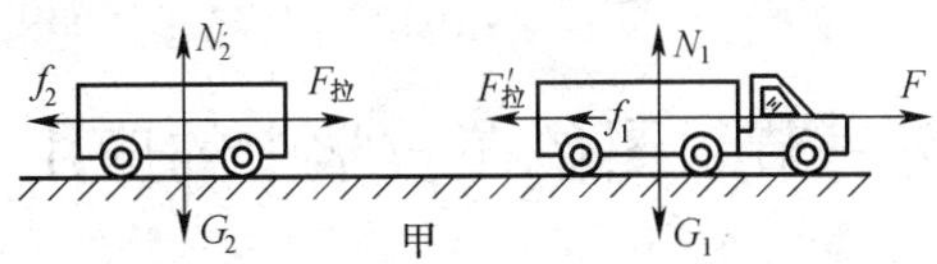

图 4-8　图形在物理教学中的应用例子

二、图形媒体素材的获取与制作

图形一般由绘图软件绘制生成，如著名的 CAD 软件。许多应用软件中也提供一些绘图功能，可利用提供的绘图工具方便绘制简单图形，如在演示文稿制作软件 PowerPoint 中就提供了很多图形绘制工具，如图 4-9 所示。需绘制相关图形时，只需选中所需图形，然后在编辑页面中按住鼠标左键拖动即可绘出。

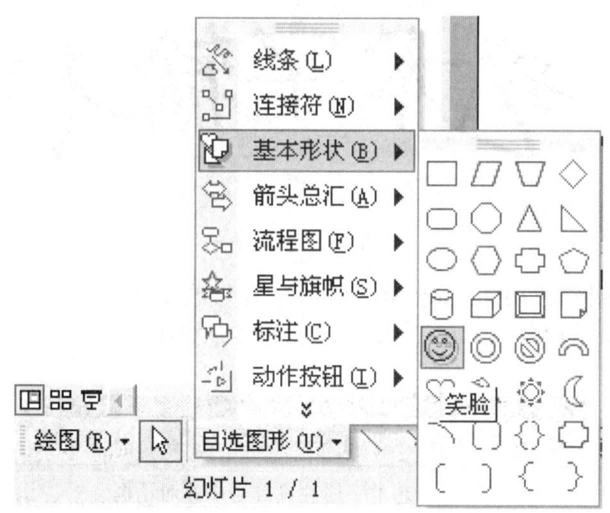

图 4-9　PowerPoint 中的绘图工具

注意计算机科学中图形与图像的区别。在计算机科学中，图形和图像这两个概念是有区别的：图形一般指用计算机绘制的画面，如直线、圆、圆弧、任意曲线和图表等；图像则是指由输入设备捕捉的实际场景画面或以数字化形式存储的任意画面。图像是由一些排列的像素组成的，在计算机中的存储格式有 BMP、PCX、TIF、GIF 等，一般数据量比较大。它除了可以表达真实的照片外，也可以表现复杂绘画的某些细节，并具有灵活和富有创造力等特点。与图像不同，在图形文件中只记录生成图的算法和图上的某些特点，也称矢量图。在计算机还原时，相邻的特点之间用特定的很多段小直线连接就形成曲线，若曲线是一条封闭的图形，也可靠着色算法来填充颜色。它最大的优点就是容易进行移动、压缩、旋转和扭曲等变换，主要用于表示线框型的图画、工程制图、美术字等。常用的矢量图形文件有 3DS（用于 3D 造型）、DXF（用于 CAD）、WNF（用于桌面出版）等。图形只保存算法和特征点，所以相对于位图（图像）的大量数据来说，它占用的存储空间也较小。但由于每次屏幕显示时都需要重新计算，故显示速度没有图像快。另外，在打印输出和放大时，图形的质量较高而点阵图（图像）常会发生失真。

第三节　图像在教学中的应用

一、图像的教学应用特性分析

图像是指用绘画或摄影等方法获得的静态的视觉形象画面。计算机中的图像是由扫描仪、照相机、摄像机等输入设备捕捉实际的画面产生的。从现代对图像的记录和存储技术可知，图像（主要为位图）是对我们视觉所形成影像的基于“像素点”的细致的、接近真实的视觉表达。由此图像在表达上具有具体、真实、客观的特点，在教学中使用图像，学生更容易获得感性知识，更容易理解，因此，图像在教学应用中被广泛用于情景创设和教学内容的直观化。如图 4-10 所示是利用图像辅助讲解足球规则中的“越位”规则。

当然教学中的直观化教学内容应用主要针对图像本身视觉的真实、准确、具体特性，但如果要考虑图像中各构成元素引申出的潜在意义，以及各构成元素间相互关系引申出的潜在意义等艺术层面的意义，则图像也同样会存在“仁者见仁”，“智者见智”，存在一定的歧义，由此，图像在教学应用上还需注意科学研究意义上其具有的真实、直观的特性和在艺术层面上（包括审美方面）的复杂性。

图 4-10 利用图像辅助讲解足球规则中的“越位”

二、图像媒体素材的获取与制作

（一）图像的获取

图像的获取途径较多，常用方法如下：

（1）利用绘图软件绘制：可利用 Photoshop、3ds max、金山画王笔等绘图软件绘制。

（2）使用剪贴板复制粘贴：不同文件格式之间的图像文件，可通过“复制”功能，粘贴到 Windows 操作系统的“剪贴板”上，然后在各种格式文件之间进行“粘贴”，实现图像的共享。

（3）照片、书刊等印刷图像可用扫描仪扫描或使用数码相机拍摄获得。

（4）用拷贝屏幕（使用键盘上的 Print Screen 键）或用抓图软件获得。

（5）实境或实体使用数码相机拍摄获取。

（6）通过网页图片的另存为（右击图片，选“图片另存为”保存）获取。

下面针对多媒体教学中使用较普遍的通过计算机网络获取所需图像的方法和通过抓图的方式获取图像的方法作简要介绍。

1. 通过计算机网络获取图像

网络是一个海量的资源库，从这个巨大的资源库中可寻找自己需要的素材，并可以下载使用部分资源。计算机网络是教学所需多媒体素材获取较为方便、快捷手段之一。例如，使用百度查找“泰山”的图片，步骤：

（1）在浏览器的地址栏中输入 www.baidu.com 回车进入百度搜索引擎。

（2）在分类中选择“图片”。

（3）输入关键字“泰山”回车后，就可以看到很多泰山的缩略图图片，如图 4-11 所示。

图 4-11　使用“百度”搜索引擎查找“泰山”图片示例

（4）单击所需素材打开原图，并在图片上右击，选择“图片另存为”选项，在存储路径对话框中输入要保存的地址，单击“确定”按钮即可。

2. 抓图

当有些图形图像不让下载，只能显示时，可以采用抓图的方式获取。

（1）使用命令键。

抓整个屏幕内容：Print Screen 键。

抓当前活动窗口内容：Alt+Print Screen 组合键。

操作步骤：调整图像到恰当位置，按下 Print Screen 键，或 Alt+Print Screen 组合键。抓图（图象被复制到“剪贴板”），打开 Windows 的“画图”或其他图像处理软件后粘贴，编辑修改并保存。

（2）使用 SnagIt 软件。

SnagIt 就是一个短小好用的抓图软件，它具有操作简单、抓图方式灵活、多种输出格式等特点，可以对抓取的图像进行简单编辑，还可以通过与其挂接的软件“SnagIt 工作室”对图像进行标注、插入图形或剪贴画等操作。

SnagIt 8.0 的工作界面。单击“开始”→“程序”→“SnagIt”→“SnagIt 8.0”命令（或双击快捷方式图标），进入 SnagIt 的普通工作界面，抓图的各项操作、设置及当前工作状态一目了然，如图 4-12 所示。

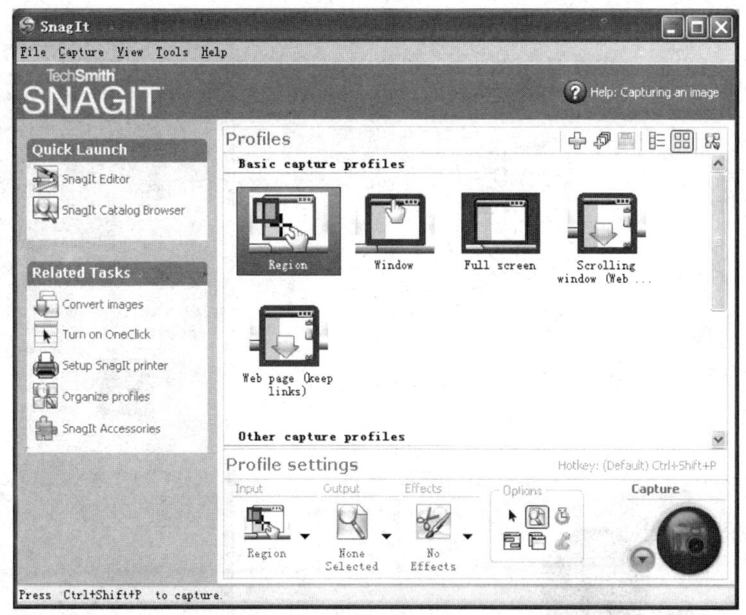

图 4-12　SnagIt 8 普通界面

SnagIt 8 不仅可以抓取图像（Image Capture）文件，还可以抓取文本（Text Capture）、视频（Video Capture）和网页（Web Capture），如图 4-13 所示。

图 4-13　图形格式

使用 SnagIt 抓取图像的一般步骤如下：

1）设置输入抓图区域。本次设定【Capture】，【Input】，【Region】，自由设定输入区域。

2）设置输出文件的方式与文件格式。本次设定【Capture】，【Output】，【File】；【Capture】，【Model】，【Image Capture】。

要输出视频设置为：【Capture】，【Model】，【Video Capture】。

要输出文本设置为：【Capture】，【Model】，【Text Capture】。

3）抓图。抓取操作有两种方法：

① 在任何时刻按热键，如 Ctrl+Shift+P 组合键。

② 在按钮可见的情况下，单击“捕获”按钮，如图 4-14 所示。

4）图像的加工。如图 4-15 所示，可利用编辑工具、绘图工具和“图像”、“颜色”、“效果”菜单中的功能对捕获的图像进行简单编辑加工。

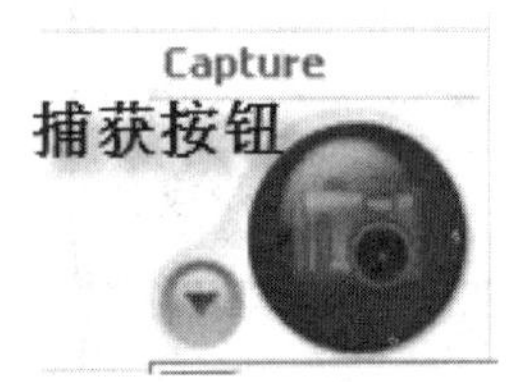

图 4-14　捕获按钮

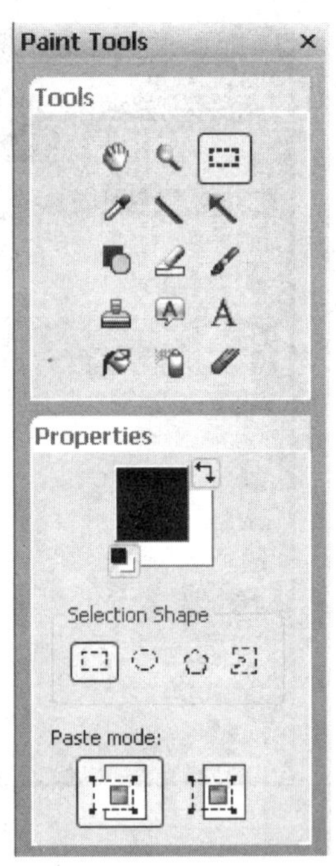

图 4-15　编辑工具

5）存盘。在预览窗口中选择“文件”→“另存为...”命令，选定保存位置、输入文件名和文件保存类型（可单击“选项”按钮进行该类型的各项技术参数设置），然后单击“保存”按钮。

（二）图像的处理与制作

图像处理与制作工具比较多，常见的有 Microsoft Office 中的照片编辑器、Windows 的画图、Ulead PhotoImpact、CorelDraw、Fireworks、FreeHand、Illustrator、Photoshop、Paitshop Pro 等，下面以 Photoshop 为例讲解。

Photoshop 软件是由 Adobe 公司开发的具有强大图像处理功能的平面设计软件。使用 Photoshop，可以对图片进行修改，也可以将我们所想象到的效果制作出来。例如，可以改变图像的亮度、对比度，以及图像的颜色、饱和度等，将图像由彩色变为灰度、黑白效果，方便选择获取图像中的任意部分加以利用，将若干图像加以合成，制作成一幅天衣无缝、以假乱真的作品，也可以运用强大的滤镜功能改变图像，处理成各种各样的效果，还可以徒手绘制出各式各样的图片效果等。因此，Photoshop 为图像素材制作提供了强有力的支持。

这里我们先介绍利用 Photoshop 对图像进行亮度、对比度、颜色、饱和度调整的方法，以及图像裁剪、合成的基本方法，这是我们获取多媒体素材时最常用到的方法，也是 Photoshop 应用的基础。

1. 利用 Photoshop 调整图像亮度、对比度、颜色、饱和度等的方法

利用 Photoshop 调整图像的亮度、对比度、颜色、饱和度等，方法简单、快捷，例如，我们现在要调整存储在 D 盘上亮度偏暗，颜色偏黄的名为“校园”的图片，步骤如下：

（1）单击“开始”→“程序”→“Adobe Photoshop CS”命令，打开 Photoshop 应用程序窗口，如图 4-16 所示。

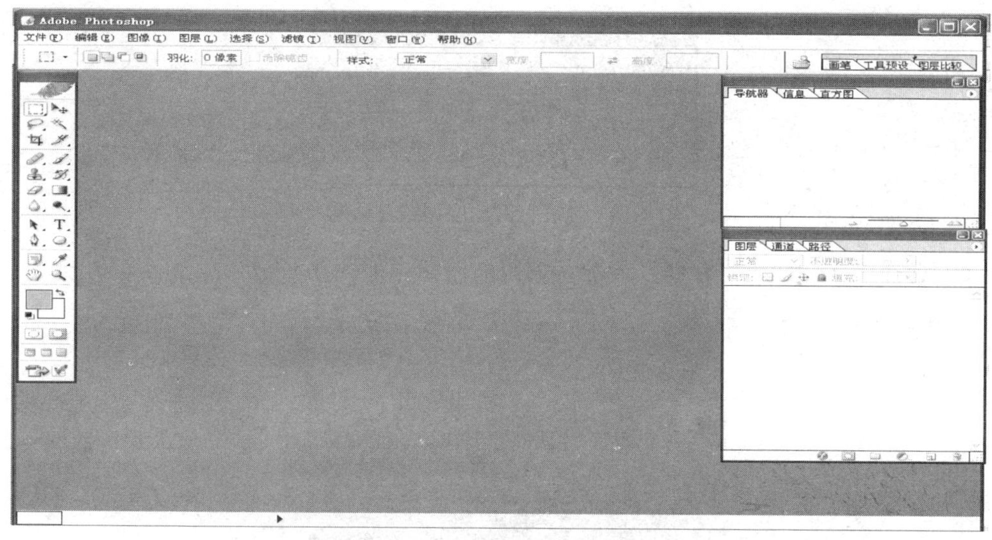

图 4-16　Photoshop CS 设计窗口

（2）选择“文件”→“打开...”命令，打开 D 盘上名为“校园”的图片（如图 4-17 所示）。

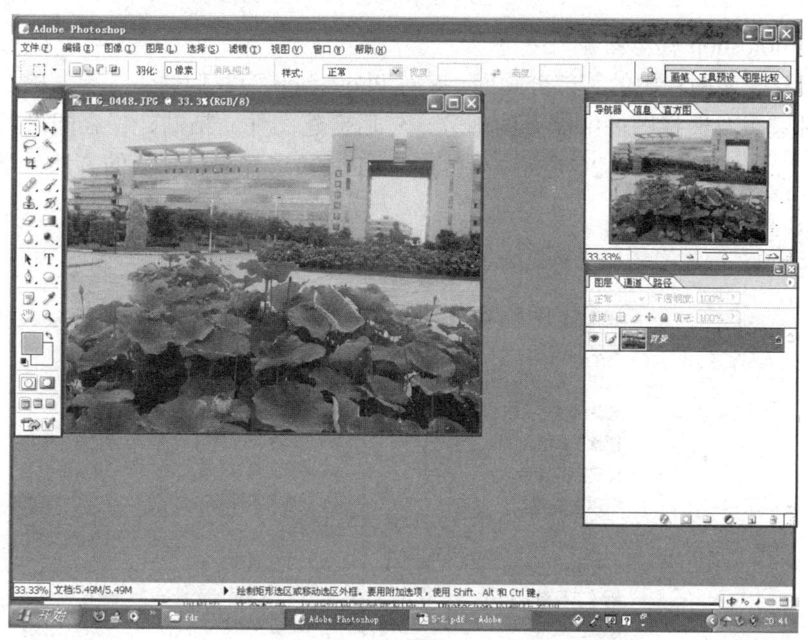

图 4-17　Photoshop CS 中打开的“校园”图片

（3）选择“图像”→“调整”→“亮度/对比度”命令，打开亮度/对比度调整对话框（如图 4-18 所示）。

（4）选中“预览”选项，按着鼠标左键拖动“亮度”调整标，可看到亮度变化，调整满意后，单击“好”按钮。

（5）选择“图像”→“调整”→“色相/饱和度”命令，打开色相/饱和度调整对话框，通过拖动“色相”调整标调整颜色等，满意后，单击“好”按钮。

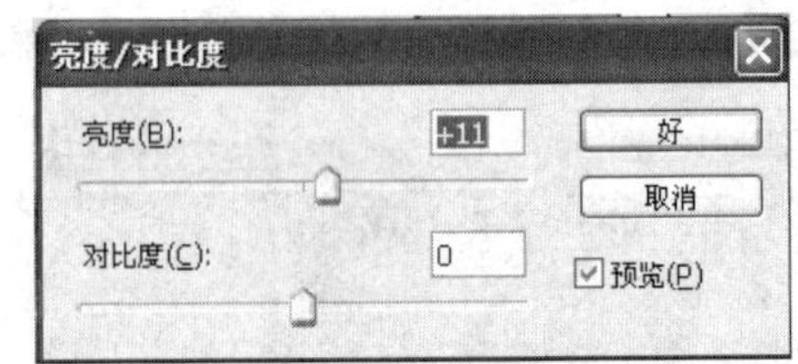

图 4-18　亮度、对比度调整对话框

（6）选择“文件”→“存储”命令。调整后的图像如图 4-19 所示。

图 4-19　调整后的“校园”图片

2. 利用 Photoshop 裁剪图像

很多时候只需要图片中的某部分画面，此时 Photoshop 为我们提供了丰富的选择工具和选择方法，此时只需要选择图像中需要的部分，然后新建文件、粘贴、保存即可，下面就以利用 Photoshop 工具箱（如图 4-20 所示）中的选择工具，选择部分画面的方法，学习图像的裁剪获得方法。

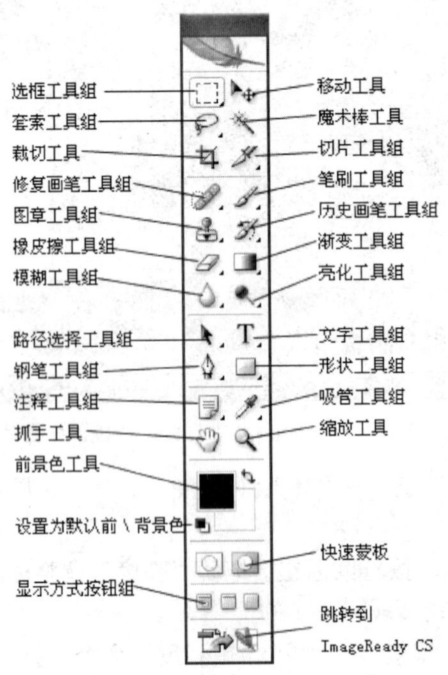

图 4-20　Photoshop CS 工具箱

如果只需要图 4-21 中荷花的部分，操作如下：

图 4-21　裁剪前的图像

（1）打开 Photoshop 应用程序，并在 Photoshop 中打开图像。

（2）选择工具箱中的矩形选择工具。

（3）在图像上按下鼠标左键不放，拖出运动的虚线框（也称为蚂蚁线）选择自己需要的部分，（注：矩形虚线框是以拖动为对角线生成）如图 4-22 所示。

图 4-22　使用矩形工具选择图像

（4）选择“编辑”→“复制”命令，把需要的画面复制到“剪贴板”中。

（5）选择“文件”→“新建”命令，打开新建图像大小（画布大小）对话框，确定大小（注：新建画布大小的默认值 Photoshop 自动设为“剪贴板”中的画面大小）。

（6）选择“编辑”→“粘贴”命令。

（7）选择“文件”→“存储”命令，打开“存储为”对话框，如图 4-23 所示，选中“作为副本”选项，选择好存储文件夹，命名，然后选择存储格式为 JPEG（JPEG 为比较常用的格式，当然你也可以根据自己的需要选择其他格式），单击“保存”按钮，在接着打开的“JPEG 选项”对话框中，根据自己的需要调整存储品质，然后单击“好”按钮即可（存储品质越高图像质量越好，但文件越大，根据自己需要调整）。

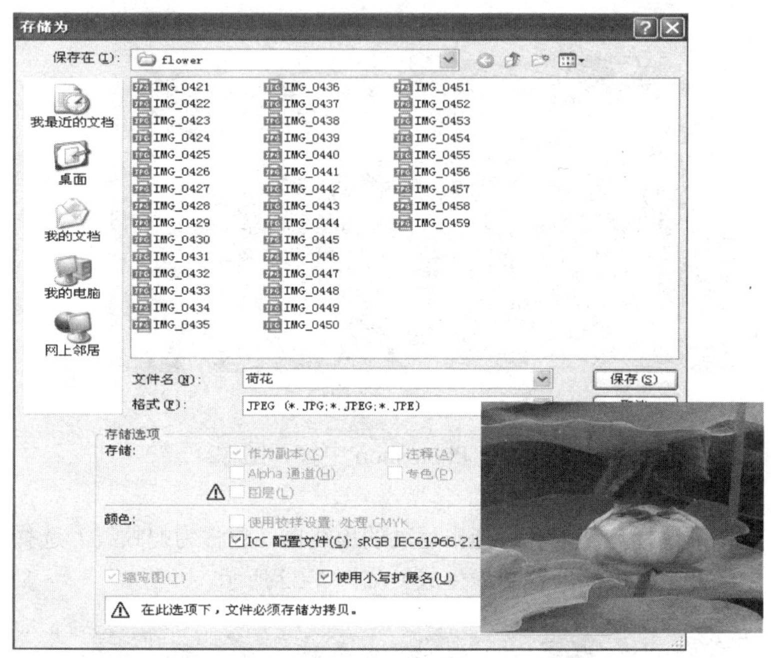

图 4-23　图像存储对话框及剪裁出的图像

Photoshop 中的选择工具较多，上例只是使用了 Photoshop 中的矩形选择工具选择较规整的矩形画面。在实际使用中，我们根据所需画面的性质考虑使用哪一种选择工具容易选择。可以根据以下标准考虑使用哪一种工具。

（1）规则图形选择（矩形、椭圆等）：规则图形选择工具。

（2）粗略手绘形式选择：套索工具、多边形套索工具。

（3）具有明显边界的图形选择：磁性套索工具。

（4）颜色相近的块面选择：魔术棒工具。

（5）可方便调整路径形式不规则图形的精确选择：钢笔工具。

……

每一种工具的具体使用方法可参考 Photoshop 中的“帮助”信息，或参考相关书籍，选择工具的使用是 Photoshop 中的基础，希望同学们多多练习。

3. Photoshop 图像合成

合成就是将若干独立的图片通过叠加、拼合在一起形成需要的素材，Photoshop 中通常把要叠加的图片分别放在不同的图层上。

例如，用图 4-24 的荷花图像和图 4-25 的蜻蜓图像合成图 4-26“小荷才露尖尖角，就有蜻蜓立上头”的图像，步骤如下：

（1）在 Photoshop 中通过“文件”菜单打开图 4-24 和图 4-25。

图 4-24　荷花

图 4-25　蜻蜓

（2）使用“魔术棒”工具在图 4-25 的白色背景上点一下，选中白色背景（如图 4-27 所示）。

图 4-26　“小荷才露尖尖角，就有蜻蜓立上头”合成图

图 4-27　选择背景

（3）选择“选择”→“反选”命令，使选中图中的蜻蜓（如图 4-28 所示）（原选中的是白色背景，这里“反选”是除白色背景的“蜻蜓”）。

图 4-28　选择蜻蜓

（4）选择“编辑”→“拷贝”命令。

（5）单击图 4-24 使其成为当前编辑对话框。

（6）在“图层”对话框（若没有“图层对话框”，可选择“窗口”→“图层”命令，以激活窗口对话框）中单击“创建新图层”按钮，我们可以看到在“背景”图层上面出现了“图层 1”（如图 4-29 所示）。

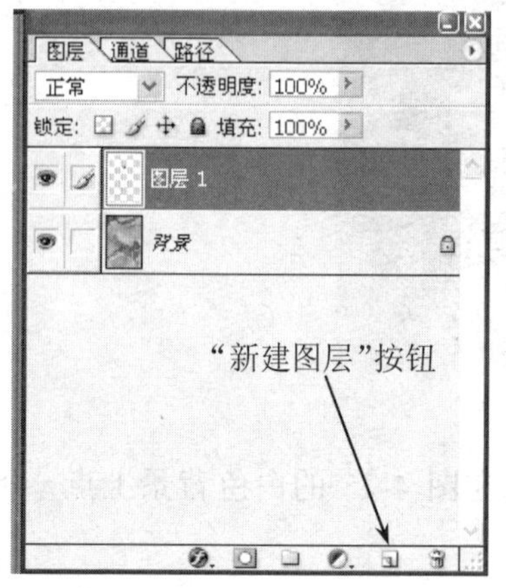

图 4-29 “创建新图层”按钮

（7）选择“编辑”→“粘贴”命令，此时把“剪贴板”中的“蜻蜓”图像粘贴到“图层 1”上，效果如图 4-30 所示。

图 4-30 粘贴“蜻蜓”到图层 1 效果

（8）选择“编辑”→“变换”→“缩放”命令，按住 Shift 键（这样能对“蜻蜓”图像进行等比例缩放而不改变图像的长宽比例），在调整点上按住左键拖动调整“蜻蜓”图像到适当大小，然后放开 Shift 键，鼠标指针放在图像中把“蜻蜓”拖动到荷花上，然后单击缩放工具属性栏上的“√”按钮，如图 4-31 所示。

（9）单击“图层”对话框中的“创建新图层”按钮，看到在“图层 1”上面出现了“图层 2”。

（10）选择工具栏中的“T”文本工具，在工具属性中设置好“字体”、“字号”、“颜色”

等，单击图像，输入文字，把文字移动到相应的位置（如果要用独立的两列文字，就分别用不同的图层），然后选择“文件”→“存储为”命令，选择文件夹，输入文件名，选择保存格式，保存完成（如图 4-32 所示）。

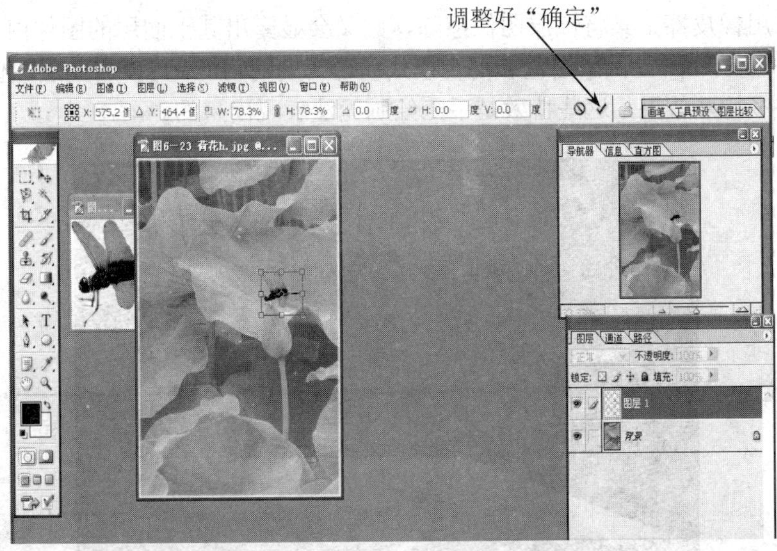

图 4-31　“蜻蜓”大小和位置调整

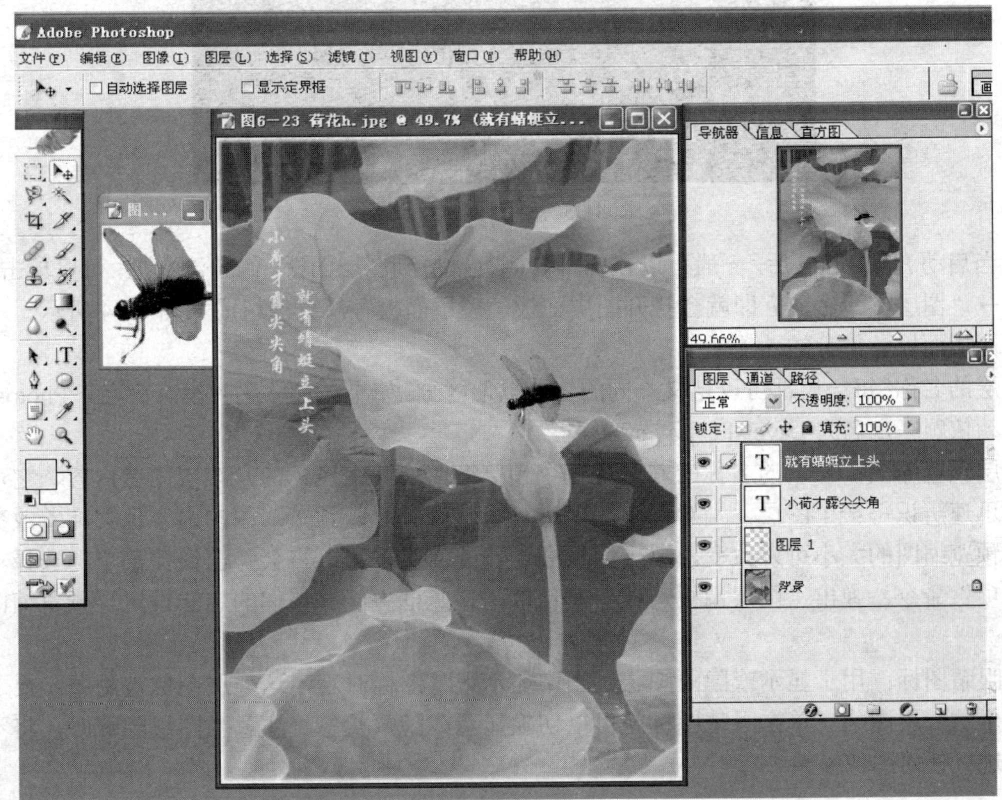

图 4-32　输入文字后保存完成

在上例中我们进行图像的叠加时，涉及了图层的概念，Photoshop 中的图层就类似于复合投影片。从物理的角度来说，层就好比是一张透明纸，透过这层纸，人们可以看到纸后面的东西，而且无论在这层纸上如何涂抹，都不会影响到其他层中的图像。但是，由于层是以层叠方式堆放的，所以，当在层中填入颜色或绘制图形后，这层的图像就会遮盖住它下面层中的图像，如果用橡皮擦工具将该层图像擦除，则又会显露出其下面层的图像内容，如图 4-33 所示。此外，Photoshop 提供了层色彩混合模式和透明度的功能，可以将两层图像融合在一起，从而产生出许多特殊效果，这些特效是手工绘画无法表现出来的。

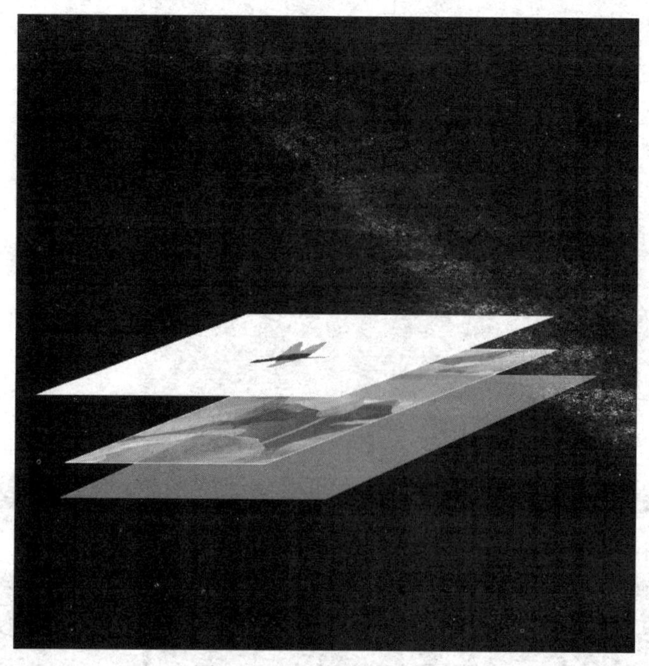

图 4-33 “图层”示意图

当启动 Photoshop 后，一般可以在屏幕右侧直接看到图层面板。倘若没看见，可以单击“窗口”→“图层”命令，立即就会打开图层面板。图层面板各部分的组成如图 4-34 所示。

图层面板各部分的功能如下：

层的名称：每一层都可以定义不同的名称以便区分，如果在建立层时没有命名，Photoshop 会自动依顺序定名为 Layer 1、Layer2……。

层预览缩图：在层的名称的左侧有一个预览缩图，其中显示的是该层图像内容，它可以让你迅速辨识每一个图层，当对层中图像进行编辑修改时，预览缩图的内容也会随着改变。注意预览缩图的大小可以改变，单击面板右上侧的箭头按钮，将会弹出快捷菜单，选择“调板选项”命令，弹出“图层调板选项”对话框，在此框中能够按你的想法设定层预览缩图的大小。

眼睛图标：用于显示或隐藏图层，当不显示眼睛图标时表示这一层图像被隐藏，反之表示显示这一层图像。单击眼睛图标就可以切换显示或隐藏状态。注意当图层隐藏时，将不能对它进行任何图像编辑。

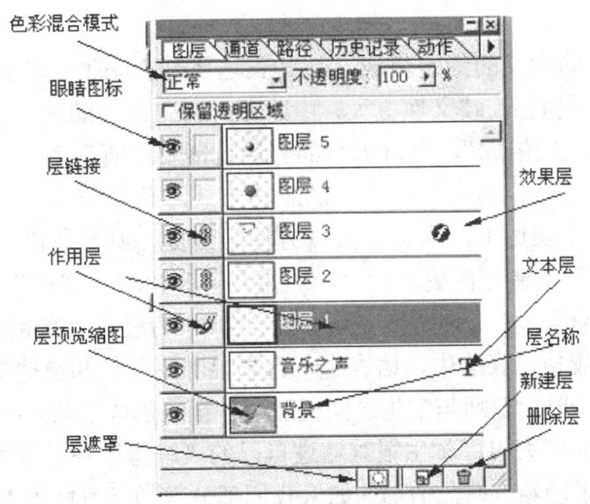

图 4-34 图层面板的组成

作用层：当用户选定某图层时，面板上将以蓝颜色显示此层，此层这时称为作用层。作用层左侧有一个笔刷图标。一个图像中只有一个作用层，并且绝大部分编辑命令都只对当前作用层有效。当要切换作用层时，只需单击层名称或预览图像即可。

层链接：当框中出现链条形图标时，表示这一层与作用层连接在一起，因此，可以与作用层同时一起移动。

层遮罩：单击此按钮可以建立一个遮罩。

建立新层：单击此按钮可建立一个新图层，如果用鼠标拖拽某层到该按钮上可以复制该层。

删除层：单击此按钮可将当前选中的层删除，或者用鼠标拖拽选中层到该按钮上可以删除此层。

不透明度：用于设定每一个层的不透明度，当切换作用层时，不透明度显示也会随着切换为该层的设定值。

色彩混合模式：单击此列表框可以打开下拉菜单，从中选择不同色彩混合模式以决定此层图像与其他层叠合在一起的效果。要注意的是，倘若选中的是背景层，则色彩混合模式和不透明度列表框不可以使用。

保护透明：选取这个复选框时，Photoshop 会将透明部分保留起来。

通过图层的叠加方式可以简化复杂图像的制作，同时方便我们对复杂图像中的不同部分进行单独的修改和调整。

Photoshop 是基于选择性的操作，所有的操作都只作用于被选择的部分，不使用选择工具选择某部分时，默认选择区域为整个图层画面，所以在复杂图像处理时，先选择要处理的画面所在的图层才能进行相应部分的处理，当然如果是这个图层上的某一部分，那么就再使用选择工具在这个图层上选择。

第四节 音频在教学中的应用

一、音频的教学应用特性分析

音频，从表达属性方面可细分为语言、音响和音乐 3 类。

1. 语言

语言是人类“音”的意义的约定俗成，从其表达属性上来说，其性质和文字很相似，但其在“意义”的表达上更概括，歧义性更大，由此在对特定意义的表达上要求要有更高的“经验重合”或者更多的“约定俗成”，有时语言的表达还需要“听”者更多的联想、想象加入才能更好地理解。诚然，语言作为人们最常用的表达方式，可以说人从出生开始几乎每天都有语言的熏陶，所以在日常表达中，语言给人以方便、快捷，甚至“准确”的印象，但我们必须认识到语言的“准确”是建立在更多的“经验重合”和“约定俗成”基础上的“准确”。

在日常生活中语言有着较广泛的“约定俗成”，此其作为最具效率和效益的传播媒体形式被广泛应用。在教学的常规信息表达中，语言也一直彰显着其方便和快捷的优势，但当学生针对教学内容的实际经验较少时，教师与学生之间通过语言很难形成“共同经验”，此时，语言的歧义性和不确定性就显得非常突出，学生很难通过自己的“联想”补足教师语言中的不确定性，由此给学生的理解带来了困难，遇此情形，如果我们部分教师已习惯于“只可意会，不可言传”作为结语，那么我们是否该为明知“不可言传”而依然以习惯的语言方式表达而作出反思——我们能不能换一种学生容易“意会”的媒体信息表达形式，使学生容易理解呢？

2. 音响

音响是自然声和机械声的集合。如风声、雨声、雷声；人的哭声、笑声、心跳声；各种动物的叫声；汽车声、喇叭声等。其在表达意义上具有“声”的特定意义，是通过声对特定物或特定“氛围”的表达。所以音响在交待特定“物”或在渲染特定“氛围”时具有其独特的优势。在教学，特别是教学课件中，恰当的音响效果应用能强化信息的“意义”或起到烘托“氛围”的作用，但应用不当时，容易给课堂教学形成干扰。

3. 音乐

音乐主要是节奏和旋律的组合，其能更好地与人处于不同情景中的感受“节律”相符，所以也更能激起人们情感、感觉的“共鸣”，激发人的相关感觉情景联想。在表达上我们可以认为音乐是情感的润滑剂，是情感激发和调动的良方。所以音乐在教学中的恰当应用能有效激发和调动学生的情感，如配乐诗、配乐散文等能使内容更具情感化，更能强化学习者的情感体验。

二、音频媒体素材的获取与制作

（一）音频的获取

（1）购买、利用相关资源库中的音频文件。

（2）网上搜索和下载音频资源。

（3）利用如作曲大师、MIDI 音乐制作大师等软件制作音乐。

（4）利用 Windows 系统附件中的录音机或其他音频处理软件录制音频文件。

（二）音频的制作

目前音频制作工具较多，常见的有 Windows 系统附件中的录音机、作曲大师 2001（音乐制作）、MIDI 音乐制作大师（音乐制作）、SoundForge、CoolEdit 等。下面以 Windows 系统附件中的录音机为例，简单介绍教学中常用的音频制作方法。

1. 利用 Windows 下的“录音机”进行录音

（1）在关闭计算机的状态下按要求将声源设备与声卡正确连接，然后启动计算机。

录音前，必须仔细做好准备工作。如果从话筒录音，则应将话筒插头插入声卡的 MIC 插孔，（目前大多数机房和网吧中使用头戴式耳机附带话筒，连线插头一般红色的为话筒，另一个为耳机插头）。打开话筒开关（如果有），备好讲话稿，如果是从磁带录音，则应将录音线路输出插孔通过连线与声卡的线路输入插孔相连，把录音带插入放音机，并倒带到需剪录的起始处，最后，使放音机处于暂停状态。

（2）启动 Windows 录音程序。单击“开始”→“程序”→“附件”→“娱乐”→“录音机”命令，打开录音机程序窗口，如图 4-35 所示。

图 4-35 Windows 附件中的录音机

（3）设置录音属性。单击“编辑”→“音频属性”命令，打开音频属性设置对话框（也可以单击“控制面板”→“声音和音频视备”命令，在打开的“声音和音频设备属性”对话框中选择“音频”选项卡，或双击屏幕右下角的音量控制小喇叭图标，在“主音量”对话框中，单击“选项”→“属性”命令进行设置），如图 4-36 所示。

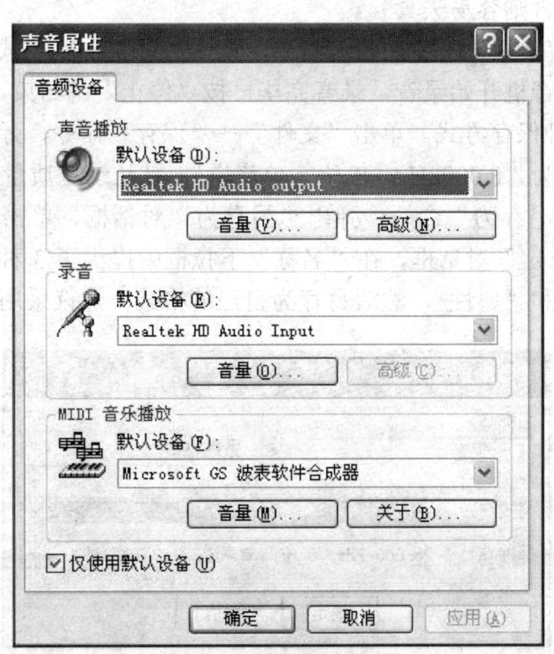

图 4-36 声音属性对话框

在录音首选设备框中选择录音设备，一般就是安装的声卡设备。

单击“录音”中的“音量”按钮，打开如图 4-37 所示“录音控制”对话框，在对话框中根据你的录音需要勾选“选择”项，每次只能勾选一个“选择”项（即每次只能录制某一通道来的声音）常用“选择”项可录制声音为：

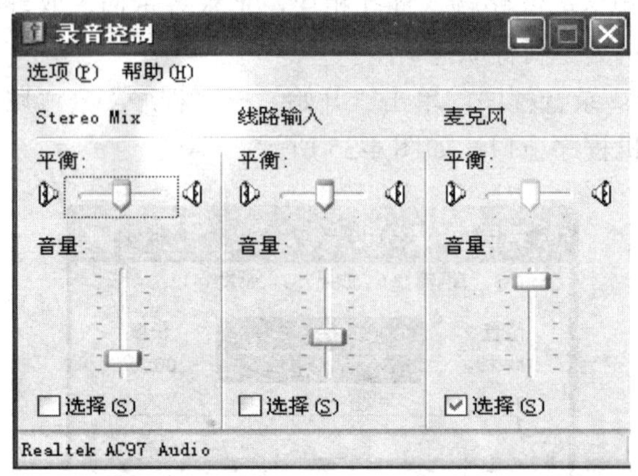

图 4-37 录音控制窗口

Stereo Mix（立体声混合）：网页中的声音、课件中的声音、其他播放器播放的声音等。

麦克风：专门录制从话筒来的声音。

线路输入：专门录制由声卡线路输入口输入的声音，例如，从外部磁带录音机等的线路输出接过来的音频信号。

（4）试录。单击“声音－录音节”窗口中的录音键，调节勾选的“选择”项相应录音音量滑块，此时波形显示窗口中会出现波形，使波形幅度适当（根据需要，但最大音量时，波形幅度不要超出波表，否则容易失真）。

（5）录制。单击“文件”→“新建”命令，选则“否”不保存试音，然后单击录音机窗口中的“录音”键，录音机开始录音，录音完毕，按“停止”键结束。

（6）保存。有两种保存方式。单击“文件”→“保存”命令，弹出“另存为”对话框，输入保存路径，文件名为“8.000kHz，8 位，单声道”，默认录音质量保存为声音（*wav）文件；单击“文件”→“另存为”命令，弹出“另存为”对话框，单击“更改”按钮，弹出如图 4-38 所示的“声音选定”对话框，在“名称”下拉框中提供了 3 种声音质量，若不适合，可以自己更改“格式”和“属性”，然后另存为自己的格式。建议采用“另存为”方式保存。

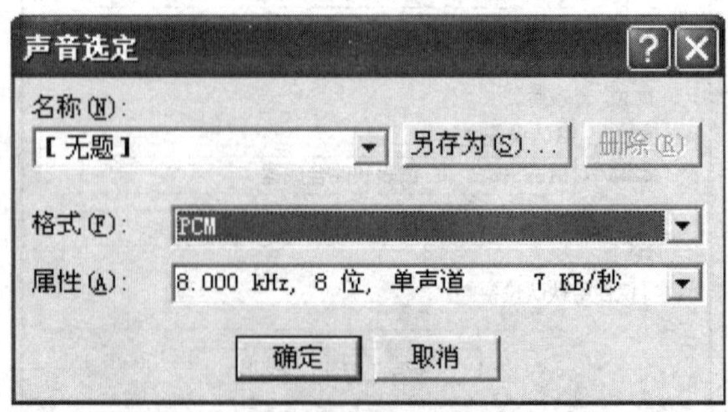

图 4-38 “另存为”中的声音格式和属性调整

2. 利用 Windows 下的“录音机”进行声音的简单编辑

利用一些软件工具对已有数字音频进行编辑处理，不但可以实现诸如对一段声音进行剪切、音量的调整、添加回音、改变频率等处理，而且还能将两段声音进行连接、混合等。如CoolEdit、SoundForge、友立公司的Audio Editor 等，Windows 附件下的“录音机”也具有简单的编辑功能。

（1）删除部分声音。当使用的声音文件，仅只需要其中的一部分时，可以删除不必要的声音。其操作的步骤如下：

1）在“声音－录音机”窗口下，单击“文件”→“打开”命令，打开准备编辑的声音文件。

2）用“播放”键和“停止”键或拖动滚动条上的滑块来定位想要删除声音文件的位置。

3）单击“编辑”→“删除当前位置之后的内容”命令（或视需要选择“删除当前位置之前的内容”命令），在随后出现的对话框中确认是否删除。

4）删除声音的编辑工作完成后，单击“文件”→“另存为…”命令，输入文件名后单击“确定”按钮。若需要删除的部分不再前面，也不在后面，就要采用多次删除操作，然后再用下面的“插入其他声音”文件命令，进行重新组合。

（2）插入其他声音文件。在录音的过程中，有时需要插入另一个声音文件。例如，采用Windows 附件下的录音机进行录音时由于受时间限制，可能一段声音要分几次录而成为几个文件，需要将它们连接使用（也可以采用“将声音录制到现有声音文件”的办法完成）。比如在讲到老虎的吼声，需要在这一段解说中插入真正老虎的声音，此时就需要使用插入另一个声音文件的操作。当然这些声音文件必须是自己的声音素材库中可以找到的。具体操作步骤是：

1）单击“文件”→“打开”命令，打开声音文件。

2）用“播放”和“停止”按钮或拖动滚动条上的滑块以定位拟插入声音文件的位置。

3）单击“编辑”→“插入文件”命令，在弹出的“插入文件”对话框中输入或直接选定欲插入的另一个声音文件的路径和文件名，单击“打开”按钮，完成插入。

4）重复操作，直至完成。

5）插入声音完成后，单击“文件”→“另存为”命令，输入文件名后，单击“确定”按钮。

（3）混合声音。混合声音就是将不同的声音文件混合到一起，在教学中构成一种特殊的效果。例如，将解说声与背景音乐混合，在播放时，则可同时听到解说词和音乐，形成了配乐解说。将雨声与风声、雷声混合产生特殊的效果等。具体操作步骤如下：

1）打开一个声音文件。

2）用“播放”和“停止”键来定位想要混入声音文件的起点位置。

3）从“编辑”菜单中选取“与文件混合”命令，在弹出的“与文件混合”对话框中输入准备混入的另一个文件名，单击“打开”按钮确定，完成混合。

4）混合声音完成后，单击“文件”→“另存为”命令，输入路径、文件名后确定。

（4）改变声音效果。

1）调整音量：在“效果”菜单下选择“加大音量”或“降低音量”，可调整整个声音文件的音量，每次调整的幅度是25%。

2）调整速度：在“效果”菜单下选择“加速”或“降速”，可改变声音的播放时长，相当于改变音调，每次调整的幅度是100%。

3）添加回音：在“效果”菜单下选择“添加回音”，可使声音增加空间感。

4）反转：在“效果”菜单下选择“反转”，可改变声音的起始方向。

5）调整文件的质量：利用“文件”菜单下的“另存为”命令，通过改变“另存为”对话框中的“格式”中的参数可以改变声音文件的质量。

Windows 附件下的录音机中还可以进行其他操作，这里不再一一叙述。

希望同学们在这部分可以亲自尝试录制配乐诗或者配乐散文朗诵来熟悉使用。

注：数字声音的指标参数。

采样频率就是一秒钟的声音分成多少个数据去表示。可以想象，这个频率当然是越高越好。采样频率决定声音的保真度，目前最常用的 3 种采样频率分别为：电话效果（11 kHz）、FM（调频）电台效果（22 kHz）和 CD 效果（44.1kHz）。

量化位数表示的是声音的振幅，决定的是音乐的动态范围，所谓动态范围是波形的基线与波形上限间的单位。位数越多，音质越细腻。量化位数主要有 8 位和 16 位两种。8 位的声音从最低到最高只有 2^8=256 个级别，16 位声音有 2^{16}=65536 个级别。专业级别使用 24 位甚至 32 位。

声道数表明在同一时刻声音是只产生一个波形（单声道）还是产生两个波形（双声道或立体声）。顾名思义，立体声听起来比单声道具有空间感。采样频率越高，量化位数越多，波形音频的音质越好，但文件数据量越大。

第五节　视频在教学中的应用

一、视频的教学应用特性分析

视频，是时间线上连续的图像和声音组合，即动态的图像，类似于我们熟知的电影和电视。从表达意义上说，视频集中满足了人视觉和听觉两大主要感觉器官感受，由此，视频给人以更接近自然的感受体验，给人以更可信的感性经验，是目前除虚拟现实技术外最有效的替代性经验获取途径之一。另外，在视频作品中，利用蒙太奇语音（即镜头组接）和特技技巧的加工处理，视频的表达是自然真实而又超越自然真实的。从而使视频在教学中的应用更为灵活和方便，主要为：

（1）时、空的自由变换。上、下镜头之间的连接只要符合蒙太奇语言，即可方便地省去事物发展的某一过程，当然这一过程可能为时间过程也可能为空间过程。例如，上一镜头为某人伸手开门，接下一镜头此人已在室内走动，这里省去了开门、进门的过程，方便地从室外空间转换到室内空间。

（2）时间的压缩与扩展。利用慢速摄影或高速摄影，然后以正常速度放映，可将时间压缩、扩展。例如，植物的发芽、生长、开花、结果需要很长的时间，利用慢速摄影技术摄下整个过程，再以正常速度重放，这可在几分钟甚至几秒钟内展示完全过程，从物理角度看是将时间进行了压缩。另外如某些在瞬间完成或突发的情况，可通过高速拍摄技巧实现让瞬间的过程在时间轴上扩展，把整个过程拉长，让学习者可清楚地观察到全过程。

（3）可表现宏观、微观世界，展现正常情况下难以观察的变化。如通过 X 光拍摄来显示人体心脏瓣膜的工作。

（4）可以定格（暂停）画面或反复重放，以有利于学习者更清晰地观察和感受。

（5）通过特技进一步丰富其表现力，并能方便整合文本、图形、静态图像、动画等元素，使学习者在观看时最大限度地处在积极的学习状态中，保持其有意注意等。

由此，好的视频资源是学习者获取间接经验的最有效形式之一，特别是对于“过程”的感知体验上有着其他媒体形式无法替代的优势。诚然，由于视频生动、形象、真实、直观的特点，教学中过多视频的应用，不利于学习者想象力的培养，特别是对于过多艺术加工的视频，其中带有较多导演意识形态的东西，更容易使学生对一类事物或问题的认识和理解产生趋同化而缺乏自我思考和创新，不利于学生个性化思维的培养。

二、视频媒体素材的获取与制作

（一）视频的获取

（1）购买、利用相关资源库中的视频文件。

（2）网上搜索和下载视频资源。

（3）利用相关软件截取所需视频片断或合成相关视频片断。

（4）利用摄像机拍摄制作。

（二）视频的制作

由于专业视频制作和视频拍摄涉及知识面较广，本着实用性考虑，在此仅对利用“超级解霸”进行视频片断截取的方法和视频采集相关知识、拍摄基本要领等作简单介绍，有兴趣的同学可参阅相关书籍学习提高。

1. 利用“超级解霸”进行视频片断的截取

使用超级解霸本身的捕捉功能能截取质量上乘且带有声音的 VCD 片断。使用这种方法录制的视频文件，不但图像质量好，而且声音连贯。以超级解霸 2001XP 为例：

（1）将含有所需内容的 VCD 盘插入光盘驱动器中。

（2）启动超级解霸，弹出 VCD 播放器控制面板，如图 4-39 所示。

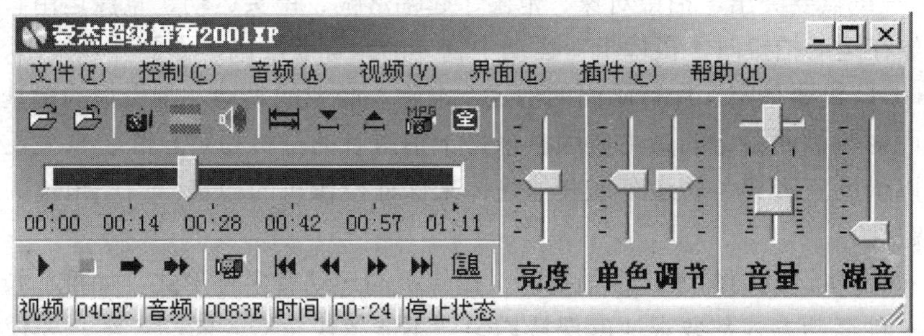

图 4-39　超级解霸 2001XP 面板窗口

（3）在播放器控制面板上单击“循环/选择录制区域”按钮，滑轨变宽，颜色变成深蓝色。大致播放一下，在起始处单击“选择开始点”控制键，在结束点处单击“选择结束点”控制键，选择录制的区域。通过调节播放进程滑块可方便地控制播放的起点和终点，最后单击“停止播放”按钮。

（4）按下“录像”按钮（录像指定区域为 MPG 或 MPV 文件），系统弹出“保存文件”对话框。根据提示，输入待保存的文件名和存放路径以及保存类型。

（5）单击“确定”按钮，弹出数据处理信息框，并开始录制直到结束。使用该功能也可以对视频素材进行裁剪，再通过“合并”功能完成视频编辑。

2. 视频采集相关知识和拍摄基本要领简介

视频素材的采集是利用专门的视频采集卡或IEEE1394卡等将数据源（如摄像机、录像机、电视机等）输出的视频信号或音频信号采集到计算机，并转换成可供编辑处理的数字信号，对于数字信号（如数字摄像机、数字录像机输出信号）目前多数采用IEEE1394卡接入，利用Windows XP系统自带的Movie Maker或一些专门的非线性编辑软件，如Adobe Premiere、Video Editor等软件进行采集制作。对于模拟信号（如传统录像机、电视机输出信号）则需要在计算机上安装专门的视频采集卡把模拟视频转换成数字信号。

数字视频目前的主要来源都是通过数码摄像机拍摄得到的，数码摄像机的基本使用相对简单，可参考具体使用的摄像机说明书学习，但摄像技术是利用摄像机及其造型手段和表达艺术构思的技巧和能力的综合。不同摄像水平的人使用同一台摄像机，拍摄的最终效果也是不同的。画面光线运用是否合理，色彩配置是否和谐，运动速度是否恰当，画面的构图是否完整，画面形象的造型感是否完美，镜头是否具有较强的艺术表达力和艺术感染力，这些都是辨别摄像技巧高低的主要方面。由此在数码摄像机普及较快的今天，我们有必要学习了解如下拍摄中的相关知识：

（1）拍摄的基本要领。

1）拍摄要做到平、准、稳、匀。

① 平——构图要水平。在构图时，首先应该找到地平线，与其保持平行，或者选择参照物，比如可以将画面中的树与取景框横边比较等。为了使构图水平，拍摄稳定，可借助具有水平仪的三脚架上汽泡校准画面的水平，用手持摄像机拍摄时，正确的持机姿势是非常必要的。通常情况下右手持机，双手大臂紧贴肋骨，左手辅助机身持平，形成三角稳定区。将右手扣带调节到适合自己的尺寸，以大拇指刚好可以触到摄录开关、食指可以自由调节变焦拉杆为准。

② 准——重点要突出。拍摄对象、范围、起幅落幅、镜头运动、景深运用、焦点变化等都要准确。如在运动拍摄时，摄像机对运动中物体的跟踪要准确，做到重点突出、意图明显。

③ 稳——持机要稳定。保持画面的稳定，消除不必要的晃动，是摄像的最基本也是最重要的要求，而影响画面稳定的最主要因素来自于拍摄者的持机稳定。除了掌握正确的持机方法外，还可以借助三脚架、轨道车或其他物体来保证摄像机的稳定；用广角镜头拍摄，可提高画面的稳定性。

④ 匀——镜头运动要匀速。在拍摄时，摄像机的运动有多种形式，如推、拉、摇、移、跟等。任何一种运动方式都要求速度保持均匀，不能忽快忽慢、断断续续，要使画面节奏符合正常视觉规律。

2）画面构图要领。构图是画面美观的关键，摄像构图的规则和图片摄影的构图十分类似，不但要注意被摄主体的位置，而且还要研究整个画面的配置，保持画面的平衡性和画面中各物体要素之间的内在联系，调整构图对象之间的相对位置及大小，并确定各自在画面中的布局地位。构图的方法有很多，这里只介绍黄金分割法、三分法和前视空间构图法。

黄金分割法是影视、摄影和绘画最常用的法则之一。如果用一根线段表示的话，就将其分割为不同长度的两段，比例为0.618:1，在摄影、摄像时一般把被拍摄主体放置在一条线段的0.618处。

很多专家推行“三分之一”的构图原则。摄像实践表明，让重要的景物或人物正好位于画面 1/3 处而不是在正中央，这样的画面比较符合人的视觉审美习惯，甚至比被摄主体在正中央的画面更具有美感。一个完整画面被两根垂直和两根水平方向上的线等分成 9 等份，其中垂直线与水平线交会的 4 个点就是画面中央，最能突出对象表现构图的艺术美感，也是最能吸观众视觉注意力的部分，可以把这个位置作为主体最重要的部分的中心，如图 4-40 所示。

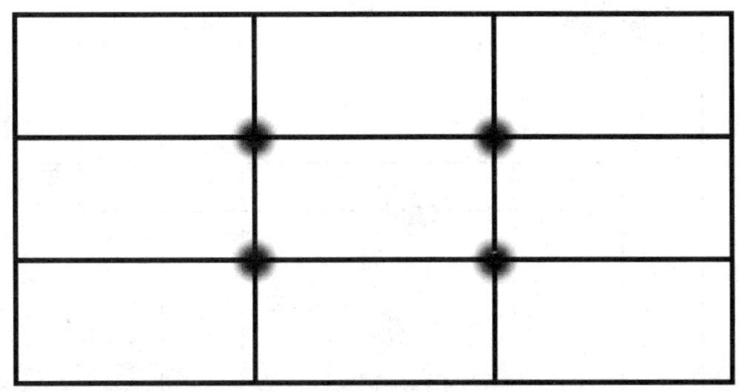

图 4-40　构图三分法

前视空间构图也就是说在画面中人物视线的前方要留出充足的视线空间，或者当拍摄主体看的方向或行走的方向不与画面垂直时，他们面对或前进方向的前面要留下空间，也就是“前视空间”，他们后面的空间是“多余空间”，应该将“多余空间”减少到最低程度。

另外，电视画面构图还应该做到以下几点：

① 画面要简洁，避免杂乱的背景。

② 主体要突出。

③ 立意要明确。

④ 画面应具有表现力和造型美感。

⑤ 画面运动应有依据。

（2）画面造型三要素。

画面造型的三要素是指画面拍摄的景别、高度和方向。在拍摄时要多景别、多角度取景构图，使画面丰富，也为后期制作提供便利。

1）景别。景别是指被摄物和画面形象在电视屏幕框架结构中所呈现出的大小和范围。它取决于两个方面的因素：一是摄像机与被摄物之间的实际距离；二是所使用镜头的焦距长短。一般情况下，把景别大致分为远景、全景、中景、近景和特写，如图 4-41 所示。

① 远景。远景是视距最远、表现空间范围最大的景别。它视野广阔，景深悠远，主要表现地理环境、自然风貌和开阔的场景。它的作用是展示巨大的空间，介绍环境，展现事物的规模和气势。

② 全景。全景包括被摄对象的全貌和它周围的环境。与远景相比，全景有明显的内容中心和结构主体，全景的作用是确定事物、人物的空间关系，展示环境特征，为后续情节定向。

③ 中景。中景画面中，人和物的形象及形状特征占主要成分，它更注重具体动作和情节，可以清楚地看到人与人之间的关系和感情交流，也能看清人与物、物与物之间的相对位置关系。

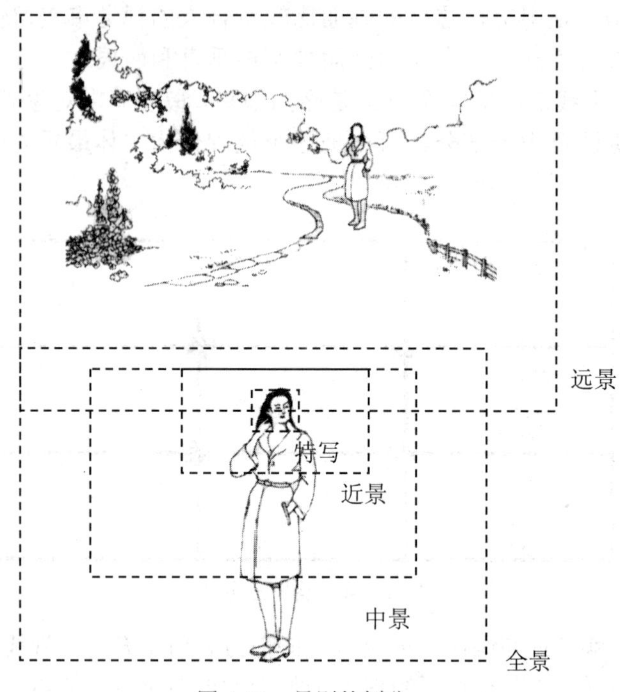

图 4-41　景别的划分

④ 近景。近景是拍摄成年人胸部以上的部分或物体局部的画面，用以细致地表现人物的精神和物体的主要特征。使用近景，可以清楚地表现人物心理活动的面部表情和细微动作，容易产生交流。

⑤ 特写。特写是表现人物肩部以上及头部或某些被摄对象细部的画面，是视距最近的画面。它可以作更细致地展示，揭示特定的含义。特写反应的内容比较单一，起到形象放大、内容深化、强化本质的作用。在具体运用时主要用于表达、刻画人物的心理活动和情绪特点，起到震撼人心、引起注意的作用。

2）拍摄高度。拍摄高度是指以被摄主体为中心，镜头在垂直方向上的不同高度拍摄所构成的拍摄角度。一般分为平摄、仰摄、俯摄 3 种，如图 4-42 所示。

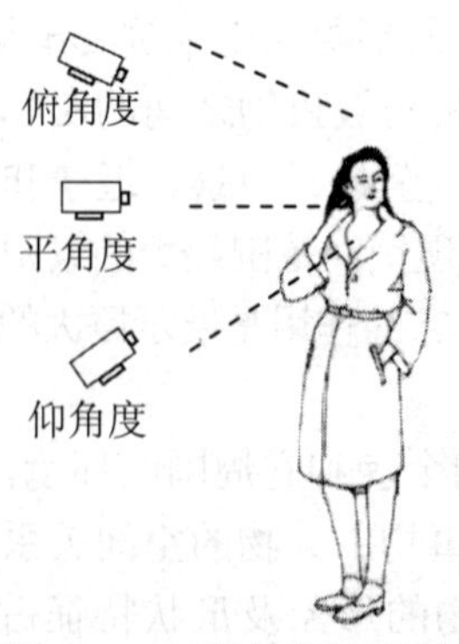

图 4-42　三种角度的拍摄

① 平摄。平摄是指摄像机镜头与被摄主体在同一水平线上进行拍摄，被摄对象不易变形，

使人感到平等、客观、公正、冷静、亲切。不足之处在于把同一水平线上的前后物体相对的压缩在一起，显得呆板、单调，缺乏空间透视效果，不便于表现层次感。

② 仰摄。仰摄是指摄像机镜头低于被摄主体的水平线向上拍摄。仰摄有利于突出被摄主体的高大气势，能将向上伸展的景物在画面上充分表现。仰摄人物，容易显示出高昂向上的形象，但在广角状态下近距离仰摄人物容易变形。

③ 俯摄。俯摄是指摄像机镜头高于被摄主体的水平线向下拍摄，有利于表现地平面上的景物层次、数量、地理位置等，能给人辽阔、深远的感受。俯摄适宜表现盛大、开阔的场面。

3）拍摄方向。拍摄方向是指以被摄主体为中心，镜头在水平方向上的不同方位进行拍摄，一般分为正面、背面、侧面、斜面等几种拍摄方向，如图 4-43 所示。

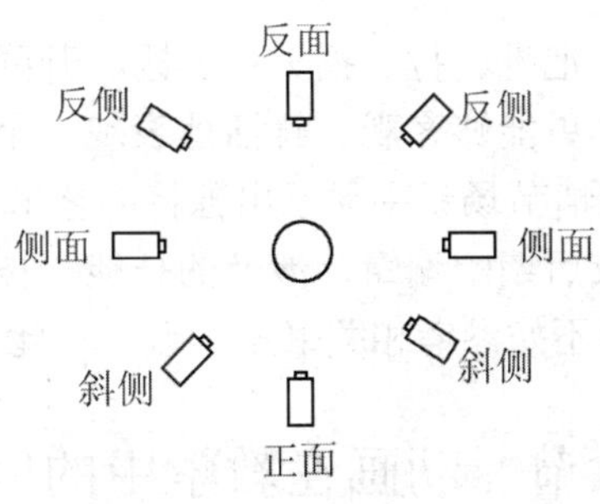

图 4-43　拍摄方向

① 正面拍摄：摄像机镜头在被摄主体的正前方拍摄。

② 背面拍摄：摄像机镜头以被摄主体的背后即正后方拍摄。

③ 侧面拍摄：摄像机镜头在与被摄主体正面方向成 90° 的位置上即正左方或正右方拍摄。

④ 斜侧面拍摄：摄像机镜头在被摄主体除正面、背面、侧面以外的任何方向拍摄。

（3）运动摄像。运动摄像是影视艺术所独有的造型手段，它通过机位、焦距和光轴的运动，在不中断拍摄的情况下，形成视点、场景空间、画面构图和表现对象的变化，不经过剪辑，在镜头内部形成多构图、多元素的组合。它不仅增强了画面动感，扩大了镜头视野，还影响着相应的速度和节奏，赋予画面独特的感情色彩。运动摄像按其运动方式的不同，可分为推摄、拉摄、摇摄、移摄、跟摄、升降拍摄等基本类型。

1）推摄。推摄是摄像机向被摄主体方向推进，或者改变镜头焦距（从广角调至长焦）使画面框架由远及近向被摄主体不断接近的拍摄方法。推镜头可以形成视觉前移效果，具有明确的主体目标。起到突出主体人物，突出重点形象，突出重要情节因素等作用。

2）拉摄。拉摄是摄像机逐渐远离被摄主体，或者改变镜头焦距（从长焦调至广角）使画面框架由近到远与主体拉开距离的拍摄方法。拉镜头可以形成视觉后移效果，被摄主体周围环境由小变大。有利于表现主体和主体所处环境的关系，使得画面构图形成多结构变化。

3）摇摄。摇摄是指摄像机机位不动，改变摄像机镜头光轴方向的拍摄方法。摇摄的形式多种多样，有水平摇摄、垂直摇摄、间歇摇摄、环形摇摄、倾斜摇摄和摇速极快的甩镜头等。摇镜头犹如人们转动头部环顾四周或将视线由一点移向另一点的视觉效果。具有展示空间，扩大视野等作用。

4）移摄。移摄是摄像机移动而进行的拍摄。由于摄像机的运动使得画面框架始终处于运动中，画面内的物体不论是处于运动状态还是静止状态，都会呈现出位置不断移动的态势。移镜头在表现大场面、大纵深、多景物、多层次的复杂场景时，具有气势恢宏的造型效果。

5）跟摄。跟摄是摄像机始终跟随运动的被摄主体一起运动而进行的拍摄。由于摄像机运动的速度与被摄对象的速度相一致，使运动着的被摄对象在画框中处于一个相对稳定的位置上，而背景环境则始终处于变化中。跟镜头能连续详尽地表现运动中的被摄主体，既可突出主体，又能说明主体的运动方向、速度、体态及其与环境的关系；也可以表现一种主观性镜头。

6）升降拍摄。摄像机借助升降机、摇臂、电梯等装置一边升降一边拍摄的方式称为升降拍摄。它是一种特殊的运动摄像方式，画面造型效果极富冲击力，能够给人以新奇、独特的感受。

此外，摄像机在一个镜头中把推、拉、摇、移、跟、升降等各种运动摄像方式不同程度地、有机地结合起来进行拍摄，更能够客观、鲜活地表现一个场景中一段相对完整的情节，在复杂的空间场面和连贯紧凑的情节场景中显示出独特的艺术表现力。

当然，数码视频拍摄，甚或后期的编辑，涉及的技能、技巧较多，相对复杂一些，相关介绍书籍也较多，有兴趣的同学不妨参考相关书籍学习，在此不再叙述。

第六节　动画在教学中的应用

一、动画的教学应用特性分析

动画可以说是利用人的“视觉暂留”和“运动心理”人为模拟自然视频的人工技术，从原理上说，动画和视频都是利用人的“视觉暂留”和“运动心理”，从这个层面上说，动画也可归入视频一类，但从表达上来说，动画更偏重于依据人的想象而“创作”，通过技术手段实现对自然视频的模拟，也就是说二维动画偏重以图形为主体的模拟，三维动画偏重更接近自然三维影像的模拟。随着计算机动画技术的飞速发展，动画如同视频在教学中的应用一样，在直观化教学内容方面正逐渐成为媒体符号系统中重要的一员。

目前，以“蒙太奇”的影视表达技术与现代三维动画技术创作的，接近真实画面效果技术相结合，更使视频如虎添翼，成为人类感知间接经验最活跃、最生动的表达元素之一，大大拓展了人类感知自然，超越自然的想象感受空间。

二、动画媒体素材的获取与制作

（一）动画的获取

（1）购买或应用相关资源库动画文件。

（2）网上动画资源搜索和下载。

（3）利用相关动画软件制作。

（二）动画的制作

动画制作的软件工具较多，可以根据不同的需要进行选择。目前二维动画制作，Flash 应用较广；三维动画制作，3ds max 应用较普遍。关于 Flash 和 3ds max 软件的使用，网上学习资源较为丰富，而且形式多样，有以文字讲述为主的，有图文并茂的，有动画演示的，也有视频教程等。建议同学们根据自己的学习特点，选择相应学习方式学习实践，并通过自己的学习体会加深对各类媒体信息教学应用特性的理解和研究。

【内容小结】

本章主要阐述了媒体符号系统概念、分类以及在教学中的作用和地位；分析了文本、图形、图像、声音、视频、动画等各类媒体符号的教学应用特性以及各类媒体素材的获取和常用处理方法。媒体符号系统在现代教学中的应用研究，是现代教学中设计有效教学方法，制作多媒体课件以及多媒体教学实施的重要知识内容之一。

【思考与实践】

1．什么是媒体符号系统？

2．简述研究媒体符号系统的教学意义。

3．比较分析文本、图形、图像、声音、视频、动画在不同教学内容呈现上的优势与缺陷。

4．分类收集你所学专业的相关素材，并对部分素材根据需要作简单处理，为多媒体课件制作，以及今后的教学实习和教学工作积累素材。

第五章　数字化学习资源的设计与开发

【学习目标】

1．了解数字化学习资源的内涵及特点。
2．理解多媒体课件的概念。
3．了解多媒体课件的教学功能。
4．了解多媒体课件的基本类型。
5．理解多媒体课件的设计制作要求。
6．掌握多媒体课件的基本制作过程。
7．基本掌握多媒体素材的采集与制作方法。
8．理解网络课程的概念。
9．了解网络课程制作的相关技术及方法。

第一节　数字化学习资源概述

一、数字化学习资源的内涵

随着计算机和网络在教育教学中广泛而深入地应用，数字化学习资源开始影响我们的学习和生活。数字化学习资源是在信息技术发展的前提下对学习资源的延展和提升，是指经过数字化处理、依据学习者特征进行编辑的，可在多媒体计算机上或网络环境下运行的供学习者自主、合作学习的，且可实现共享的多媒体材料。按其呈现方式的不同，大致可以分为数字视频、数字音频、多媒体软件、CD-ROM、网站、电子邮件、在线学习管理系统、计算机模拟、在线讨论、数据文件、数据库等。

二、数字化学习资源的特点

数字化学习资源具有以下显著特征：

（1）多样性：信息内容以超文本结构、多媒体集成等多种形式呈现，极大丰富了信息内容的表现力。

（2）共享性：网络环境下实现信息资源远程共享。

（3）互动性：数字化学习资源的双向传递及反馈功能使得学习者之间、学习者与学习内容、学习者与教师之间的互动更为便捷和有效。

（4）扩展性：对学习资源允许在其基础上进行横向和纵向的精加工，以满足不同学习者的学习需要和同一学习者不同时期的学习需要。

（5）再生性：在学习者的参与下，利用信息技术对知识的整合和再创造。

第二节　多媒体课件的设计与开发

多媒体课件的设计主要考虑的是以教学设计为核心，根据教学设计中教学目标实现的策略和方法，利用多媒体计算机的优势，对教学内容的呈现顺序、呈现形式（文字、图形、图像等），以及考虑学生在学习过程中可与学习内容的交互等筹划过程。而多媒体课件的开发就是选择利用某个计算机应用软件或某种计算机编程语言实现设计方案的过程。多媒体课件是多媒体计算机辅助教学的主要形式。

一、多媒体课件

（一）多媒体

媒体是英文 Media 的音译，指中介物、媒介物、工具手段等。“多媒体”一词译自于 20 世纪 80 年代初出现的英文单词 Multimedia。其定义和说法多种多样，各自从自己的角度出发对多媒体给出了不同的描述。通常所指的多媒体就是各种感觉媒体的组合，也就是文字、数据、图形、图像、声音、动画、视频等各种媒体的组合。随着现代信息技术的发展，把原来只承担运算任务的计算机发展成对文字、图形、图像、声音、动画、视频等多种信息表现形态进行呈现、传输、加工和处理的综合性信息处理工具。由此人们通常意义下把以计算机为中心，能综合存储、呈现、传输、加工、处理、文本、图形、图像、声音、动画、视频等多种媒体信息，并使各种媒体信息间建立起有机的逻辑关系的技术称为多媒体技术。

（二）多媒体课件

近几年，多媒体课件在教学中应用越来越广泛，对多媒体课件的定义还存在着一定的分歧。下面先看一个多媒体课件教学应用的例子，如表 5-1 所示，然后再给多媒体课件下定义。同时也希望通过这个例子帮助理解多媒体课件相关章节的内容。

表 5-1　《小猴子下山》教学活动

教学步骤	教学活动
1	教师：“今天老师先给同学们讲一个小猴子下山的故事，希望同学们在听的时候，注意一些我们还不熟悉的生字、生词。故事的发生是这样的。”
2	课件运行：（声画同步）
3	教师：现在我们一起来学习一下故事中所涉及的一些生字、生词

续表

教学步骤	教学活动
4	课件运行学习生字、词部分： 学习生字 fēi 非 cháng 常 zhe 着 piàn 片 guā 瓜 yuán 圆 tù 兔
5	教师："下边看看我们能不能看着这几张图把故事讲给其他同学听。"（请同学看图复述故事）
6	老师："请同学们想想为什么小猴子最终会一无所获？如果我是那只小猴子我会怎样做？"（小组讨论）
7	大家一起总结： **课文概要：** 第一段讲的是小猴子掰了个玉米。 第二、三、四段讲的是小猴子扔了玉米摘桃子，扔了桃子摘西瓜，扔了西瓜追兔子。 第五段讲的是兔子不见了，小猴子只好空手回家。 **课文中心思想：课文讲的是小猴子下山，看见许多喜欢的东西，它扔了这个去抓那个，结果什么也没得到的故事。** **启示：告诉人们做事要有明确的目的，要专一，否则将一事无成。**

上例是小学语文第八课"小猴子下山"的一个多媒体课件辅助教学的例子，课件设计思路描述如下：

课件以培养小学生听、说、读、写能力为目标。首先根据小学生特点把课文内容呈现设计为看图听"小猴子下山"的故事；把学习生字设计为故事中的生字、生词的拼音标准拼读（跟读）；用代表性图片提示的形式练习小学生说故事或编故事（这样的设计也是作为学生作文练习的基础）；以练习二通过学生讨论"为什么小猴子最后一无所获，如果是我我会怎么做？"，练习小学生思考能力。最后教师与同学一起用文字形式进行整篇课文的概述、总结（当然还可以考虑最后布置看图作文或编故事等拓展练习作业）。

从上面的例子中不难看出，小学语文"第八课 小猴子下山"课件是教师根据小学语文教学中为实现小学生听、说、读、写方面的目标，根据教师的教学设计，利用多媒体计算机对教学内容和教学策略的呈现。由此可以把多媒体课件定义为：多媒体课件是在现代学习理论指导下，根据教学目标的要求，由教学内容和教学决策组成的多媒体计算机教学应用软件。

二、多媒体课件的教学功能

1. 图文声像并茂，优化学习环境

多媒体课件图文并茂、内容丰富多彩，能够更好地构建学生的学习环境，方便学生学习。同时多媒体课件对于教学内容全方位的阐述，更能激发学生学习兴趣，充分发挥学生的主动性，真正体现学生的认知主体的作用。

2. 友好的交互环境，调动学生积极参与

多媒体课件由文本、图形（图像）、动画、声音、视频等多种媒体信息组成，所以给学生提供的外部刺激不是单一的刺激，而是多种感官的综合刺激，这种刺激能引起学生的学习兴趣和提高学生的学习积极性。

3. 丰富的信息资源，扩大学生知识面

多媒体课件提供大量的多媒体信息和资料，创设了丰富有效的教学情境，不仅利于学生对知识的获取和保持，而且大大地扩充了学生的知识面。

4. 超文本结构组织信息，提供多种学习路径

超文本是按照人的联想思维方式非线性地组织管理信息的一种先进技术。由于超文本结构信息组织的联想性和非线性符合人类的认知规律，所以便于学生进行联想思维。另外，由于超文本信息结构的动态性，学生可以按照自己的目的和认知特点重新组织信息，按照不同的学习路径进行学习。

三、多媒体课件的类型

多媒体课件可以从以下不同的角度分为不同类型。

（一）根据运行环境分类

根据运行环境通常可分为单机版和网络版两类。

（1）单机版。单机版是指在单台计算机上运行的多媒体课件。

（2）网络版。网络版是指采用 Web 等技术开发，用于网上运行的多媒体课件。

（二）根据使用对象分类

根据使用对象可分为助学型、助教型和教学结合型几种。

（1）助学型（学生自主学习型）。助学型多媒体课件主要使用者是学生。此类多媒体课件主要充分考虑学生使用的有效性，具有完整的知识结构，能反映一定的教学过程和教学策略，提供相应的形成性练习，供学生进行学习评价，并设计友好的界面方便学习者进行人机交互活动。利用个别化交互学习型多媒体教学软件系统，学生可以在个别化的教学环境下进行自主学习。

（2）助教型。助教型多媒体课件主要是辅助教师教学，以提高教师教学效率和效果为目的，课件可以辅助教师更好地完成课堂教学任务。

（3）教学结合型。教学结合型多媒体课件是兼顾教师教与学生学两者使用的课件。

（三）根据多媒体课件的作用与内容分类

根据多媒体课件的内容与作用可分为课堂演示型、学生自主学习型、模拟实验型、训练复习型、教学游戏型和资料、工具型。

（1）课堂演示型。这种类型的多媒体课件一般来说是为了解决某一学科的教学重点与教学难点而开发的，注重对学生的启发、提示，反映问题解决的全过程，主要用于呈现教学内容（如教师上课的提纲、教学内容等）和课堂教学演示。通常是在多媒体教室通过投影屏幕展示给学生的，因此课件要直观，文字清晰，尺寸比例要大，而且按照教学思路逐步深入地展开教学内容。此类课件通常由学科教师本人完成，目前使用 PowerPoint 工具开发的较多。例如，本章中的例子“第八课 小猴子下山”。

（2）学生自主学习型。这种类型的多媒体课件具有完整的知识结构，能反映一定的教学过程和教学策略，提供相应的形成性练习供学生进行学习评价，并设计友好的界面让学习者进行人机交互活动。这种课件利用软件工程的设计思想，从某种意义上也可以称之为多媒体教学软件。例如，市面上出现较多的“跟我学××”、“手把手教你使用××软件”等较多使用这种形式。

（3）模拟实验型。这种类型的多媒体课件借助计算机仿真技术，模拟某种真实的情景，提供可修改参数的指标项，当学生输入不同的参数时，及时给出相应的实验结果供学生进行模拟实验或探究学习。例如，网上的“金龙化学实验室”、“抛物线运动”等。

（4）训练复习型。这种类型的多媒体课件主要是通过提出问题的形式，训练、强化学生某方面的知识和能力。课件的内容在安排上，要分为不同的等级，逐级上升，根据每级目标设计题目的难易程度，使用者可以选定训练等级进行学习。这种类型的课件通常应用在习题测试，英语单词记忆等方面。五笔输入法训练使用的“WT”等也属于这一种类型。

（5）教学游戏型。这种类型的多媒体课件与一般的游戏软件不同，它是基于学科的知识内容，寓教于乐，通过游戏的形式，教会学生掌握学科的知识并提高学习能力，引发学生的学习兴趣，是一种非常有前景的多媒体课件，常见的有单词学习等。例如，“金山打字”中的游戏等。

（6）资料、工具型。资料工具型教学软件包括各种电子工具书、电子字典以及各类图形库、动画库、声音库等，这种类型的教学软件只提供某种教学功能或某类教学资料，并不反映具体的教学过程。例如，“十万个为什么？”、“金山词霸”等。

四、多媒体课件的设计

多媒体课件设计包括多媒体课件的教学设计和多媒体课件的结构设计两方面，通过多媒体课件的教学设计和多媒体课件的结构设计最终形成课件的基本结构形态。

（一）多媒体课件的教学设计

多媒体课件的教学设计，就是要应用系统观点和方法，按照教学目标和教学对象的特点，合理地选择和设计教学过程、媒体信息的有机组合，形成优化的教学系统结构。它包括如下基本工作：教学目标与教学内容的确定、学习者特征的分析、媒体信息的选择、知识结构的设计、诊断评价的设计等（详细内容请参考第三章“教学系统设计”部分）。

（二）多媒体课件的系统设计

多媒体课件的系统设计包括软件结构与功能的设计、屏幕界面的设计、导航策略的设计、交互界面的设计、教学策略的设计等内容。

多媒体课件软件结构是教学软件中各部分教学内容的相互关系及呈现的形式，它反映了教学软件的主要框架及其教学的功能。课件结构与功能的设计一般包括媒体结构的设计、总体风格的设计、主要模块的划分、屏数的确定与各屏之间的关系等内容。

屏幕界面设计一般包括屏幕版面、颜色搭配、字体形象和修饰美化等内容。多媒体课件屏幕画面除了追求屏幕的美观、形象、生动之外，还要求屏幕呈现的内容具有较强的教学性。要合理安排多媒体课件屏幕中的各种教学信息、帮助信息和可以进行交互作用的对象的位置及其大小。

交互是计算机与学习者之间进行的信息交换。多媒体课件中使用者存在着丰富的心理世界和社会需要，是一个个活的、时刻处于成长变化之中的个体。多媒体课件中的人机交互方式设计要求考虑视觉和听觉的模式识别问题，考虑人的感知、表象、记忆、思考和情绪等心理等活动。目前多媒体创作工具提供的常见交互方式有：①按钮；②菜单；③热字、热区；④条件判断；⑤文本输入；⑥移动物本、目标区域；⑦限定时间；⑧限定次数；⑨按键等。

由于超媒体课件信息量大，内部信息间关系复杂，学习者在演练学习的过程中很容易迷失方向，往往不知道自己身在何处，怎么来的，应去哪里，常常造成混乱的情况。为此设计超媒体课件时，需认真考虑向学习者提供引导措施，这个措施就是我们说的“导航”。导航能为网络状知识结构中的学习者提供即时有效的引导，是超媒体课件设计中的一个重要环节。常见的导航策略有检索、信息网络结构图、联机帮助手册、预置或预演学习路径、记录学习路径并允许回溯、电子书签、关键字和记录、提供学习地图、指示引导学习等。

（三）多媒体课件结构

1. 课件结构的概念

课件结构是课件中各教学信息的逻辑化和程序化关系及教学控制策略的组合，一般由两个部分组成，一是教学信息单元之间的逻辑关系或先后顺序，它受知识体系的内在关系制约；二是教学控制策略，这是受学习者认知规律所制约。知识系统的逻辑关系与学习的认知策略之间往往相互影响，只有根据教学任务和需求，将知识信息的呈现顺序与学习者的认知规律结合起来，便组成了相应的课件结构。课件结构可以根据教学的需要，被设计成各种各样。它们体现着特定的教学思想、学习理论、教学任务和教学内容。任何课件都要根据教与学的需要来组织信息内容的呈现顺序以及教与学的控制策略。因此，可以认为，在教与学的控制策略制约下，信息单元之间形成的特定关系便是课件结构（请参考“小猴子下山”课件范例进行理解）。

2. 与课件结构有关的几个概念

（1）超文本（Hypertext）。超文本实际是指超文本结构，它是相对于早期课件内容线性链接而言的一种结构。超文本结构就是在一页（屏）文字中插入一些“链”（Link）指向其他页（屏）的文字内容，这些“链”之间链接的若干页（屏）之间便形成一个网状的信息组织结构。

（2）超媒体（Hypermedia）。超媒体是指在超文本结构的基础上又能用图形、图像、音频和视频等媒体元素来呈现信息的技术方式。初期的超文本虽实现了信息节点间的网状链接，但仍以文字为主，随着多媒体技术的发展，在计算机上实现了多媒体方式的信息处理和表达。故有人将此称为超媒体。

（3）节点（Node）。节点是指课件中表达信息的一个单位。节点中表达信息的媒体可以是文本、图形、图像、音频、视频甚至可以是一段计算机程序。

（4）链（Link）。链是指一个信息节点到另一个信息节点之间的连接。这种连接常被看成超文本结构的本质。若是单从技术层面上讲，课件结构就是节点之间“链”的组合。

3. 多媒体课件的结构

从不同的角度来观察，多媒体课件有不同的结构特征。下面就从课件总体结构、内容结构。信息结构以及控制结构 4 个角度来分析多媒体课件的结构。

（1）多媒体课件的总体结构。这里就课件的外在表现的结构加以说明。从总体上看，多媒体课件很像一本书或一部带有交互性的电影，它是由一页一页或一幅一幅的画面组成，在多媒体课件中我们称为一帧一帧的框面。根据这些帧的表现顺序，分为封面、扉页、菜单、内容、说明（帮助）、封底 6 个部分。

封面：运行课件时出现的第一幅框面，一般呈现了制作单位的名称或课件的总名称。常以几秒钟的视频动画形式表现。

扉页：封面后的下一个框面，常呈现课件的名称。一般由一个框面组成。

菜单：就像一本书的目录，供学习者选择学习内容之用。可以有多处菜单存在。

内容：这是课件的主要框面部分，呈现教学内容。

说明（帮助）：为了帮助使用者使用课件，课件中应该设计一些提供如何使用课件的帮助信息的框面。

封底：最后是制作课件的人员名单框面。

一个完整的多媒体课件通常应该由上述 6 部分框面组成。

（2）多媒体课件的内容结构。多媒体课件是教学内容与教学处理策略两大类信息的有机结合。具体地讲，课件内容应该包括：向学习者展示的各种教学信息；用于对学习过程进行诊断、评价、处理和学习引导的各种信息；为了提高学习积极性，创造学习动机，用于强化刺激学习和学习评价的信息；用于更新学习数据、实现学习过程控制的教学策略和学习过程的控制信息。

课件内容的常规结构形式是由引入、指导和练习 3 部分构成。

（3）多媒体课件的信息结构。多媒体课件是用于传递信息的工具，在多媒体课件中表现教学信息主要使用 5 种符号：文本、图形/图象、声音、动画、视频。

（4）多媒体课件的控制结构。我们可以将当前多媒体课件中较常采用的内容控制结构方式归纳为如下几种，如图 5-1 所示。

1）线性结构：学生按顺序地接受信息。从上一帧到下一帧，是一个事先设置好的序列。

2）树状结构：学生是沿着一个树状分支形式展开学习活动，该树状结构由教学内容的自然逻辑关系形成。

3）网状结构：也就是超文本结构，学生的学习活动是在内容单元间自由航行，没有预置路径的约束。

4）复合结构：学生的学习活动可以在一定范围内自由地航行，但同时又受主流信息的线性引导和分层逻辑组织的影响。

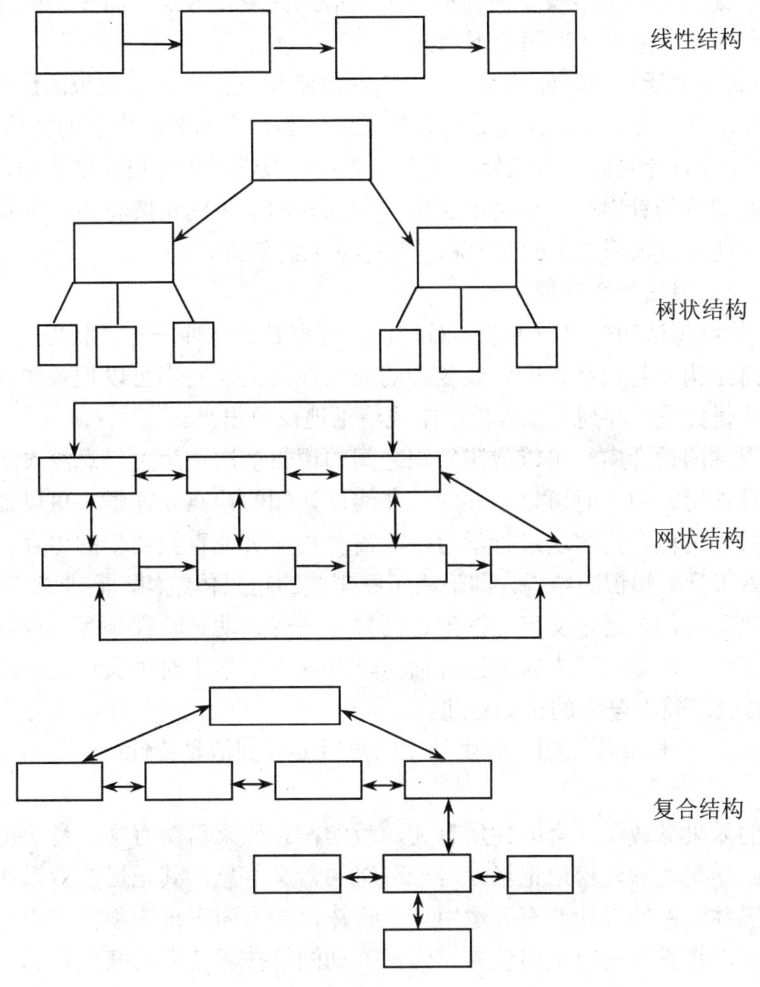

图 5-1　多媒体课件内容控制结构方式示意图

（四）多媒体课件设计的基本原则

在多媒体课件的设计过程中，要遵循教育性原则、科学性原则、技术性原则、艺术性原则等。

1. 教育性原则

（1）要充分体现教学规律。设计制作多媒体辅助教学课件，必须以教学大纲为依据，并根据教学目的与要求，发挥多媒体图文并茂、形声并举的优势来表达教学内容，最后用多媒体计算机实现交互性的运行来实施教学。多媒体课件应能对学生获取知识、发展能力、培养品德和促进健康起到良好的教育作用，有益于学生的个性发展。为了体现教学规律，应注意以下几个方面的问题：

1）教学目的要明确。既然多媒体课件是依照教学大纲编制的，就应该首先明确教学目的。为什么要编制这个课件，教学中要解决什么问题，希望达到什么目标，编制者要心中有数，有的放矢。

2）重点难点要突出。必须根据教学大纲的要求，围绕教学中的重点、难点或关键性的问题来设题立意。要充分发挥多媒体的优势，采用恰当的表现方法，将复杂问题或难点问题简单化，并在如何消化、接受和理解上下功夫。

3）教学形式要灵活。多媒体辅助教学具有传统教学方式所无法比拟的优势，其课件设计要灵活多样，要用图、文、声、像交替地表现教学内容，突出教学内容的主体。

4）教学对象要有针对性。多媒体课件是为特定的教学对象而设计制作的，其内容的选择和确定难易要有明确的针对性。要考虑到应用此课件的学生的年龄特点、知识层次水平和智力的实际情况，切忌追求形式上的时髦和视听感受上的新鲜。

（2）要充分运用认知心理规律。

1）非线性的联想认知规律。由于人对知识的处理是非线性——“联想式”的，所以，多媒体课件的信息结构应是树状、网状或复合的非线性结构，它们可以把各知识点之间的上下位概念关系、从属关系、并列关系等层次组成清晰地反映出来。

在多媒体课件的设计中，可以依照知识之间的逻辑层次作为主信息流表示出来，对学生的学习起到引导作用。但同时可以培养学生非线性认知的特点，使学生可以任意改变学习顺序，自由选择其中的任意内容块进行学习，无需一页一页地查找要学的内容。这种以时间和空间为主要线索来反映知识的结构，即形成了联想式的超媒体结构，它非常符合学生的联想、跳跃的思维方式。再加上通过文字、图形、图像、声音、动画、视频等多种媒体形式呈现知识信息，创设了情景，提供了丰富的语境信息，既促进了学生对语义信息的理解，又调动了学生的学习积极性，符合学生的认知心理。

2）记忆规律。记忆规律表明，学生加工信息时要受到信息特性、学生自身的经验及需求诸因素的影响。

学生记忆的效果与教学内容的性质有关，教学信息如果新奇有趣，易于形成独立而清晰的记忆痕迹，则学生能够轻松地记忆。对于新奇的语义信息，其记忆的效果明显优于一般的语义信息。多媒体课件的设计要充分运用这一规律，一方面突出教学内容中已有的形式新颖的信息，另一方面将重点内容运用色彩、闪烁或动画等技术使之与其他信息区别开来，或用热键、热区等方式，增强其呈现方式的新奇感和趣味性。

学生记忆的效果与学生自身的需要有关，涉及学生自身的利益、荣誉等有关信息和对学生情绪有正面激励作用的信息，学生的关注程度高，投入能量大，更易于学生轻松地记忆。多媒体课件要精心设计反馈练习，对学生已掌握的内容及时强化，给予强烈的、积极的评价性语言，从而唤起学生的荣誉感；没有掌握的知识点，评价性和提示性语言应是鼓励性的，音乐不要太夸张，最好将结论的推理过程呈现出来，以便学生对照检验，充分体现多媒体的优势。

3）认知容量与速度。学生在加工处理信息时，将其重组或再编码，组合为一些有意义的组块单位。认知心理学实验得到的公认的短时记忆组块容最为“7±2”。学生的年龄大小、信息媒体的形式都对认知速度有直接影响。

多媒体课件的设计中，要将语义信息、语境信息进行合理的组合，其呈现数目要适合学生的记忆容量。如内容过长，则应该按一定基准进行有目的的组块，如在空间距离上，相邻的、时间先后顺序相接的、外观形状上相似的、语义信息上相关的一些内容，都容易被学生组块为有意义的记忆单位，以文本显示为例，一般有换页式、移动式、滚动式和快速序列视觉呈现等方式，显示时间可以自由控制。一般情况下字数不宜过多，条件允许可将多而长的文字采用分段、块状、移动、滚动的方式呈现。若采用快速序列视觉呈现，则要考虑窗口或面积的大小，面积过大，阅读速度、记忆效率都会随之下降。

多媒体课件在内容呈现速度上，要考虑学生的年龄特征，低年级的课件的呈现速度应慢一些，知识点要少而精，可利用多媒体的优势，用图像、动画、视频等媒体多角度、多重编码呈现教学内容；在知识的广度上延伸，扩大知识面，以产生积极的联想和想象；精心设计视觉信息，为学生提供丰富的视觉表象，训练学生加工速度的提高。

（3）要充分突出启发性教学。

多媒体课件的设计要注重对学生的启发和引导，以更好地开发学生的思维和创造力。

1）兴趣启发。采用易于引起学生兴趣的视听表现形式，激发他们的求知欲望，把他们的注意力和思维活动引导到教学过程中来。例如，引导参与，让学生身临其境，积极投入教学过程；设置悬念，刺激学生的好奇心和求知欲等都是比较好的方法。

2）比喻启发。作为教学设计中一种常用而有效的表达策略，比喻可以变抽象为具体，化深奥为浅显。多媒体课件设计中要更多地利用视听表现手段的直观形象，使比喻变得更加生动，从而启发学生的联想、分析、综合、抽象、概括等思维活动，促进学生更有效地学习。

3）对比启发。通过对比，使学生能在认真思考之后，分清是非，辨明正误，启发学生的思维，加深对知识的理解，使学生获得更好的学习效果。

4）设题启发。根据教学内容，在课件中适时地、恰当地设置一些富有启发性的问题，充分调动学生的学习积极性，启发其积极思考，并及时强化。启发性问题的设置，可诱发其创造性思维，培养、锻炼其思维的灵活性、发散性、求异性和独创性。

5）留白启发。通过画面留白或解说留白，给学生的思维活动留有必要的空间和时间。画面留白要在画面简洁、主体突出的基础上，在画面组接上产生一个“空白”，可采用画面的虚化、定格、淡入、淡出等手法，给学生思维、回味的余地；解说留白的处理应让解说少而精，在问题的结论处留有足够的时间间隙，让学生思考，达到此处无声胜有声的境界。

2. 科学性原则

教学过程既要向学生传授科学知识，更应注重培养学生的科学方法。而传授科学知识的每一个过程里，也无时不体现出科学方法的重要性。在多媒体课件的设计中，应根据不同学科的具体情况，准确地阐述科学知识，并将科学方法渗透始终。

（1）知识的科学性。

1）体系严谨。首先要制定明确的教学目标，教学内容的深度、广度要与教学目标相适应；课件要把教学内容的概念、原理及应用等按其逻辑顺序合理编排；课件的体系结构要完整，脉络要清晰，层次要分明，思路要流畅；定义的表达、原理的推证、公式的导出、现象的描述要科学严密，无懈可击。

2）内容规范。概念、原理、定律要表达准确，阐释、引申正确无误；语言、文字规范；量纲符合国际标准，数据真实可靠；模拟示范要准确，操作程序要规范；图、文、声、像要有较高的真实感和可信度，要反映事物发展的内在规律，不要因片面追求图像的漂亮、词藻的华丽、声音的动听、色彩的艳丽而破坏其真实感，牺牲其可信度。

3）逻辑严谨。教学内容的表达形式要新颖多样，不落俗套；对本学科的教学内容进行充分的精化，使之更加充实而具体；选用教材的例证和逻辑推理要具有典型性和代表性，利于激发学生的思维，具有举一反三的效果；能用正确的方法解决与本课件相关的实际问题。

4）语言通俗易懂。语言、文字应通俗易懂，既不要拗口或晦涩，也不要过于流俗或直白；内容寓意要简明扼要，力求在符合真实感和准确性的前提下，将抽象的问题形象化，深奥的问题浅显化；视听元素突出其直观性，尽量少用含蓄的手法，使学生易于接受、理解和记忆。

（2）方法的科学性。

1）比较与分类方法。通过对比来找出事物之间的异同及关系的逻辑方法称为比较。人们认识客观事物，大多是通过比较实现的。比较能够帮助学生从事物的本质特征及事物间的相互联系来把握事物，从而在理解的基础上掌握知识。分类则是在比较的基础上把事物分成不同种类或等级的逻辑方法。分类方法可以把大量无序的知识内容系统化、条理化，形成知识的逻辑体系，便于知识的理解和掌握。

2）归纳与演绎方法。根据大量已知的事实总结出一般性结论的逻辑推理方法称为归纳，归纳是从特殊到一般的推理方法。归纳的逆向思维方法称为演绎，这种方法在提出假说、预测未知等方面具有很好的功效，应用归纳和演绎方法可以高效率地提炼主题、找出重点、突破难点。

3）分析与综合方法。分析是把所研究的事物分解为若干部分，把复杂的问题分解为若干因素，把复杂的过程分解为若干步骤，然后逐次研究并揭示其本质和规律的逻辑方法。分析的逆向过程是综合，它是把所研究的各个相互联系的部分、因素等联系为一个整体进行研究的逻辑方法。

4）演示与实验方法。演示和实验是教学过程中不可缺少的重要环节，是一种最有效的教学方式。演示和实验可以使学生获得多方面的能力。在多媒体辅助教学中，学生虽不能亲自动手实际操作，但通过对现象的观察及操作程序的练习，可以引导其积极思维，激发其创造力。

5）模拟与仿真方法。模拟与仿真是一种新型的科学方法和手段。在多媒体教学中，利用多媒体计算机可以构建一种逼真的视听空间，通过直观的形象，帮助学生理解和掌握复杂的概念和原理，从而增强教学效果。当然，真实性是模拟与仿真的前提，它必须符合科学原理及事物发展规律。

3. 技术性原则

多媒体课件设计水平的高低，技术上的因素十分重要。要在课件的视觉表现、听觉表现、运行环境、操作界面等方面充分考虑其技术性要求。

（1）视觉元素的技术性。对视觉元素的具体要求有：画面清晰稳定，构图均衡合理，色彩清新明快，画面播放流畅。

1）画面清晰稳定。过渡光滑，既要充分发挥画面组接手段的作用，又不能滥用技巧。要使画面无扭曲、无抖动、无闪烁、无跳跃等。

2）构图均衡合理。在充分表达主题内容的前提下，做到主体突出，画面均衡，结构合理，视点明确，虚实得当，动静结合，错落有致，富有节奏。

3）色彩清新明快。要充分发挥多媒体色彩丰富的优势，但不可滥用色彩，以免给人眼花缭乱的感觉。色彩搭配既要使主体相对突出，又不要使其对比过于强烈，要给人以清新明快的色彩感受。

4）画面播放流畅。由数字摄像系统及相关的制作系统获得的视频动态画面，或由计算机产生的一系列连续画面组成的动画，其播放效果要考虑人的视觉心理和生理规律。一般应达到每秒不少于 25～30 帧，才能获得流畅的视觉感受。

（2）听觉元素的技术性。对听觉元素的具体要求有：解说清晰准确，音响恰当逼真，配乐紧扣主题，声音组合协调。

1）解说清晰准确。语言规范，与教学内容同步。语调亲切、语速适中、音色优美的解说能给学生以亲切感和启发性。

2）音响恰当逼真。音响效果作为一种声音信息，在课件中起着渲染气氛、创设情景的作用，它可以帮助学生丰富感知，建立表象，增强真实感，扩大表现力，发展想象力。

3）配乐紧扣主题。配乐作为一种富有艺术表现力的形象化语言，可以烘托环境、渲染气氛、调节情绪、刻画心境、组接画面。

4）声音组合协调。作为听觉元素的有机组成部分，解说、音响、配乐各有其功能，解说词要达意，音响声要写实，音乐声要传情。这里面最主要的是解说，其次是音响，最后才是配乐。配乐一般只是解说的必要补充，当配乐出现在解说之前时，起着交代环境、描绘景象的作用；音乐出现在解说之后，则延伸了解说的语意，表达了解说难于表达的意境；配乐与解说同时出现，配乐音量不要过高，旋律上要与解说协调一致。

（3）运行环境的技术性。对多媒体课件的运行环境方面的要求是：运行可靠，适应性强；易于操作，可控性好。

1）运行可靠，适应性强。要做到课件的开发环境与运行环境无关。

2）易于操作，可控性好。在多媒体课件的运行中，要根据教学内容的需要，通过简单的操作，顺利完成一些控制，例如，能连续自动顺序播放全部教学内容；能针对个别化教学需要，有选择地播放指定的教学内容；对重点和难点，能进行反复循环播放；在教学过程需要暂时中止时，能暂停课件播放，并可按任意键继续；教学过程结束时，能及时返回上一级菜单；展现某一变化过程细节时，能进行逐帧播放；针对某个教学重点逆行重播时，能进行定帧播放等。

（4）操作界面的设计。对多媒体课件的操作界面的设计要求是：操作简便，界面合理。

1）操作简便。在设计多媒体课件时，要考虑使用课件的师生多是非计算机专业人员，要尽可能把启动和运行设计得简单些。课件的安装程序不要设计得太复杂，最好是程序自动安装，甚至是无需安装、直接运行或自动运行。程序操作时最好能使用鼠标和键盘双重操作且互相兼容。为方便课件各个层面的操作，课件还应设置必要的在线帮助、提示信息。

2）界面合理。在课件设计中，操作界面应设计的生动直观、使用方便、易于掌握。应多设计一些图标、按钮、菜单、关键字、热区等交互功能元素，通过键盘、鼠标、触摸屏等实现顺序操作、分支选择、问题解答、翻页及滚屏等交互操作，使操作者能在轻松、愉快的环境下，完成教学过程。

4. 艺术性原则

多媒体课件要具有丰富的表现力和感染力，应能激发学生的情感，引起学习动机，提高学生的审美情趣。这就要求课件设计要在科学性的前提下，采用完美的艺术形式表现教学内容。

（1）认知过程与审美心理。审美心理体现在学生的感知、情感、理解、想象等活动之中。

1）感知。感知是人们理解和想象的基础，包括感觉和知觉。当学生对某些色彩、画面或声音加以感受时，会不经意地从中获得愉快的感觉，这些便是美感的基础和出发点。

2）情感。伴随着人们的知觉活动可以产生知觉情感，在一种自然和谐的状态下得到的知觉情感便有了审美的意义。人们的审美情感其实就是在其意志、思想、想象等各种心理要素活动起来以后达到的兴奋状态。

3）理解。审美的理解有 3 个层面。首先是把生活中的事件、情节、感情与艺术中的事件、情节、感情以及审美态度区别开来；然后是对审美对象的题材、技巧、程式等方面的理解；最后，也是最重要的，是把握形式中融入的“意味”的直观性。

4）想象。在审美活动中首先是知觉与想象，即面对美丽的自然风光或动人的艺术作品，愉快的心境与之融合时，激发出来的想象活动；审美活动中的更高境界的想象是创造的想象，它是通过大量的观察和丰富的经验，以无数次感知为基础，加上人们的情感和才干才能产生的。

（2）课件设计的艺术处理。一个好的教师既是一名演员，更是一名导演，其讲课过程和教学方法充满了艺术美，使学生获得充分的艺术享受。对于精心设计的多媒体课件，其艺术美应以形象美、声音美等表现形式贯穿始终。

1）形象美。按照审美心理规律和教学原则，把抽象的科学概念、原理等知识，运用艺术手段转化为图文并茂、妙趣横生的教学内容，这便是形象美。形象美包括图形美和色彩美。

图形美表现在画面构图等方面。不论画面构图的主体对象是什么，其准确、规范、鲜明、真实性是第一位的。作为科学内容与艺术形式的完美结合，画面构图必须符合审美规律，应做到画面艺术形象、协调完整、主题突出。

色彩美是艺术美的重要组成部分，色彩美可以使学生在学习过程中获得美的享受，在美的陶冶中提高情趣，得到更好的感知和理解。色彩美与教学内容密切相关。根据教学意境，该明快的明快，该低沉的低沉，应用不同色调表现不同的主题和内容，创设不同的意境，塑造不同的形象。

2）声音美。声音美包括音乐美和语言美。音乐美最能激发和表现人们的情感，它是运用音响的节奏和旋律来塑造形象的艺术表现手段。在多媒体课件设计中，应充分发挥音乐的艺术魅力，用美妙的音乐陶冶学生的情操，让学生在美的旋律中探求知识的奥秘。同时，恰当地使用音响又能增强画面形象的表现力和真实感，利于学生认识客观事物的内在规律。

语言美主要体现在解说中。作为一种艺术语言，解说具有形象的思维特征，它可以补充画面的内容。生动形象、准确精炼的解说，在让学生正确地理解教学内容之外，也会启发他们的想象力。语言美还表现在解说技巧的美，语调抑扬顿挫，声音娓娓动听，使学生受到强烈的感染，在注意力高度集中情况下获得更多的知识。

五、多媒体课件的开发过程

多媒体课件的制作过程主要包括课题选择、多媒体课件设计、稿本的编写、媒体素材准备、媒体课件集成和多媒体课件的使用与评价等步骤。

（一）确定课件题目（选题）

多媒体课件的选题应考虑多方面的因素。首先，多媒体课件的选题应围绕教学的重点和难点内容，以及对于那些传统教学难以奏效的教学内容，可以通过计算机动画模拟或局部放大、过程演示等手段予以解决，能起到极好的效果。其次，结合多媒体课件运行速度快、信息存储量大的特点，在需要大量练习的学习中也可采用多媒体课件来学习。再有，在需要创设情景的教学（学习）中，也可采用多媒体课件来教学（学习）。总之，多媒体课件的选题一定要以满足教学需要，发挥多媒体特长为前提。

（二）多媒体课件设计

多媒体课件设计包括多媒体课件的教学设计和多媒体课件的结构设计两方面，是多媒体课件制作的关键所在，是多媒体课件制作的总体思路。

（三）稿本编写

多媒体课件设计工作完成后，应在此基础上编写出相应的稿本，作为制作多媒体课件的依据。规范的多媒体课件稿本，对保证软件质量水平，提高软件开发效率，将具有积极的作用。因此，多媒体课件的稿本编写，是多媒体课件研究和开发工作中的一项重要内容。由于多媒体课件的设计主要包括教学设计和软件的系统设计，所以分别用文字稿本和制作稿本两种形式进行描述。文字稿本应在系统分析阶段完成，确定立项以后，由项目负责人和内容专家（有经验的学科教师）联合编写给出。它将是此后各步工作的主要依据。通常情况下，对课件进行项目分析和教学设计的过程也就包括了文字稿本的编写过程，或者说，文字稿本是对课件项目分析和教学设计结果的文字表述。

在完成了对课件的教学设计和软件系统结构设计以后，应该由专门的稿本编写人员按照设计阶段的思想和原则并结合计算机的编程技术把由内容专家提供的文字稿本改写成软件制作稿本（即制作稿本），以实现教学思想、教学经验与计算机技术的统一和结合。

（四）多媒体素材准备

开发人员根据稿本的安排，收集、创作完成教学内容的多媒体呈现所需要的各种媒体素材，如文本编辑、录音、创作乐曲、扫描图像、数字动画、影像采集等，并以一定的格式存储文件（具体的获取、处理、制作方法，请参考第四章）。

（五）多媒体课件集成

按照脚本要求，根据多媒体课件表现的内容和形式，选择适当的多媒体创作工具或运用编程的方法，进行多媒体课件编制，对各种媒体素材进行剪辑、加工、合成，并链接各帧，最后在不同型号的计算机上反复运行程序，模拟用户进行调试和试运行，发现问题及时修改。制作课件常用的方法有 3 种：

（1）利用多媒体课件开发专用软件包制作。专用软件包对所开发的课件针对性强，既考虑到开发效率，又能满足特定的需要。但这种软件包灵活性较差，通常只能开发某一类课件，适应面窄，如几何画板等。

（2）利用通用计算机语言开发。能开发多媒体课件的通用计算机语言有 Visual Basic、Visual C++、Delphi 等。用这些语言开发课件灵活性强，适应范围广，能解决用户提出的几乎所有问题，但掌握语言较难，编程工作量大，开发周期长。

（3）用多媒体写作工具开发。多媒体写作工具是一种面向非计算机专业人员制作多媒体课件的工具软件，比较常用的有 PowerPoint、Authorware、Toolbook、Director、方正奥思、宏图等。这些软件都是一些集成度很高的软件包，它们避免了程序的编制，用近乎文字处理的方式编辑多媒体素材，因而即便一些只对计算机稍有基础的人员经过短期培训，也能独立制作适合教学需要的多媒体课件，开发效率较高。

在多媒体课件开发中，综合采用以上各种方法，以多媒体写作工具为主，结合工具软件对所需素材进行剪辑、创作，适当采用面向对象和自上而下的程序设计方法，是一种高效、快速地制作各种多媒体课件的有效方法。

（六）多媒体课件的使用与评价

多媒体课件编制完成后将其投入实际教学中使用，检测多媒体课件实际使用效果，根据实际运行中存在的问题，反复修改，直到满意为止。最后，根据实际情况，可将数据量小的多媒体课件制成软盘，数据量大的软件刻录成光盘，并设计光盘的封面、封底，提供必要的操作指南等，以便进行推广应用和发行。

六、多媒体课件开发案例

下面以利用 PowerPoint 2003 开发小学语文“第八课 小猴子下山”多媒体课件为例，熟悉多媒体课件开发的基本过程，并熟悉 PowerPoint 的基本应用。

（一）选题：小学语文 “第八课 小猴子下山”

（二）多媒体课件设计

（1）教学设计基本思路：综合考虑体现小学语文听、说、读、写能力培养目标，并根据小学生特点，尽量以直观、生动的画面激发小学生学习兴趣，同时，在教师的引导和相关情景提示下，充分调动学生的主动性，积极动脑、动手，以达到教学目标要求（以上思路在本例“稿本”备注栏中作了简单标注，以供参考）。

（2）课件结构设计基本思路：本课件主要用于辅助教师课堂教学，所以结构上以教师教学设计流程为依据，利用 PowerPoint 制作以线性结构为主的多媒体课件（演示型）。

（三）稿本编写

根据多媒体课件教学设计编写稿本如下：

第八课　小猴子下山 教案

教师： 田 斌　　　　**设计时间：** 2010 年 6 月 6 日

课题	小学语文 第八课 小猴子下山	适用学生	小学一年级	课时安排	2
教学目标	1. 学会 8 个生字、词 2. 能熟练朗读课文、理解句子 3. 懂得做事情要有明确的目的，要有始有终，有恒心，而不应这山望着那山高				
教学重点、难点	1. 能读、写，并在适当的语言环境中运用 8 个生字、词 2. 能概括小猴子为什么一无所获				
课前准备（布置预习准备及多媒体等）	1. 多媒体教室 2. 课件				

教学过程设计（教师活动、使用媒体、学生活动）

步骤	教师活动	使用媒体	学生活动
1	教师：“今天我们先听一个小猴子下山的故事。” 课件演示	课件：“小猴子下山”音频与同步故事情节图片	边看故事情节图片边听故事

续表

2	教师："刚才我们听了小猴子下山的故事，看看哪位同学能看着这几幅图片用自己的话生动地讲这个故事给其他的同学听？" 课件演示 指定学生	课件：故事情节图片按故事发生顺序飞出，并标注相关词	看图用自己的话讲述"小猴子下山"的故事
3	教师："刚才我们听了小猴子下山的故事，那么我们能不能把这个故事写下来呢？来，我们一起写下这个故事，不会写的字、词可先用拼音代替，一会儿，告诉老师，我们学会后，你再把它们加到拼音后面" 课件演示	课件：以关键词提示情节，箭头表示出情节发生顺序	看提示，写故事
4	教师："请同学们把你们刚才只能用拼音标注的不会的字、词告诉老师，我们一起学习，学会后，加到我们刚才写的故事中。 课件演示，并结合课件分析生字的写法	课件：生字、拼音、标准读音	跟读，并把生字写入自己的故事
5	教师："请同学们想一想，小猴子最后为什么一无所获？如果你是这只小猴子，你会怎么做？故事告诉我们一个什么样的道理？" 课件演示 组织小组讨论	课件：故事情节图片。突出最后"为什么一无所获？"	讨论，得出结论，并推选代表阐述小组的基本观点
6	教师与学生一起对故事进行概括和总结	课件或板书： 课文概要： 第一段讲的是小候子掰了个玉米。 第二、三、四段讲的是小候子扔了玉米摘桃子，扔了桃子摘西瓜，扔了西瓜追兔子。 第五段讲的是兔子不见了，小猴子只好空手回家。 课文中心思想：课文讲的是小猴子下山，看见许多喜欢的东西，它扔了这个去抓那个，结果什么也没得到的故事。 启示：告诉人们做事要有明确的目的，要专一，有始有终，而不应这山望着那山高，否则将一事无成	与老师一起对故事进行概括和总结

续表

7	教师："下面，我们请一位同学讲故事，一位同学扮演小猴子配合表演。故事讲解的同学请注意相关描述的语气、语调和用词，表演的同学请注意相关表情和动作。" 课件提示后关闭或黑屏投影	课件： 讲述者： 玉米（又大又多） 桃子（又大又红） 西瓜（又大又圆） 小兔（蹦蹦跳跳） } 非常高兴 表演者： 表情（非常高兴） 动作（掰、扛、扔、摘、追）	代表一：讲 代表二：表演
8	教师："请同学们课后想象，并写出小猴子回家后与妈妈的对话；第二天，小猴子又下山了，这次发生了什么事？续写小猴子下山的故事交给我，我们比一比谁写得好。" 课件布置作业 结束课程	课件：作业 请想象，并续写"小猴子下山"的以下内容： 1. 小猴子回家后与妈妈的对话； 2. 第二天，小猴子又下山了，这次发生了什么事？	记作业后下课

（四）多媒体素材准备

按多媒体课件设计需要，新建文件夹，并按媒体类型分类，利用第四章相关知识准备素材，如图 5-2 所示。

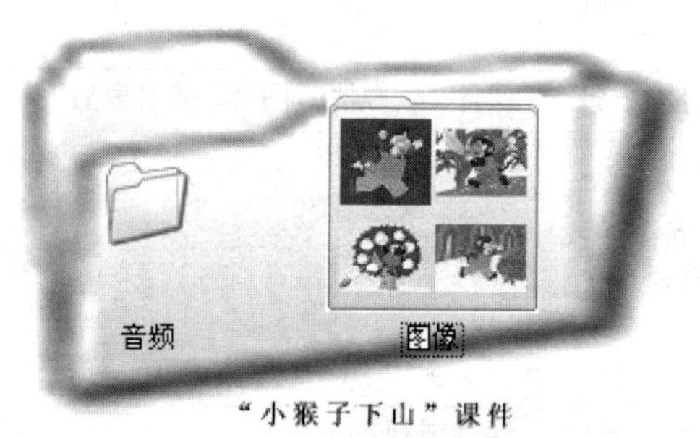

图 5-2 素材文件夹

（五）多媒体课件集成

本例根据教学设计需要，制作辅助教学应用的课堂演示型课件，选择使用 PowerPoint 2003 软件作为多媒体课件集成工具。

PowerPoint 是 Windows 平台下的应用软件，它是 Microsoft Office 系列软件的重要成员之一。PowerPoint 是按时间的先后顺序来演示多媒体课件中的"幻灯片"。整个课件由许多"幻灯片"组成，每张"幻灯片"中可方便地整合我们的素材（文字、图形、图像、声音、视频等）。根据这样的特点，在利用 PowerPoint 开发课堂演示型课件时，可把"幻灯片"顺序对应教学流程设计，把"幻灯片"中各类媒体素材的整合对应教学方法设计的思路进行开发，如图 5-3 所示。

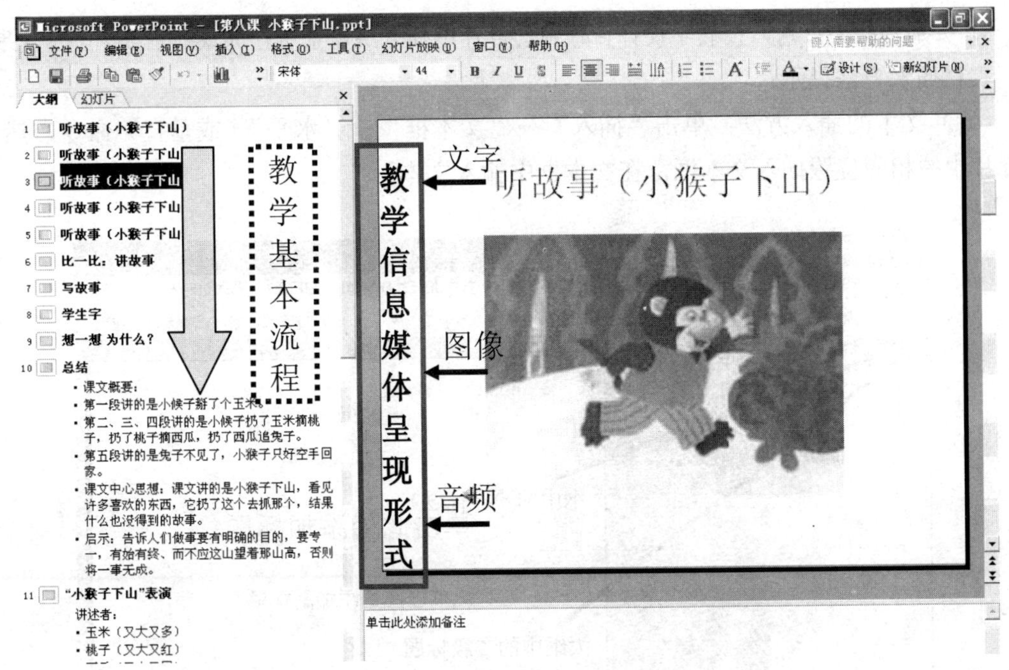

图 5-3　利用 PowerPoint 开发课件中的对应关系

考虑开发效率问题，建议按以下步骤开发：

（1）教学流程（与幻灯片序号对应）。

（2）每一教学步骤中的教学方法（以某媒体信息形式或某几种组合形式对应）。

（3）考虑媒体信息的呈现方式（自定义动画）、步骤间的切换方式（幻灯片切换设置）和交互设置。

（4）美化课件。

（5）细节调整、完善。

下面具体进行介绍。

1．创建空白演示文稿

创建演示文稿有两种方式，可以利用“内容提示向导”进行制作，也可以利用“空演示文稿”进行创建。在实际制作中，通常都是从空白的演示文稿出发开始进行设计的。在创建空白演示文稿的过程中，可以在幻灯片中充分使用颜色、字体版式和其他一些样式特性。因此，创建空白演示文稿对于制作多媒体课件来说具有很大程度的灵活性。创建空白演示文稿可通过单击“文件”→“新建”命令创建或通过“新建”按钮创建。创建空演示文稿后进入编辑模式，如图 5-4 所示。

2．按教学设计流程制作幻灯片系列（如图 5-5 所示）

方法提示：

（1）单击幻灯片“占位符”或“大纲”输入标题。

（2）单击“插入”→“新幻灯片”命令（或插入新幻灯片的快捷图标）进入下一张幻灯片，如图 5-6 所示。

3. 分别选择幻灯片，按教学设计在每张幻灯片中插入所需素材，完成如图 5-7 所示效果素材插入方法提示：

（1）文本的插入方法：单击“插入”→“文本框”→“水平”（或垂直）命令，然后在幻灯片中的相应位置插入文本框，在文本框中输入文本。

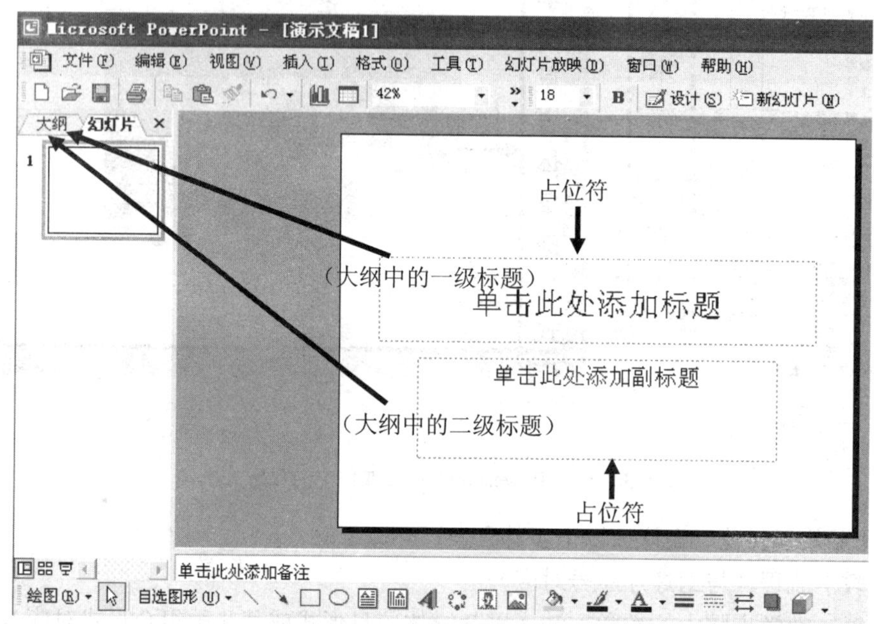

图 5-4　PowerPoint 编辑窗口

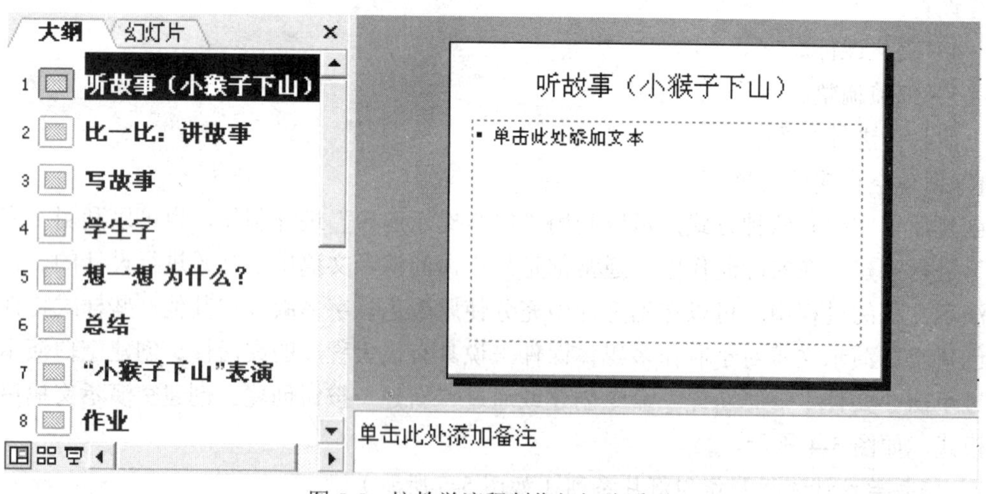

图 5-5　按教学流程制作幻灯片系列

（2）图像、影片、声音的插入方法：单击“插入”→“图片”（或“影片和声音”）→“来自文件”（或“文件中的影片”、“文件中的声音”）命令，如图 5-8 所示，然后在打开的对话框中选择相应文件。

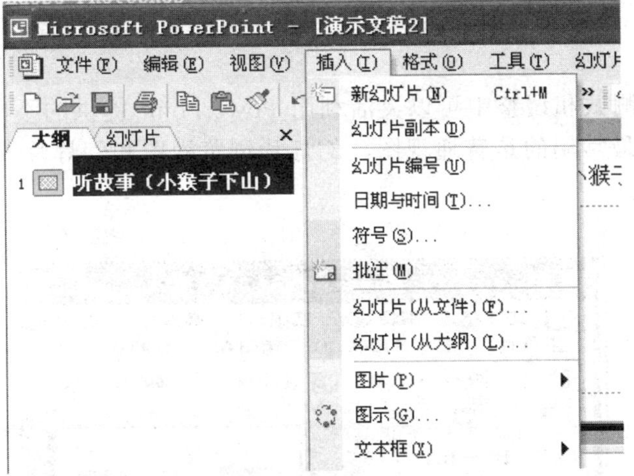

图 5-6 插入新幻灯片

图 5-7 插入素材后的课件

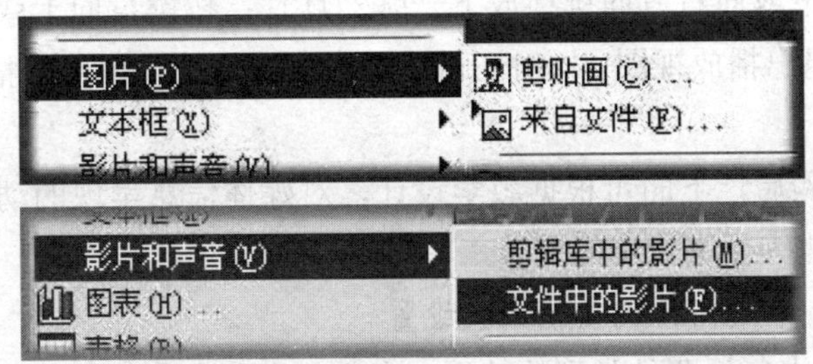

图 5-8 图片、影片和声音的插入方法

至此，"第八课 小猴子下山"课堂演示型课件的基本原型已经基本出现，可进行初步测试和调整。

在课件制作、测试和调整中可以灵活利用 PowerPoint 提供的不同视图，方便课件制作、查看和调整，最常用的是普通视图、幻灯片浏览视图和幻灯片放映视图 3 种，如图 5-9 所示。

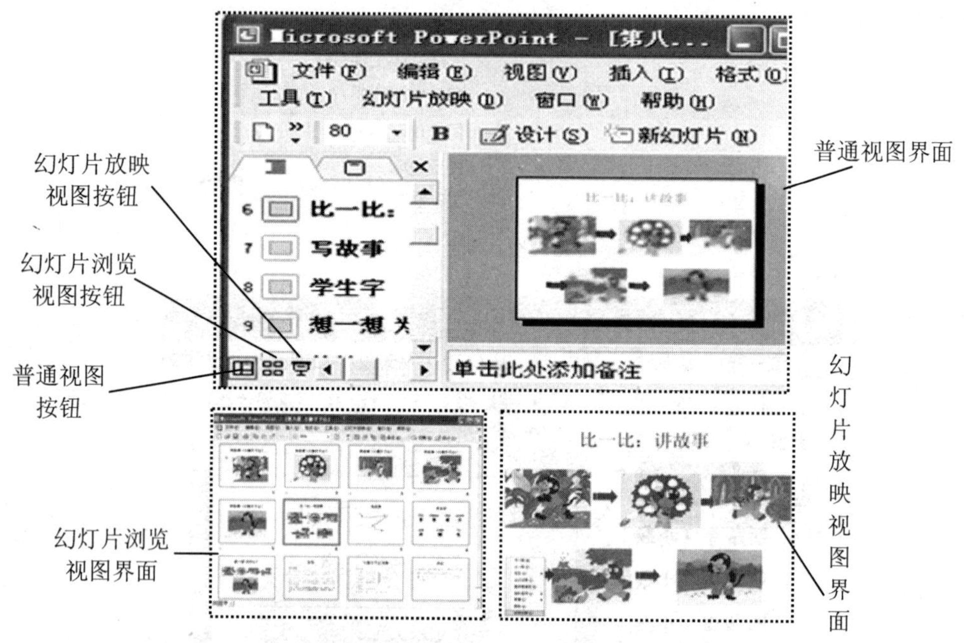

图 5-9 PowerPoint 中的 3 种视图

视图应用相关技巧提示：

（1）普通视图：在大纲和幻灯片中都能方便地进行标题（占位符中的内容）的编辑修改；幻灯片中方便多媒体对象的整合（插入、删除、位置调整等）；大纲中可上下拖动幻灯片重新调整幻灯片顺序，以及删除幻灯片，在选中的幻灯片下面插入新幻灯片等。

（2）幻灯片浏览视图：方便浏览课件总体情况；拖动幻灯片可调整顺序等。

（3）幻灯片放映视图：在普通视图或幻灯片浏览视图中选中某张幻灯片，转换至幻灯片放映视图，可从将当前幻灯片进行放映，方便查看实际放映效果；放映时单击幻灯片空白处或按键盘空格键、向下或向右方向键播放下一张幻灯片；按键盘向上或向左方向键播放上一张幻灯片，按 Esc 键退出播放视图，同时还可以单击屏幕左下角出现的播放选项，执行相关播放操作。

完成以上制作步骤后，下面可根据教学设计，对媒体信息呈现的动画、幻灯片切换、超链接和课件界面的美化等作进一步的完善。

4. "自定义动画"和幻灯片的切换方式设置

PowerPoint 2003 中包括两种类型的动画：自定义动画和翻页动画。自定义动画主要是对幻灯片中的各个对象（文本、图形、声音、图像、图表和其他对象）设置的动画。翻页动画是对幻灯片切换时给整张幻灯片设置的动画。另外，在给幻灯片设置动画时还可以使用系统自带的动画方案，动画方案相当于动画模板，在每个动画方案中都设置好了一系列的动画，包括对文本的动画、对幻灯片翻页的动画等。通过动画设置可以让幻灯片突出重点、控制信息的流程，并提高演示文稿的趣味性（如本例中考虑为突出故事情节发展顺序，设置故事情节图片按情节顺序出现的动画效果）。下面具体学习设置动画的方法。

（1）设置自定义动画。为对象添加动画效果时，首先选中需要添加动画的对象，然后设置自定义动画，设置好动画效果后，可对动画速度、声音等选项进行进一步设置。PowerPoint 2003 提供了丰富的动画效果，如图 5-10 所示。

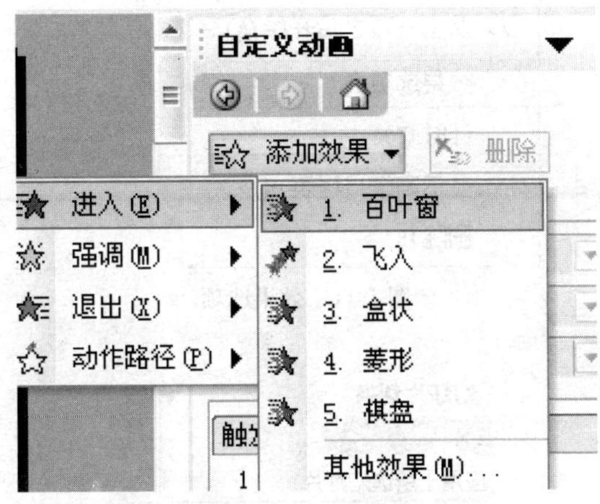

图 5-10 自定义动画窗口

1）进入，即设置对象进入幻灯片的方式。

2）强调，即为了强调对象内容，以引起观众注意而为对象设置的动作方式。它可以使已经存在于幻灯片中的对象做出各种动作，甚至可以改变对象的大小、形状、颜色和字体等。

3）退出，即设置对象退出幻灯片的方式。

4）动作路径，即设置对象的行动线路。该选项不仅提供了多达数十种的路径选项，而且还允许用户对这些路径进行修改或是自定义直线、曲线、任意多边形和自由曲线的路径。可以根据放映过程的需要，在单击时，或单击前后启动动画效果。

（2）对所添加动画的其他设置。单击已添加动画效果对象下拉菜单可进一步设置对象的播放速度、声音选项、动画的文本效果等设置，如图 5-11 所示。

（3）幻灯片切换。

1）为演示文稿添加切换效果。为演示文稿添加切换效果，可以在“幻灯片切换”任务窗格中进行设置。

2）选择切换效果。在“修改切换效果”列表框中选择切换效果。切换效果包括切换声音效果、切换速度等选项，如图 5-12 所示。

（4）动画方案。在 PowerPoint 2003 中，增加了“幻灯片放映”→“动画方案”这一选项，利用它可以在为幻灯片选择切换方式的同时，自动对幻灯片的标题文本框和正文文本框设置动画。对于那些对象较少的幻灯片，采用这种方法也可以达到较好的效果。

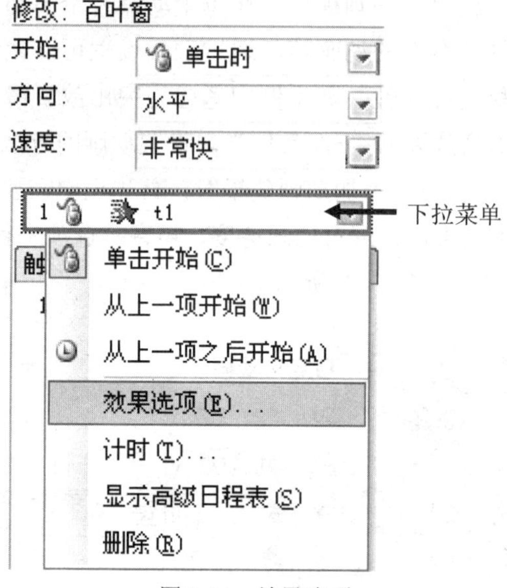

图 5-11　效果选项

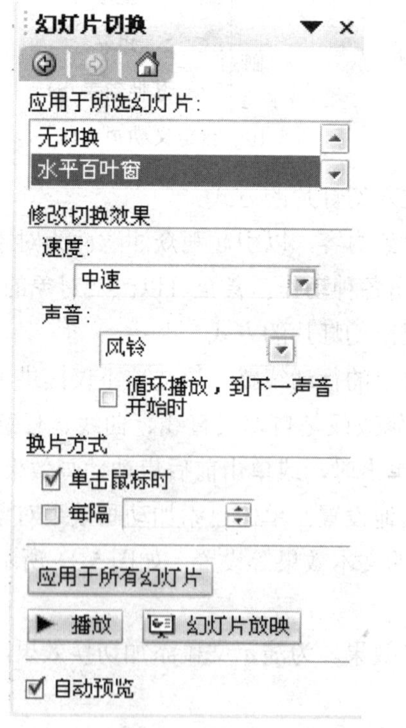

图 5-12　设置幻灯片切换方式

5. 交互设置

PowerPoint 2003 提供了动作设置、超链接和触发器等几种交互方式。

（1）动作设置。在幻灯片中，先选择用于创建交互动作的文本或图片等对象，然后右击，在弹出的快捷菜单中选择“动作设置”命令，在动作设置选项卡中，PowerPoint 2003 提供了“单击鼠标”和“鼠标移过”两类操作，可分别实现对象的“超链接”、“运行程序”、“播放声音”等动作，如图 5-13 所示。

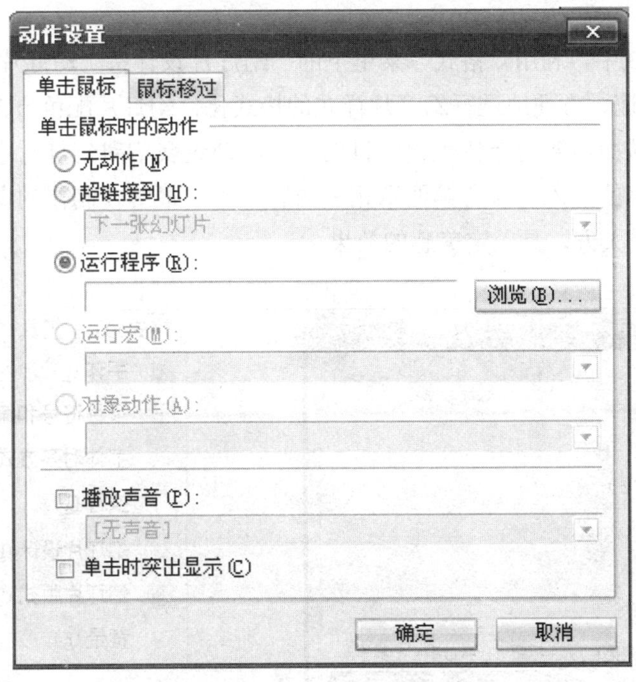

图 5-13　“动作设置”对话框

（2）超链接。选中幻灯片中要链接的对象（文本、图片等），然后右击，选择“超链接”命令后将打开“插入超链接”对话框（如图 5-14 所示），在这里可设置链接到本文档中的某一幻灯片或链接到最近打开过的文件、网页、电子邮件地址等。

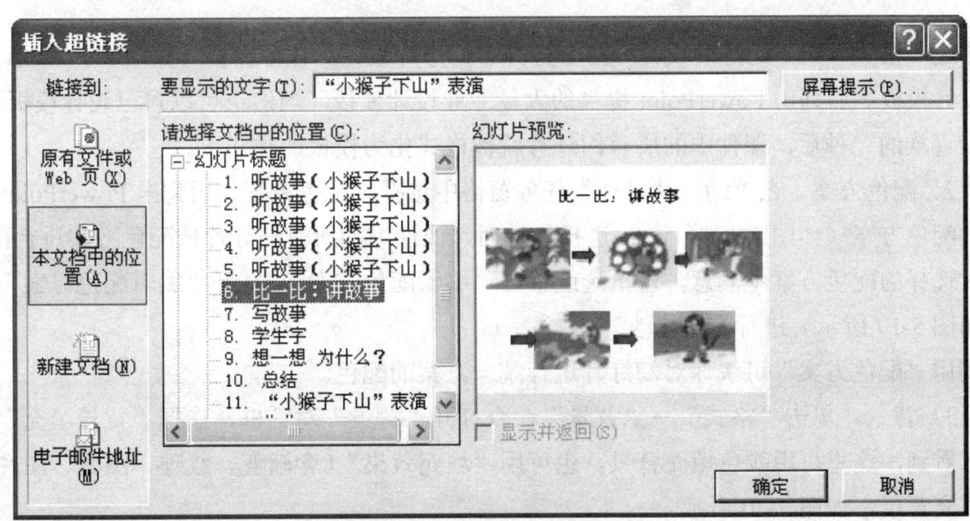

图 5-14　“超链接”设置对话框

（3）触发器的应用。触发器类似于 Authorware 多媒体创作软件中的热对象、按钮、热文字等，可在“百叶窗”对话框中的“计时”选项卡下的“触发器”中选择一个对象，如图 5-15 所示，当幻灯片播放时，单击该对象，就可执行动画。

6. 课件的美化

PowerPoint 2003 中，利用“格式”菜单下的“幻灯片设计”、“幻灯片版式”、“背景”（如图 5-16 所示）可快速、方便地进行幻灯片样式的格式化，幻灯片配色方案的调整和幻灯片背景的填充等工作，从而达到对课件美化的目的，同时通过我们对幻灯片中各对象位置的精心安排或辅助以艺术字的插入（参考第四章相关内容）等，最终使制作的课件在感观上达到风格协调统一，美观、大方，具一定美感的效果。

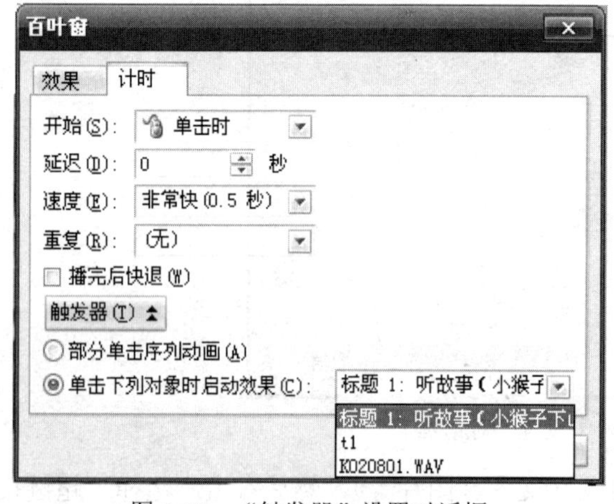

图 5-15 “触发器”设置对话框

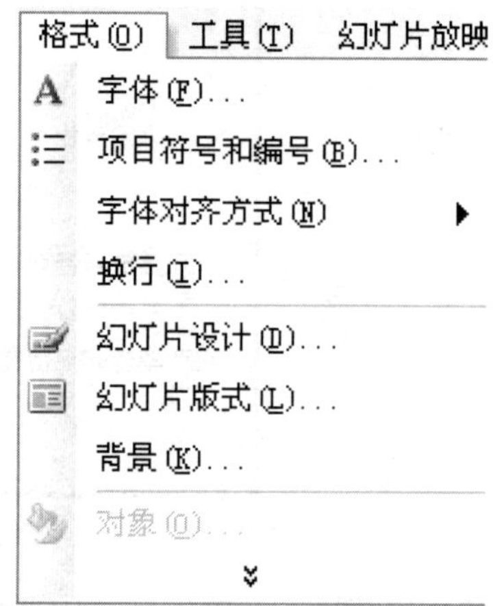

图 5-16 PowerPoint 2003 中的“格式”菜单

（1）设计模板。利用设计模板可方便地统一幻灯片样式，使整个课件在画面效果上协调、统一。

单击“格式”→“幻灯片设计”命令打开“幻灯片设计”任务窗格（如图 5-17 所示），选择“设计模板”后列出 PowerPoint 提供的大量专业设计模板（当然也可以自己设计模板），选择我们喜欢的一种后，课件中的所有幻灯片就被格式化为模板的样式了。

（2）配色方案。在“幻灯片设计”任务窗格中选择“配色方案”后列出 PowerPoint 提供的几种配色方案（如图 5-18 所示），选择一种后，课件中的所有幻灯片按配色方案进行配色，如果对选择的配色方案不满意，可重选或单击“编辑配色方案”，打开“编辑配色方案”对话框（如图 5-19 所示）进行方案修改。

利用“配色方案”可快速对幻灯片进行统一方案的配色。

（3）背景。单击“格式”→“背景”命令打开“背景”对话框，选择“背景填充”下拉菜单可看到，这里可用颜色填充背景，也可用“填充效果”（含渐变、纹理、图案、图片选项卡）填充背景，如图 5-20 所示。

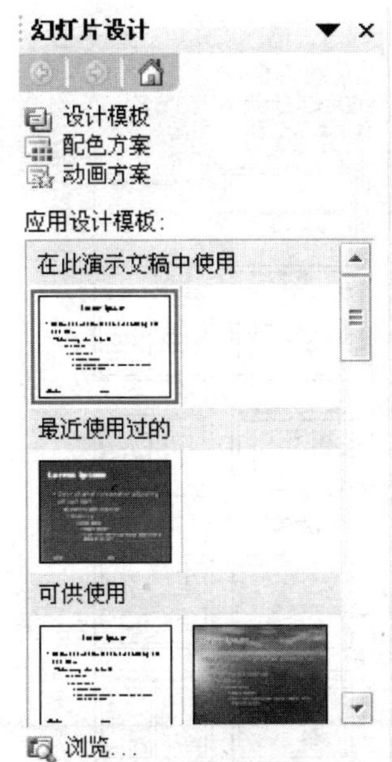

图 5-17 “幻灯片设计”任务窗格

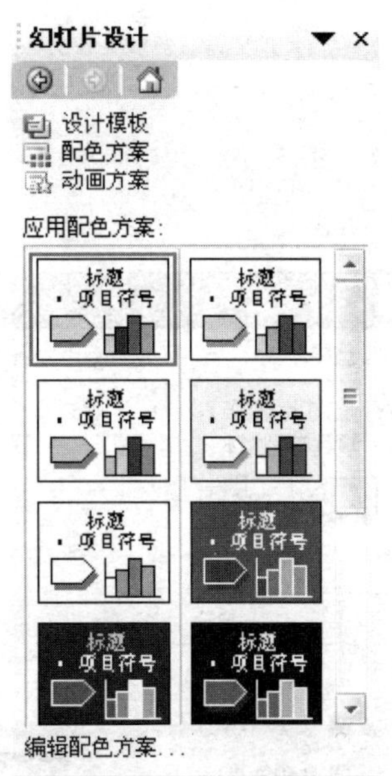

图 5-18 幻灯片“配色方案”任务窗格

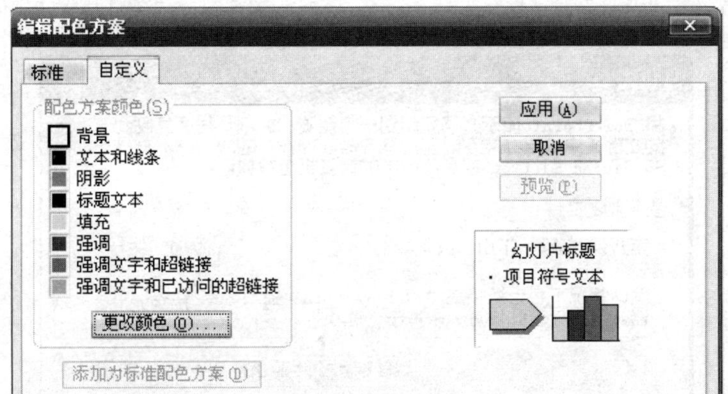

图 5-19 “编辑配色方案”对话框

利用“背景”菜单可方便地利用单色、渐变色、PowerPoint 提供的纹理和图案以及图片文件填充幻灯片背景，可运用于单张幻灯片或全部幻灯片。

（4）幻灯片版式。单击“格式”→“幻灯片版式”命令，打开“幻灯片版式”任务窗格，如图 5-21 所示，可利用 PowerPoint 2003 提供的众多版式，为幻灯片布局。

7. 打包

课件完成后保存默认格式为 .ppt 文件，可在 PowerPoint 的环境下运行。如果希望课件运行不受 PowerPoint 的环境限制，可打包为可执行文件（.exe 文件）。打包可以方便用户携带并传送演示文稿。操作步骤如下：

（1）单击“文件”→“打包成 CD”命令，打开如图 5-22 所示“打包成 CD”对话框。

（2）单击“打包成 CD”对话框中的“复制到文件夹”选项，打开如图 5-23 所示“复制到文件夹”对话框。

图 5-20 “背景”对话框

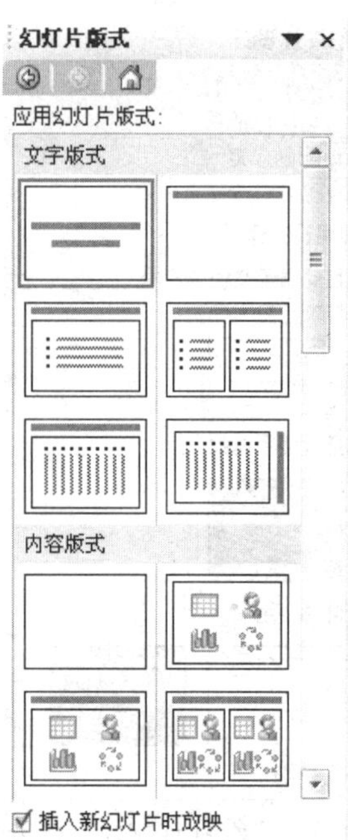

图 5-21 “幻灯片版式”任务窗格

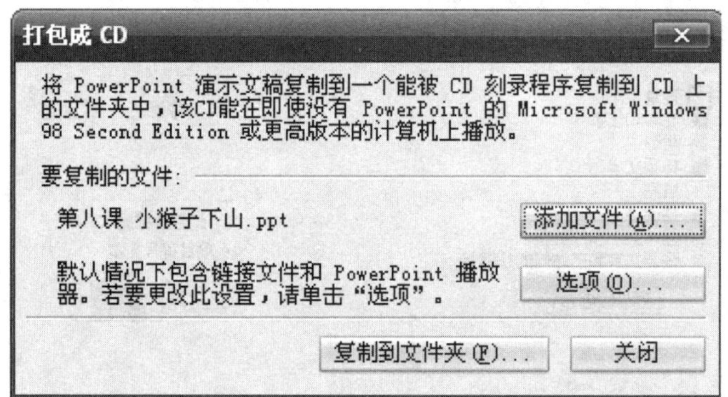

图 5-22 “打包成 CD”对话框

（3）在“复制到文件夹”对话框中输入文件夹名称，通过“浏览”选择保存位置，然后确定，打包完成。

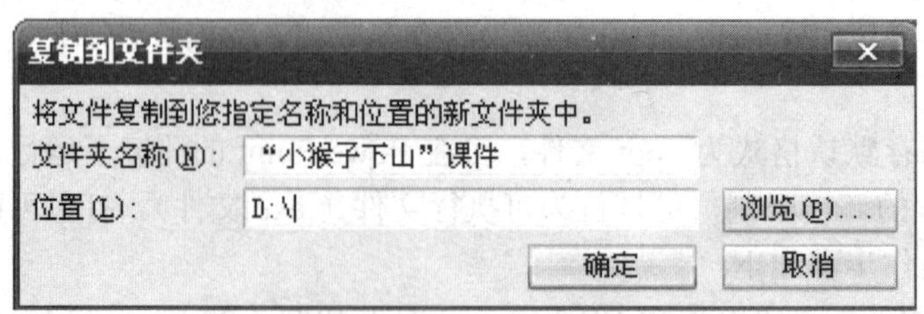

图 5-23 “复制到文件夹”对话框

打包后可在保存位置找到打包文件夹，打开此文件夹如图 5-24 所示，其中文件 pptvlew.exe，就是刚才打包后的文件。此文件可在没有 PowerPoint 的环境下运行课件。

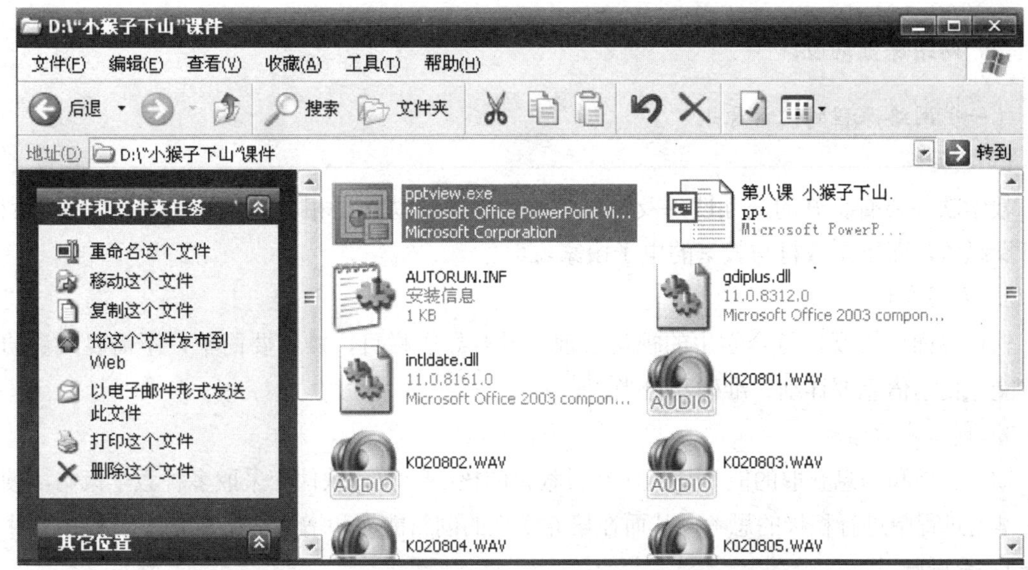

图 5-24　打包后的文件夹

第三节　网络课程的设计与制作

一、网络课程简介

（一）网络课程的概念

网络课程是通过网络表现的某门学科的教学内容及实施的教学活动的总和，它包括两个组成部分：按一定的教学目标、教学策略组织起来的教学内容和网络教学支撑环境，其中网络教学支撑环境特指支持网络教学的软件工具、教学资源以及在网络教学平台上实施的教学活动。

网络课程是通过对教材的内容进行教学设计，同时以网页形式制作、整合各类教学资源，并添加各类教学辅助系统的教学软件，它可以在网页浏览器中运行，不受时间、地点的限制。因此，网络课程中既要激发学生的学习兴趣和提供丰富的学习内容，又要便于教师通过网络进行讲授和从事相关的教学活动（如网上辅导、答疑和提交作业等），因此网络课程既是一个以学生为主体的远程课外辅助学习系统，又是一个可供教师使用的课堂多媒体演示系统，同时还可以利用其远程教学的优势为继续教育服务。

（二）网络课程的作用

（1）辅助教师教学。用于向学生演示和表达知识，辅助教师进行知识的传授。

（2）辅助学生学习。用于帮助学生巩固知识，引导学生积极思考，帮助学生发现和探索知识，所以网络课程中除了有网络讲义、课件之外，还应尽量提供教学实施过程中所需的一些环节内容。

（3）资源库。用于提供教师备课以及学生学习时的相关参考资料。因此在网络课程中要求具备大量的学科素材，并提供准确、方便和快捷的检索机制。

二、网络课程的设计

（一）网络课程的设计原则

1. 交互性

教学软件要有良好的交互性，及时对学生的学习活动作出相应的反馈。表现的知识应该是可操纵的，而不是教材与教室的电子搬家。

2. 界面友好

软件界面要美观，符合学生的视觉心理；设有导航栏目，操作要简单，不需要大量的预备技能；提示信息要详细、准确和恰当。

3. 创新能力培养

知识创新和信息获取的能力是当代素质教育的核心，教育软件应采取多种教学策略，使学生在学习过程中进行积极的思考，从而在培养学生的创新能力和增强文化素养方面发挥作用。

4. 科学性

教学软件中所要表达的知识要具有科学性，措辞要准确，行文要流畅，符合知识的内在逻辑体系和学生的认知结构。

5. 协作性

协作学习有利于高级认知能力以及合作精神的培养，网络为教学软件中的协作学习提供了理想环境，因此要发挥这一优势，提供协作学习和协同工作的工具。

6. 教学设计

重视教学设计，注意分析学生的特征、教学目标和教学内容的结构，设计符合学生认知心理的知识表现形式，设计能够促进构建知识的学习策略。

（二）网络课程的结构

网络课程是通过网络表现的某门学科的教学内容及实施的教学活动的总和，可以分为按一定的教学目标、教学策略组织起来的教学内容和网络教学支持环境这两个组成部分。从教学的各个环节来看，网络课程应该包括课堂教学环节、实践教学环节、作业与测试环节；从网络课程的使用角色上来看，网络课程应该包括教师教学平台、学生学习平台、教学管理平台；从网络课程的具体内容及功能来看，网络课程包括课程介绍、教学大纲、教学实施方案、教学进度、知识讲解、实例演示、素材下载、新闻发布、课程论坛、练习测试、考试模拟和系统管理等，把课程的具体内容、功能与相关的教学的各个环节结合起来，符合不同角色的使用要求和特点，搭建网络课程的教学平台，这便是网络课程体系结构分析要实现的目标。

（1）知识讲解。该模块以课程讲义、多媒体演示文稿的形式表现课堂内容，同时可以加入一些视频、动画，形成一个集文字、图片、视频动画、声音于一体的多媒体教程。学生可以通过浏览网站中的知识讲解模块，复习课堂教学的内容或是针对自己的兴趣和学习的进度自主地选择要学习的内容进行学习。该模块要求按照教学设计要求把相关知识放在网上，要有较好的导航系统，方便学生的学习。

（2）练习测试。学生在网络课程中还可以通过练习测试模块进行自我测试，巩固已经学过的知识，发现薄弱环节。把对应课程的各个章节的练习题存放在后台数据库中，可以按章节显示相关习题，可以网上做答，提交后可以反馈测试情况并提供参考答案及解题过程。

（3）模拟考试。该模块提供课程综合测试卷，有固定试卷和随机试卷两类，组成固定试卷的试题和供随机抽题组卷的试题分别存放在后台数据库中。采用 ADO 技术来实现与数据库的动态交互，从而完成固定试卷的随机抽取和随机试卷的随机抽题组卷，用户完成试卷后，系统将自动为用户评分并记入用户的成绩单（后台数据库），系统还自动生成一份结合附有正确答案的分析报告供用户查看。

（4）资源库。可以把该门课程相关的一些图片、文字、视频资源放在网络课程中供学生使用，同时应该可以提供一个资源管理的后台程序，供管理员添加、删除资源。

（5）答疑系统。该部分做成课程论坛的形式，当学生遇到疑难问题时，可以通过课程论坛和其他同学或老师进行讨论，从而得到问题的解答。可以在答疑系统中把类似的问题设立为同一个主题。而对于教师来说，可以根据学生们提出的问题，及时发现教学中存在的不足，并做相应的调整与改进，教师辅导答疑时，不用再受时间空间的限制，只要查看网络课程中的课程论坛，就可以了解学生的疑难问题，然后进行解答。

（6）新闻发布。该部分发布一些课程方面的通知信息，可以实现各条新闻按日期顺序的分页排列显示，也可以发布、删除、修改新闻。

（7）教学评价。该部分把实际使用的教学评价卡做成电子评价卡，可以让学生在网上对课程情况进行评价，并进行简单的统计分析功能，同时可以搜集一些教学反馈的信息。

（8）系统管理。该项实现对整个网站的后台数据库进行维护的功能，其中包括了对学生用户和网络管理员的增加和删除，对新闻发布和练习测试中各大题库内容的增加、删除和修改，对课程论坛的历史留言和不良留言的删除等工作。主要采用 Web 页和 ASP 技术相结合的方法来实现网络课程的远程数据维护。网站管理员通过密码登录管理员页面后，直接以填写和提交网页表单的形式来增加和编辑有关的数据信息，系统自动对相应数据库进行增加或编辑，并直接反映在前台的发布上，既简单快捷，又安全可靠。

（9）教师信箱。在该模块中，学生可以对教师的教学情况进行留言，教师可以进行回复，学生的留言可以通过审核显示出来，也可以不显示。

（10）在线讨论。该部分做成简单的网上聊天室的形式，师生可以在线实时进行交流。

（11）知识查询。网络课程中有很多的知识，可以针对某一个具体的知识点进行查询，并把查询的结果以链接的形式反馈出来。

（12）笔记本。在学习过程中，学生可以把相关知识点添加到电子笔记本中，供以后复习使用。

一个典型的网络课程的结构如图 5-25 所示。

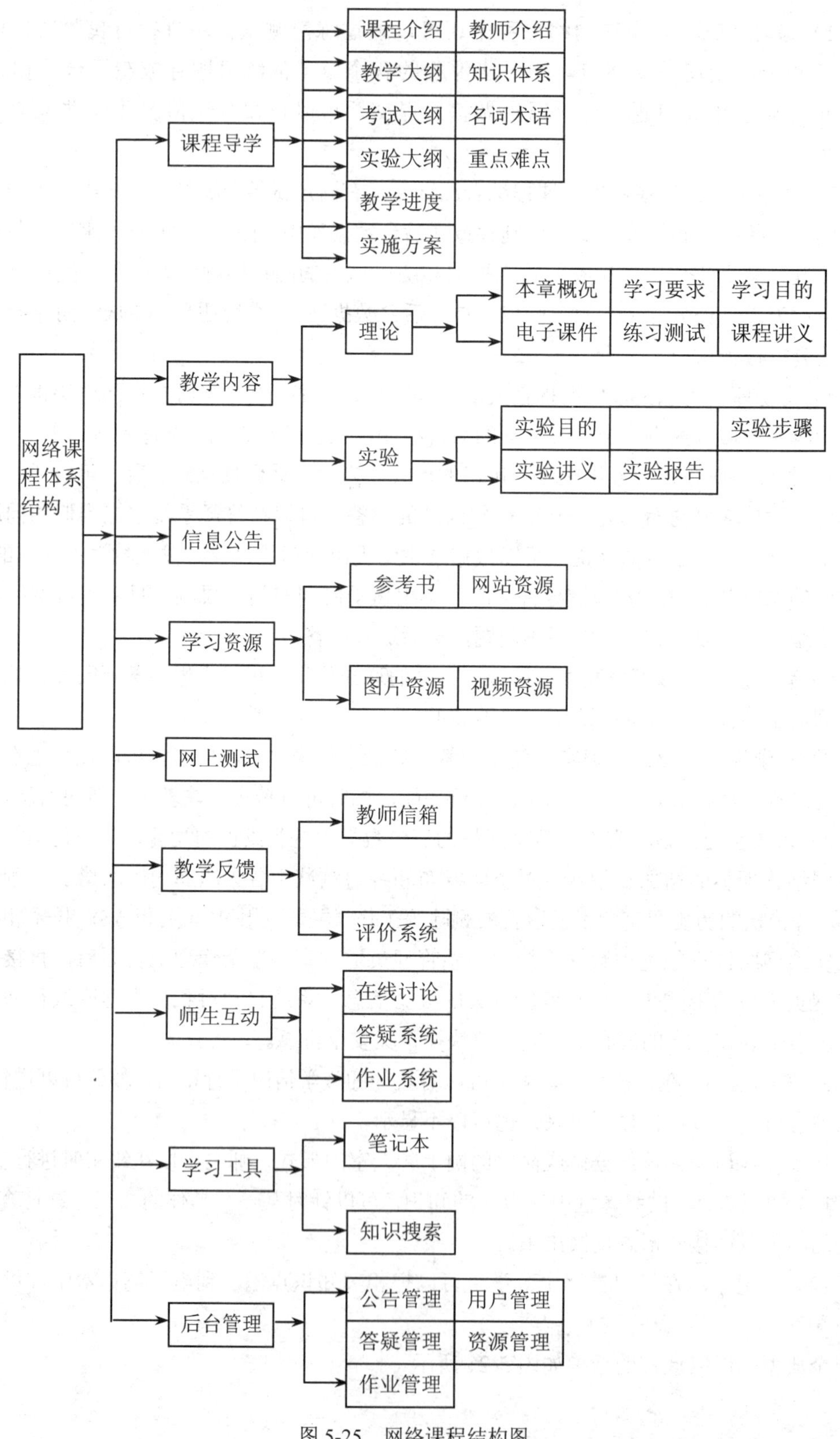

图 5-25　网络课程结构图

三、网络课程开发中采用的技术和开发工具

在网络课程的设计与开发中会涉及很多开发技术和开发工具，合理地选用开发技术和工具对提高网络课程的开发速度有很大的关系。下面对一些常用的技术和工具做简单的介绍。

（一）网络课程设计中采用的技术

基于网络的课程涉及的技术很多，如基于网络的课程学习导航、讨论区（实时和非实时两种）、电子邮件、通过网络音频数据流或传统电话传输的声音、图像、视频片断等。然而，并不是所有的技术都包括在课程设计中，只有选择适当的技术才能达到优化网络课程设计的目的。

1. Java 及脚本语言

利用 FrontPage、Dreamweaver 等可以制作内容丰富、富有动感的页面，这两个软件支持多种图像、声音、动画格式。使用 JavaScript、VBScript 脚本语言可以创建动态的网路课程。Java 的一个重要特性是与平台无关，支持多线程的程序设计。利用 Java 编写出来的程序可以从一种平台移植到另一种平台而不需要修改。由于 CGI 编程过于烦琐，促使 Java 编写迅速发展。

2. ASP 技术

ASP 是一种服务器端的脚本编写环境。在服务器端运行 ASP 脚本语言，并连接到后台数据库，把动态查询生成的网页传送到客户端浏览器。ASP 中通用设置变量可以实现对数据的存储、检索和操作。通过调用函数、定义过程执行特定的任务。

3. 数据库服务

数据库服务是网络教学的后台基础，用以实现高性能的数据库管理。Access、SQL、Oracle 都可以建立数据库，通过与 ODBC 建立连接，实现对数据库的读写操作。网上答疑、讨论系统通过数据库记录学生的问题、教师的解答；网上自测系统通过 ASP 与数据库连接实现发试卷、提交试卷、智能评卷、统计等功能；学生档案系统数据库中存储学生的个人信息，管理人员能对其进行各种操作，学生使用自己的密码可以更改个人信息或进入系统的其他服务。

4. 数据库连接技术

数据库连接技术是服务器与网页之间的接口程序，通过数据库连接技术实现了 HTML 文件同数据库的关联。它是学习者访问数据库的桥梁，学习者根据数据库所提供的应用程序编程接口，实现对数据库文件的读取。目前，数据库连接技术主要有 CGI 编程和微软开发的 ODBC、DAO、RDO、ADO 等技术解决方案。

5. 虚拟现实技术

虚拟现实技术是一种崭新的信息技术，它通过各种虚拟技术，让人们有身临其境的感觉。虚拟现实技术一词是由英语 Virtual Reality 一词翻译过来。目前开发出来的虚拟现实技术设备在视觉方面有头盔式立体显示器等；在视听方面有三维音响输出设备等；在力觉、触觉、运动感方面有数据手套、数据衣以及一些语音识别、眼球运动检测等装置。可以预料未来还会开发出味觉、嗅觉系统等。利用虚拟现实技术，如同你身处真实的校园情境中，进行提问、答疑、考试、实时教学和交流。学习者也可以运用虚拟现实技术做一些危险的试验，如爆炸、燃烧等试验。

（二）成熟的网络课程建设法平台介绍

1. Blackboard 网络教学管理平台介绍

Blackboard 在线教学管理平台是目前市场上唯一支持百万级用户的教学平台。拥有美国近 50%的市场份额。全球有超过 2800 所大学及其他教育机构在使用的 Blackboard 产品，其中包括著名的普林斯顿大学、哈佛大学、斯坦福大学、西北大学、杜克大学等。

Blackboard 学习系统的研发工作投入了数千万美元，目前此系统已经发展到第三代，并且仍然在持续投资完善产品，以提升产品功能满足用户不断增长的需求：测评并提高学员学习效果，提高教师工作效率，实现基于课堂、网络辅助的教与学活动，实现远程教育，支持终身继续教育，发挥网络优势，通过采用混合课程，完美结合面授学习与在线学习优势、利用信息化技术提高教学机构竞争力，提高报考率、利用一个平台框架，集成课程与学习管理功能，集成教学机构学生信息、安全性及认证协议、提供管理教学机构数字化资源和教学内容的平台框架。

Blackboard 系统登录平台有 3 种身份：系统管理员、教师和学生。

系统管理员：个性化定制平台界面风格、功能；可根据学校的实际情况设定、添加和管理用户；统计并管理整个平台的使用情况；与其他 IT 系统提供服务和接口。

教师：管理教学、组织教学内容、编辑课件、在线考试、审批作业、组织在线答疑、统计分析学生学习情况等。

学生：选修课程、安排学习计划、查看课程内容、提交作业、参加在线测试、查看学习成绩、协作学习和交流、参与学校社团交流等。

2. Moodle 开放课程管理平台介绍

Moodle 是澳大利亚教师 Martin Dougiamas 基于建构主义教育理论而开发的课程管理系统，是一个免费的开放源代码的软件，目前在各国已广泛应用。Moodle 这个词是 Modular Object-Oriented Dynamic Learning Environment，即模块化面向对象的动态学习环境的缩写。是一个用来建设基于 Internet 的课程和网站的软件包。Moodle 平台依据社会建构主义的教学思想，即教育者（老师）和学习者（学生）都是平等的主体，在教学活动中，他们相互协作，并根据自己已有的经验共同建构知识。

Moodle 平台界面简单、精巧。使用者可以根据需要随时调整界面，增减内容。课程列表显示了服务器上每门课程的描述，包括是否允许访客使用，访问者可以对课程进行分类和搜索，按自己的需要学习课程。

Moodle 平台还具有兼容性和易用性。可以几乎在任何支持 PHP 的平台上安装，安装过程简单。只需要一个数据库（并且可以共享）。它具有全面的数据库抽象层，几乎支持所有的主流数据库。利用 Moodle，现今主要的媒体文件都可以进行传送，这使可以利用的资源极大丰富。在对媒体资源进行编辑时，利用的是用所见即所得的编辑器，这使得使用者无需经过专业培训，就能掌握 Moodle 的基本操作与编辑。Moodle 注重全面的安全性，所有的表单都被检查，数据都被校验，cookie 是被加密的。用户注册时，通过电子邮件进行首次登录，且同一个邮件地址不能在同一门课程中进行重复注册，所有这些都使得 Moodle 的安全性得到了加强。目前，Moodle 项目仍然在不断的开发与完善中。

Moodle 的主要功能如下：

（1）课程管理。教师可以全面控制课程的所有设置，如论坛、测验、资源、投票、问卷调查、作业、聊天和专题讨论等。

（2）作业模块。可以指定作业的截止日期和最高分。学生可以上传作业（文件格式不限）到服务器——上传时间也被记录。也可以允许迟交作业，但教师可以清晰地看到迟交了多久，可以在一个页面、一个表单内为整个班级的每份作业评分（打分和评价）。教师的反馈会显示在每个学生的作业页面，并且有 E-mail 通知。

（3）聊天模块。支持平滑的、同步的文本交互聊天窗口，包含个人图片，支持 URL、笑脸、嵌入 HTML 和图片等，所有的谈话都被记录下来供日后查看，并且也可以允许学生查看。

（4）投票模块。有点像选举投票，可以用来为某件事表决，或从每名学生处得到反馈（例如，支持率调查），教师可以在直观的表格里看到谁选择了什么，可以选择是否允许学生看到更新的结果图。

（5）论坛模块。有多种类型的论坛供选择，例如，教师专用、课程新闻、全面开放和每用户一话题。每个帖子都带有作者的照片，图片附件内嵌显示，可以以嵌套、列表和树状方式浏览话题，也可以让旧贴在前或新贴在前。每个人都可以订阅指定论坛，这样帖子会以 E-mail 方式发送。教师也可以强迫每人订阅。教师可以设定论坛为不可回复（例如，只用来发公告的论坛），教师可以轻松地在论坛间移动话题，如果论坛允许评级，那么可以限制有效时间段。

（6）测验模块。教师可以定义题库，在不同的测验里反复使用，题目可以分门别类地保存，易于使用，并且可以“公布”这些分类，供同一网站的其他课程使用。题目自动评分，并且如果题目更改，可以重新评分，可以为测验指定开放时间，根据教师的设置，测验可以被尝试多次，并能显示反馈和/或正确答案，题目和答案可以乱序（随机）显示。

（7）资源模块。支持显示任何电子文档、Word、PowerPoint、Flash、视频和声音等，可以上传文件并在服务器进行管理，或者使用 Web 表单动态建立（文本或 HTML），可以连接到 Web 上的外部资源，也可以无缝地将其包含到课程界面里，可以用链接将数据传递给外部的 Web 应用。

（8）问卷调查模块。内置的问卷调查（COLLES、ATTLS）作为分析在线课程的工具已经被证明有效，随时可以查看在线问卷的报告，包括很多图形。数据可以以 Excel 电子表格或 CSV 文本文件的格式下载。问卷界面防止未完成的调查。学生的回答和班级的平均情况相比较，作为反馈提供给学生。

（9）互动评价（Workshop）。学生可以对教师给定的范例作品文档进行公平的评价，教师对学生的评价进行管理并打分。支持各种可用的评分级别，教师可以提供示例文档供学生练习打分，有很多非常灵活的选项。

四、网络课程的制作实例

在进行网站开发之前要根据所做课程的基本情况设计出网站的结构图，每门课程有不同的特点，因而在网络课程里面也包括不同的内容，下面以“计算机网络”网络课程制作为例，简要地给大家介绍一下如何制作一个简单的网络课程，由于同学们在计算机基础课里面学习过网页制作的相关知识，这里对基本操作和基本技术不作详细讲解，请参考相关的书籍。如图 5-26 所示是网络课程网站结构图。

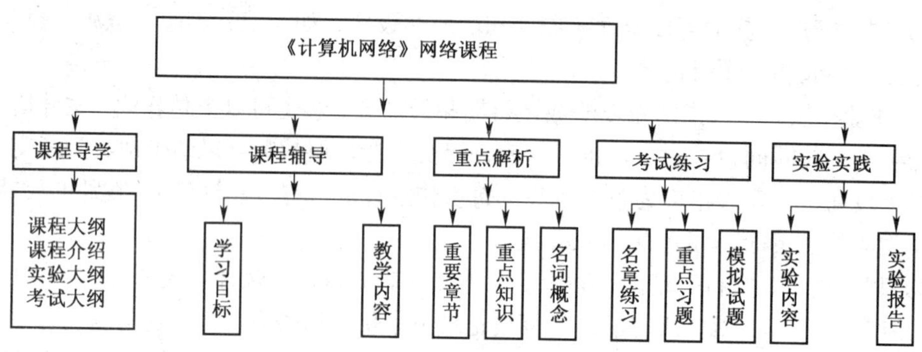

图 5-26　网络课程网站结构图

（一）制作流程

（1）在 FrontPage 2003 中建立一个只有一个空白网页的网站，并在下面新建 4 个文件夹：daoxue、fudao、zhongdian、kaoshi、shiyuan，如图 5-27 所示。

在课程导学文件夹 daoxue 中新建网页 jieshao.htm（介绍）、dagang1.htm（课程大纲）、dagang2.htm（考试大纲）、dagang3.htm（实验大纲）；在课程辅导文件夹 fudao 中主要是针对每一章和每一节的讲义，其中有每一章的学习目标、学习内容，以第一章为例，则在 fudao 文件夹中建立文件夹 chapter1，然后在 chapter1 文件夹中建立网页 jie1.htm 和网页 mubiao1.htm，其他各章各节则依此类推；在重点解析 zhongdian 文件夹中建立网页 zhongdian1.htm（重点章节）、zhongdian2.htm（重点知识）、zhongdian3.htm（名词概念）；在考试练习 kaoshi 文件夹中建立网页文件 kaoshi1（各章练习）、kaoshi2（重点练习）、kaoshi3（模拟练习）；在实验实践文件夹 shiyuan 中建立网页文件 shiyuan1.htm（实验内容）、shiyuan2.htm（实验报告）。建好后的网站文件结构如图 5-28 所示。

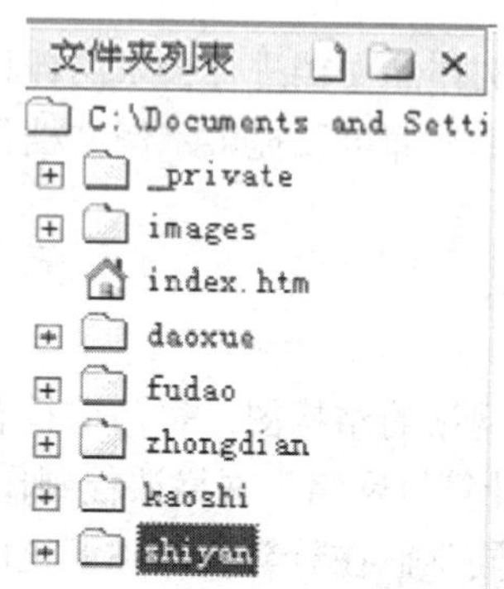

图 5-27　网络课程网站文件夹结构图

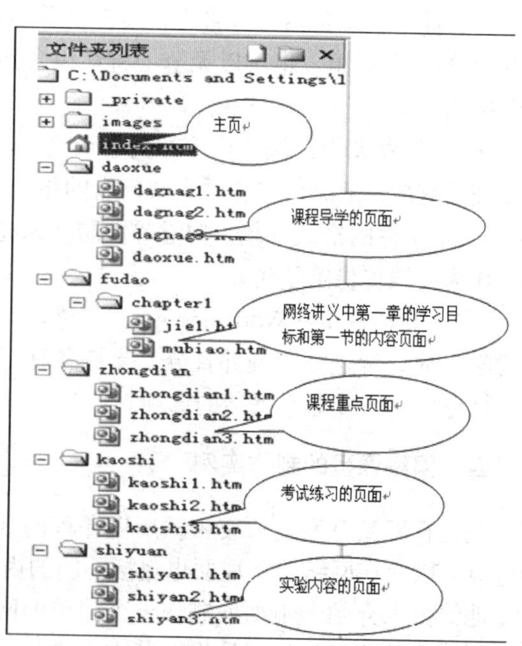

图 5-28　网络课程网站文件结构图

（2）制作主页。

1）删除已有的 index.htm 文件，在网站的根目录下新建一个框架网页，选择标题框架网页，并改名为 index.htm，其中上框架的名称为 head，下框架的名称为 main，如图 5-29 所示。

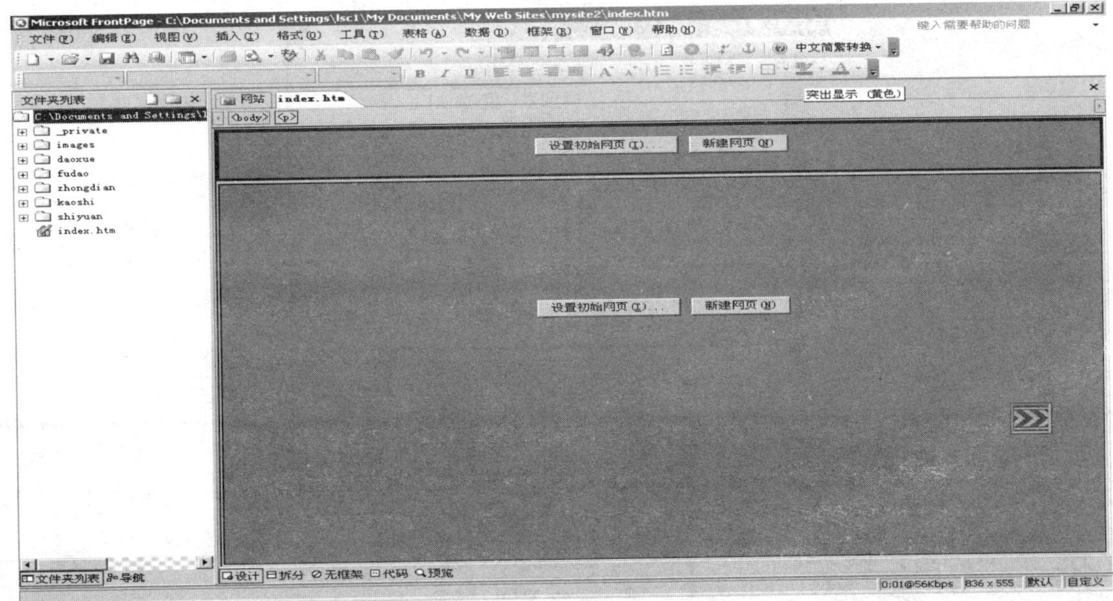

图 5-29 网络课程网站框架

2）单击上框架里的新建网页按钮，制作该网络课程的导航条。插入一个 10 行 1 列的表格，调整第一个单元格的高度为 50 像素，其余的为 20 像素，并且把表格的边框粗细设为 0。在第一个单元格中插入一幅图片，下面输入导航的内容，如图 5-30 所示。

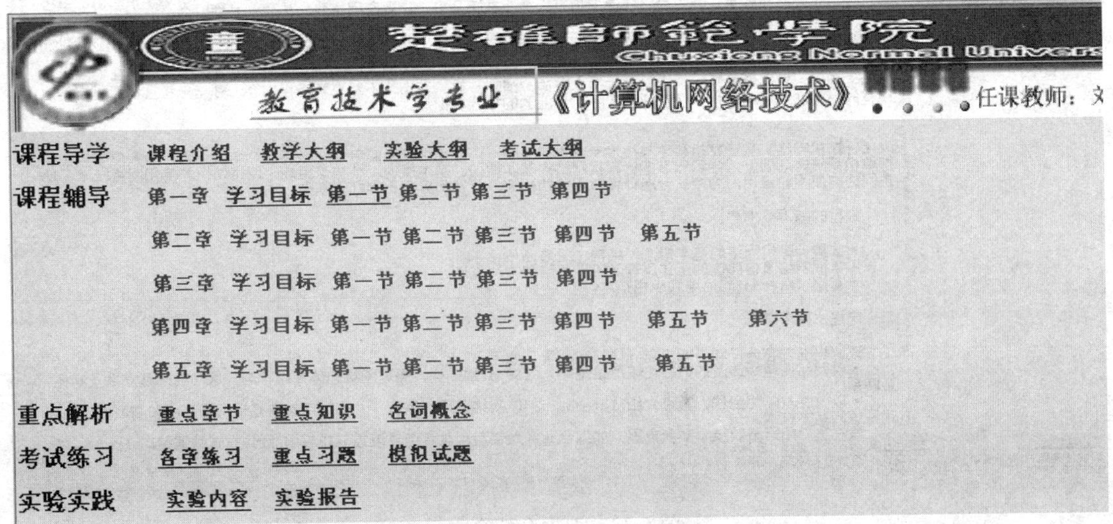

图 5-30 网络课程网站上框架页面

3）按照上图的布局方式建立课件内容的链接，在链接时选择目标框架为 main，也就是下框架，如图 5-31 所示。

（3）制作其他页面。

1）双击文件夹列表中的 daoxue.htm，在右边的页面中制作该页面的内容，如图 5-32 所示。课程导学中的其他各页的制作方式和本页一样，请同学们自己完成。

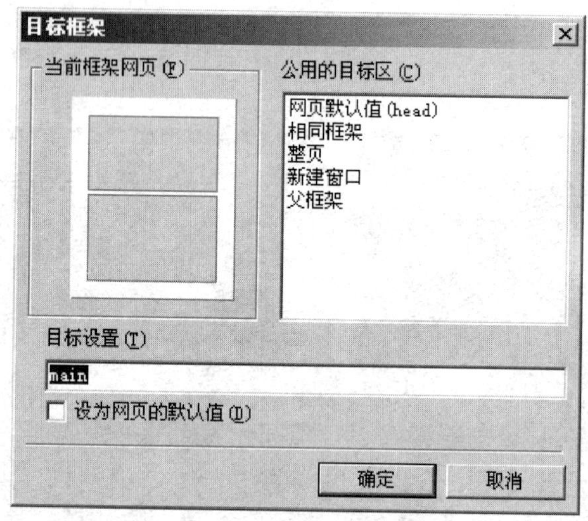

图 5-31　目标框架设置

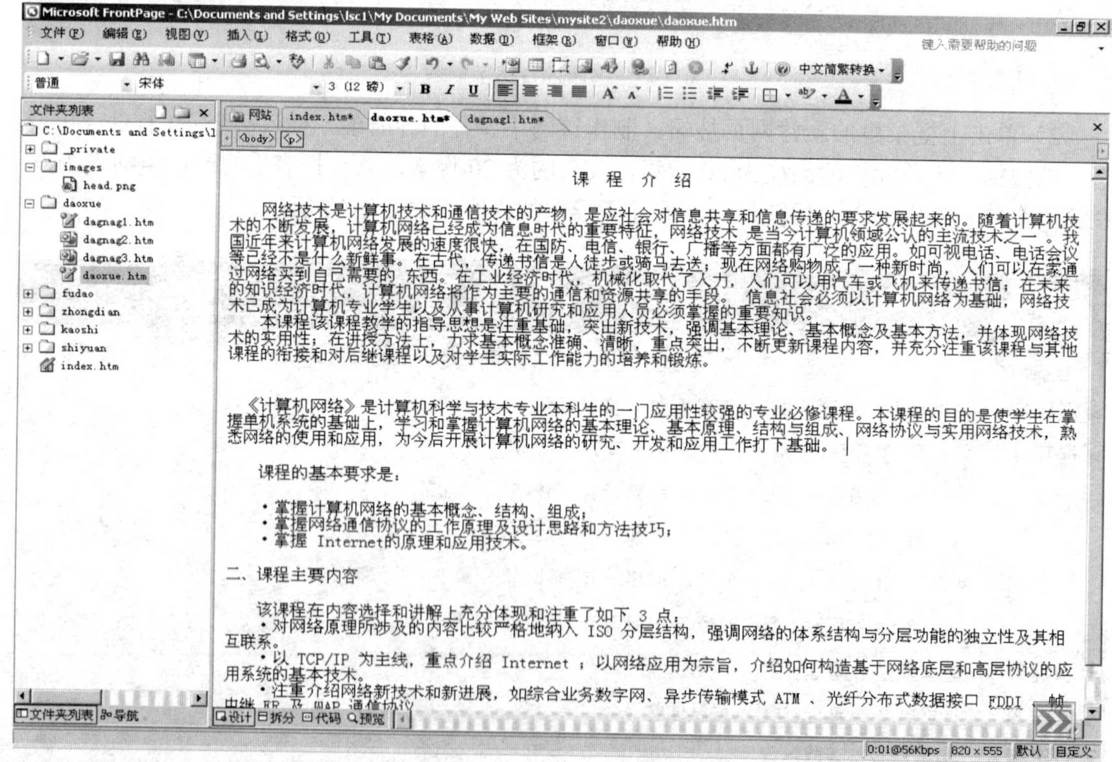

图 5-32　课程介绍页面

2）其余各页的制作方式都大同小异，主要是文字方面的一些排版，当然也可以把图片、声音、视频、动画等素材加到网站中，最终完成的结果在浏览器中显示如图 5-33 所示。

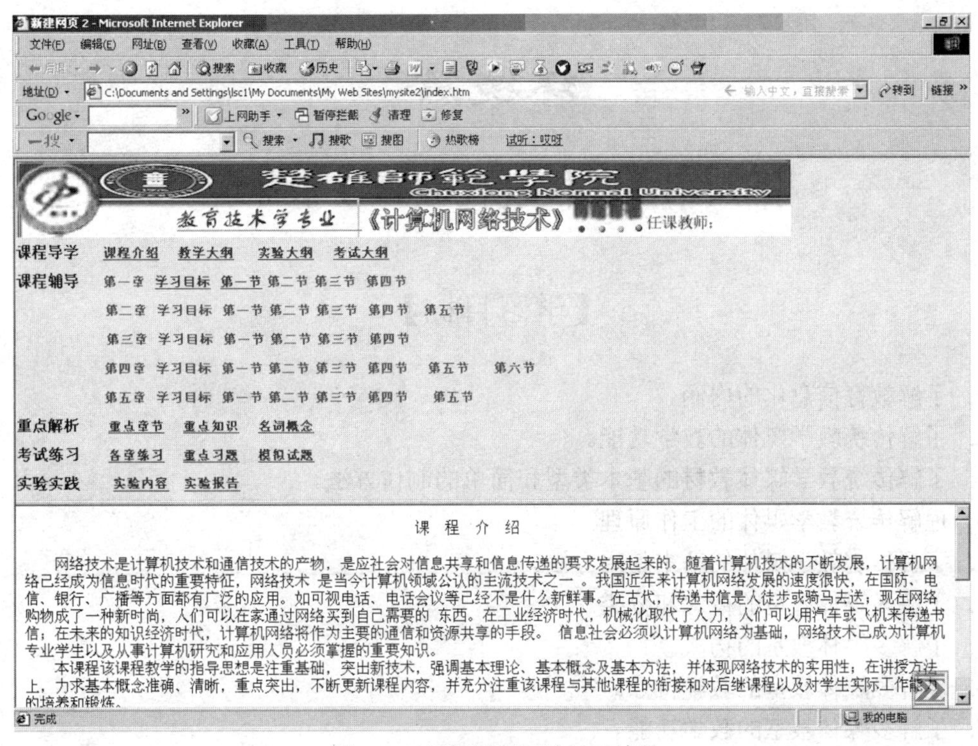

图 5-33 网络课程网站显示结果

【内容小结】

本章主要阐述了数字化学习资源的内涵及特点；多媒体课件的概念、分类；多媒体课件的设计方法；多媒体课件的开发过程；利用 PowerPoint 2003 制作多媒体课件案例；网络课程的设计与制作。

【思考与实践】

1．什么是多媒体课件？

2．多媒体课件的主要教学功能有哪些？

3．简述多媒体课件设计中应遵循的原则。

4．简述多媒体课件的制作过程。

5．利用 PowerPoint 2003 模拟制作“第八课 小猴子下山”课件。

6．设计一个你所学专业中某门课程内容 1～2 节课的多媒体教学方案，并写出设计稿本，准备好设计方案中所需多媒体素材，然后利用 PowerPoint 2003 制作出多媒体课件。

7．根据课本上的实例制作简单的网络课程。

环境篇

第六章　学校现代教育技术环境

【学习目标】

1．了解教育信息化的内涵。
2．了解传统教学媒体的教学功能。
3．了解传统教学媒体教材的基本类型和简单的制作方法。
4．理解传统教学媒体的工作原理。
5．了解传统教学媒体的基本使用方法。
6．了解多媒体教室的概念和分类。
7．了解多媒体教室的构成。
8．理解多媒体教室的教学特点。
9．了解多媒体教室的教学功能。
10．了解微格教学系统的教学功能。
11．理解微格教学系统的功能和作用。
12．了解计算机、校园网及其在教学中的应用。

第一节　教育信息化概述

21 世纪是知识经济的时代，以知识和信息的产生、传播及应用为基础的知识经济将占世界经济发展的主导地位。信息技术的飞速发展，为知识经济的发展奠定了坚实的技术基础。国家的综合国力和国际竞争力越来越取决于教育发展、科技进步和知识创新，教育在经济和社会发展过程中将呈现出越来越突出的作用。然而 21 世纪教育发展将面临一系列的挑战，这些挑战主要来自于科学技术的迅猛发展、因人口增长而引起的教育需求、国际竞争和各种社会问题等方面。因此，教育的出路在改革，而教育改革的重要途径之一是教育信息化。

一、教育信息化涵义

教育信息化是在教育过程中比较全面地运用以计算机多媒体和网络通信为基础的现代化信息技术，促进教育的全面改革，使之适应正在到来的信息化社会对于教育发展的新要求。教育信息化是实现教育现代化所必须的。其技术特点是数字化、网络化、智能化和多媒体化，基本特征是开放、共享、交互、协作，以教育信息化促进教育现代化，用信息技术改变传统模式。教育信息化的发展，带来了教育形式和学习方式的重大变革，促进教育改革，对传统的教育思想、观念、模式、内容和方法产生了巨大冲击。

教育信息化是国家信息化的重要组成部分，对于转变教育思想和观念，深化教育改革，提高教育质量和效益，培养创新人才具有深远意义，是实现教育跨越式发展的必然选择。

二、教育信息化特征

教育信息化是一个社会过程，其特征可以从技术层面和教育层面加以考虑。从技术层面上看，教育信息化的基本特点是数字化、网络化、智能化和多媒体化。从教育层面上看，教育信息化的基本特征是开放性、共享性、交互性与协作性。

随着教育设施和教学手段的改变，则教学方法和教学模式也必将要革新，而教学模式的改变首先取决于教育思想和教育理念的改变。在传统的教学活动中，教师是教学活动的主体，知识是由教师传授给学生。而新的教学观念是：教师是学生学习活动的指导者和帮助者，知识是由学生根据自己头脑里的认知结构自主构建，这种教学理念正好适合于指导信息技术环境下的教与学。因此，教育信息化除了带来教育思想、教育手段和教学方法的革新外，更主要的是带来教学模式的改变，而且必将是一场革命性的改变。

第二节　传统教学媒体

一、幻灯机和投影仪

（一）幻灯机

1. 幻灯机的基本原理

幻灯机就是利用凸透镜成像原理制成的，当物体距透镜的距离大于一倍焦距而小于两倍焦距时成倒立、放大的实像。这个原理制成的。当幻灯片离镜头的距离在一倍焦距和两倍焦距之间，用强光照射幻灯片时，就可以在屏幕上得到倒立、放大的实像。为了使得到的实像成“正立”的，所以要把幻灯片上下颠倒放置。幻灯机的种类很多，但其基本结构和原理大致相同。一般由光学、机身、机械传动、电气控制 4 部分构成。其中光学部分是幻灯机的主要组成部分，其作用是用足够强的光线透射幻灯片，在银幕上呈现出放大了的清晰的影像。它由光源、聚光镜、反光镜、隔热玻璃、放映镜头等组成；机身部分是由支撑光学部分和维持幻灯机工作机能的各个部件组成，它包括底座、外壳、灯箱、电源变压器、冷却风扇、镜头筒和升降足等。机械传动部分主要由传动机构、换片机构、调焦机构组成，其部件有马达、传动轮、摩擦轮、蜗轮、蜗杆等。电气控制部分主要是将操作者换片或调焦的旨意以电信号形式传递给机械传动部分，其功能多少随幻灯机种类的不同有所区别，一般具有无线遥控、有线遥控、定时控制、声控、讯控等功能。

2. 幻灯机的使用方法

这里以上海普陀仪器厂生产的 YPS60-4 多控自动幻灯机为例来说明使用方法。

（1）放映前准备工作。

1）根据使用说明书了解幻灯机的部件名称和通过实际操作，掌握机器的性能和使用方法，如图 6-1 所示。

2）检查仪器电源线、插头有无破裂、折断，根据说明书中对电源的要求，检查放映场所电源是否符合要求。

3）确定幻灯机安放位置、远近高低，倾斜角度及银幕张挂位置、高低、倾角是否合适，靠近银幕处的窗户是否需要遮光等。

4）装好幻灯片。

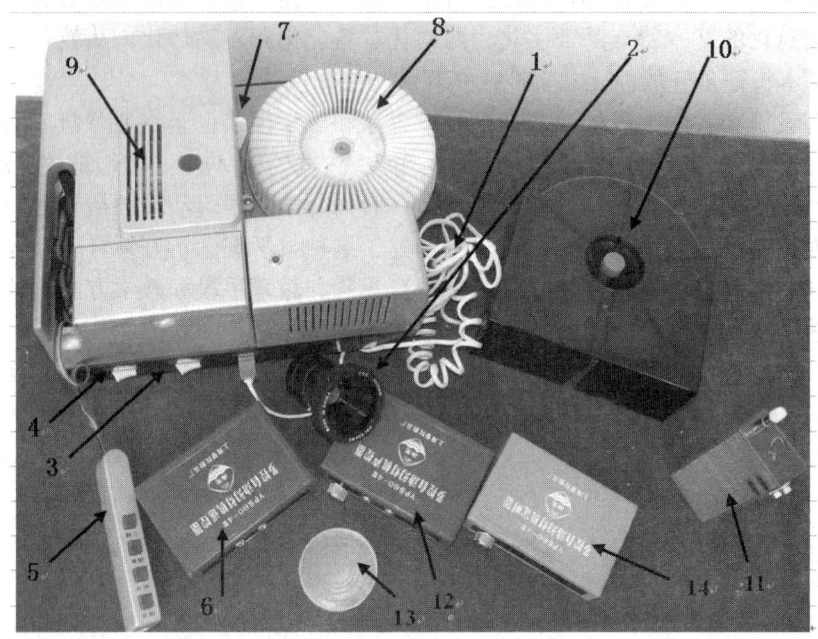

图 6-1　幻灯机部件名称

1．电源线 2．物镜 3．光源开关 4．电源开关 5．手控盒 6．摇控器 7．推拉手 8．片盘 9．变压器 10．片盘护罩 11．发射器 12．声控器 13．镜头盖 14．定时器

（2）放映操作。

1）装片夹。装片夹时，先将第一片拉进片门，然后依次放在片盘槽内，如图 6-2 所示，盖上片盘护罩。

图 6-2　幻灯机装片

2）开关机。用电源线插头接上电源，如图 6-3 所示，先按下电源开关，待风扇转动后，

打开放映灯开关，即能放映。关机时，先关灯，等待 5 分钟左右后再关闭电源。

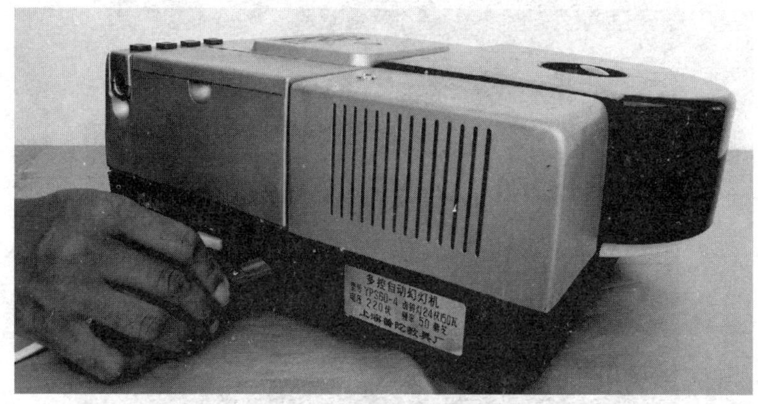

图 6-3　幻灯机电源线插头

3）调整物镜焦距。先用手粗调物镜位置，如图 6-4 所示，使画面清晰（初调）。要进行微调，可用手控盒上的调焦按钮，微调至画面清晰时的焦距为止。

图 6-4　幻灯机物镜焦距

4）调节放映高度。拧松撑杆右旁螺钉，将拉手撑至所需要的高度，将螺钉轧住齿杆即可。

5）手控盒的使用。按“顺片”按钮，顺片走一张，如图 6-5 所示。按“倒片”按钮，倒片走一张，如图 6-6 所示。如果画面出现模糊现象时，可按“调焦”按钮使画面清晰为止。按“光鞭”按钮时，画面出现“＞”图像，代替教鞭作批示作用。

6）附件盒的使用。

① 定时器的使用。需要定时器进行自动换片时，将定时器插入附件盒内，如图 6-7 所示，即能自动换片。自动延时长短，可调节定时器上的旋钮。

②声控器的使用。声控器插入附件盒内后如图 6-8 所示，将对接线插头的一端插入声控器信号插口如图 6-9 所示，另一端插入耳机或录音机外接喇叭输入插口，调节音量控制旋钮，可以改变信号强弱。调至信号（1）灯亮，信号（2）灯闪烁为最佳信号效果。

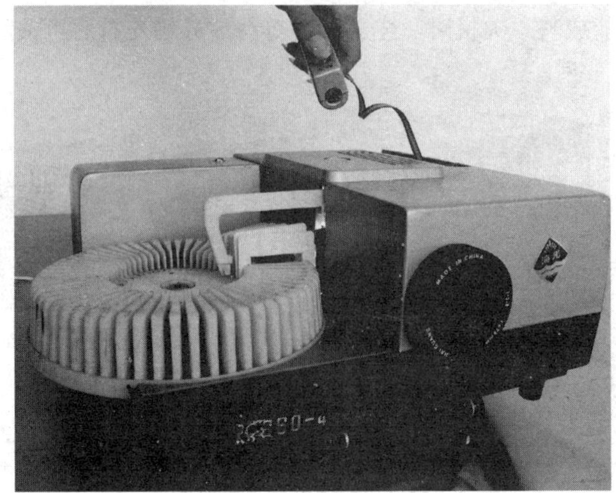

图 6-5　幻灯机手控盒的使用（1）

图 6-6　幻灯机手控盒的使用（2）

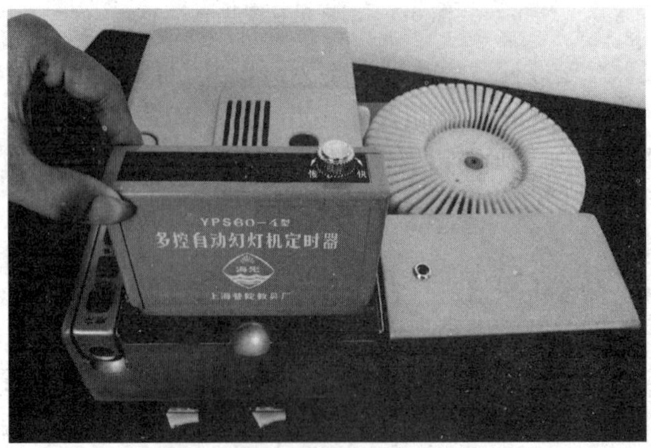

图 6-7　将定时器插入附件盒

图 6-8　幻灯机声控器插入方位

图 6-9　幻灯机声控器与录音机音频线连接

为了达到声画同步，每张幻灯片解说词的每一词或句的换片间隔时间≥5s，在此时间内，磁带应空白无信号，输出时即开始换片。

③ 摇控器的使用。将遥控器插入附件盒内后，如图 6-10 所示。手持发射器，如图 6-11 所示，即可进行遥控操作，遥控器的有效范围为 15m 内。注意：发射器电池为 9 伏层叠电池。

3. 幻灯片

这里以清华大学图片社出版的《物理学史教学幻灯片》为例来说明。

幻灯片一般都用 135 胶卷来制作。制成的幻灯片要镶嵌在片框中，片框的国际标准为：外框尺寸是 $50\times50mm^2$；内框尺寸是 $24\times36mm^2$，如图 6-12 所示。

图 6-10 幻灯机遥控器插入方位

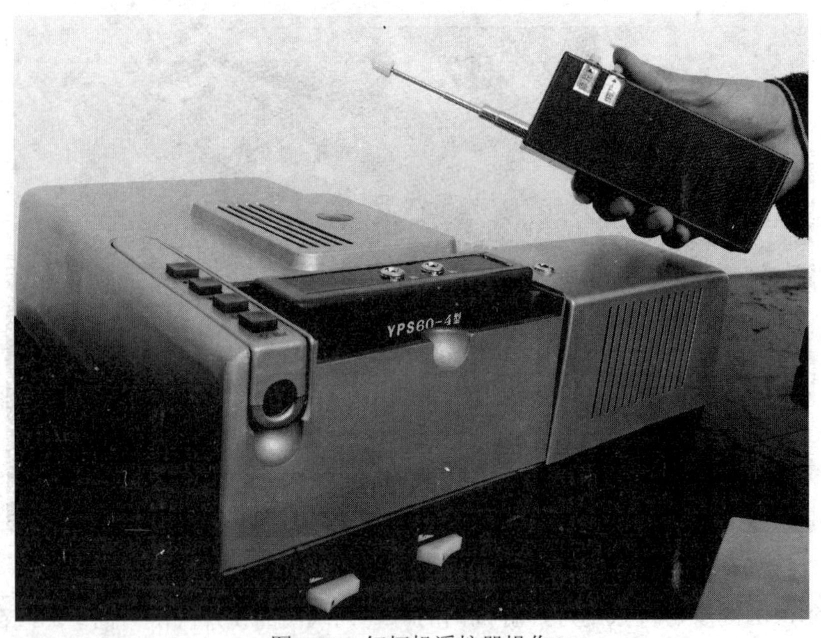

图 6-11 幻灯机遥控器操作

（1）幻灯片制作流程。幻灯片的设计应按教学规律遵循教育性、科学性、技术性和艺术性等原则。应根据文字教材内容编写幻灯片脚本，依照幻灯片脚本设计文字与画面，搜集制作画面的素材进行拍摄，经冲洗后完成幻灯片的制作过程，同时还要加上必要的解说词。

（2）幻灯片的保养。

1）防尘、防潮。幻灯片使用完要及时放入专用的片夹或幻灯片装片盒里，防止灰尘污染。存放处要干燥、通风、无阳光直射，防止幻灯片受潮发霉变形，或因温度过高而过早老化。

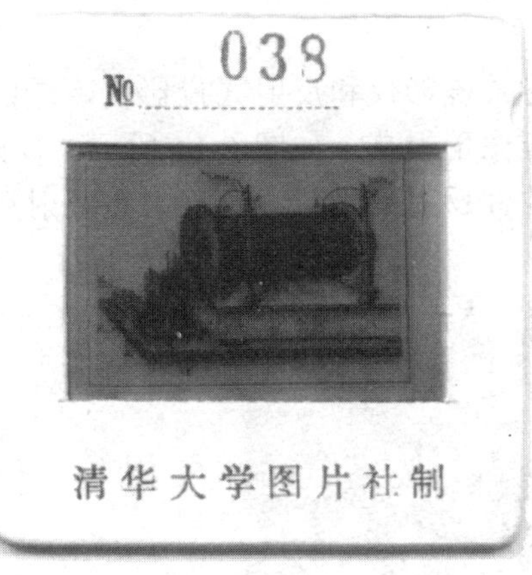

图 6-12　幻灯片

2）防粘连、防磨擦。专用的片夹或片盒不要堆叠挤压，防止因堆叠挤压引起的粘连或相互间磨擦而影响透明度。

3）归类配套。由于幻灯片尺寸比较小，如果在使用过程中管理不当容易拉乱，整理起来比较困难，因此幻灯片应按使用说明书中的序号顺序放入专用的片夹或幻灯片装片盒里，并与使用说明书等配套存放，如图 6-13 所示。

图 6-13　幻灯片配套

（二）投影仪

1．投影仪的基本原理

光学投影仪是一种通过光学系统将平放的图像放大投射到银幕上，而向学生传递信息的一种视觉类媒体。光学投影仪是在幻灯机的基础上发展起来的，由光学部分、散热部分和电路部分组成。

投影仪按工作光路可分为两大类，即透射式投影仪和反射式投影仪。透射式投影仪：会聚后的光线透射过被投影的软件经过透镜成像于银幕，如图 6-14 所示。反射式投影仪：光源发出的光线直接照射到投影软件上，被软件反射的光线经过反射镜反射后由透镜成像于银幕。

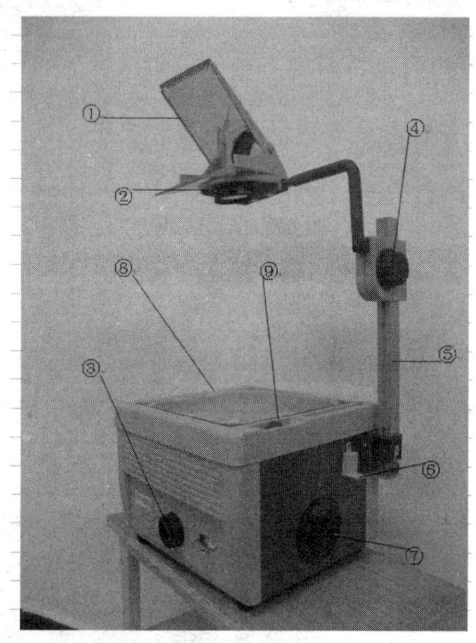

图 6-14　投影仪

说明：①反射镜；②投影物镜；③双灯切换旋钮；④调焦旋钮；⑤支杆；⑥托架；⑦通风口；⑧承物玻璃；⑨工作台开启开关（通/断开关、强/弱光开关）。

除了光学系统以外，投影仪同样还有一些支持光学系统工作的电器和机械装置，如电源变压器、各种开关、灯泡切换装置、调焦装置、散热装置、机箱等。螺纹透镜又称费涅耳透镜，是由科学家费涅耳根据“凸透镜的厚度对光线的折射不发生影响”的理论，经过实验研制出来的一种特殊的平板型光学元件，它具有凸透镜的性质，但是其焦距与其厚度无关，它的作用相当于幻灯机聚光镜中的二平凸透镜，图 6-15 是费涅耳透镜。

在平板玻璃上刻上若干同心螺纹，就得到了费涅耳透镜，因此形象的称之为螺纹透镜。为了加工方便，用有机玻璃板代替平板玻璃。我们使用的螺纹透镜就是用有机玻璃制成的。若焦距太短，边缘光线偏转角要增大，会发生全反射，若焦距大，又会加大投影仪体积，故投影仪中一般采用将两块单片螺纹透镜粘合而成的组合螺纹透镜。

螺纹透镜的工作原理：可看做将一个平凸透镜分解成多个环带，每个环带的有效折射面都做成阶梯形表面，这样每个环带都具有与平凸透镜相同的聚光作用，这就使其具有孔径大、厚度减薄、透光性能好的特性。

由于螺纹透镜通常采用聚丙烯材料制成，不耐高温，为防止其变形，在光源与螺纹透镜间加置有一新月镜。新月镜由硬质玻璃制成，除起隔热作用外，还起聚光及缩短焦距的作用。与幻灯机另一个不同点是在放映镜头的上方有一可调整角度（调整范围为 90°）的平面反射镜，用于改变光路将图像投射到前方的屏幕上。反射镜与放映镜头的连体组合在立杆上，可绕垂直轴旋转 360°。通过调焦旋钮上、下移动，改变物距和像距，以实现屏幕上影像的清晰。

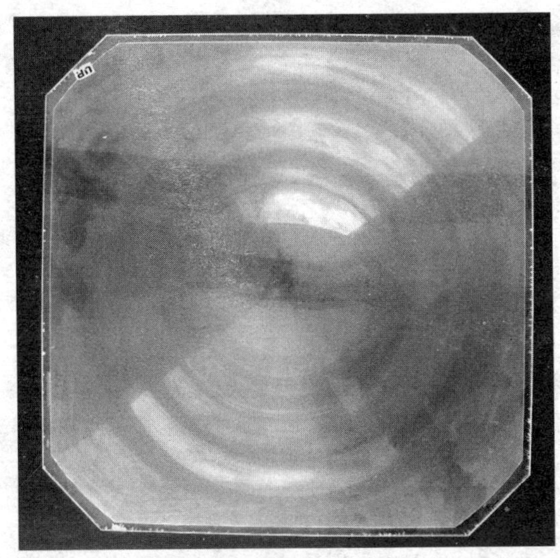

图 6-15　菲涅尔透镜

2. 投影仪的使用方法

（1）投影仪的操作。

1）仔细阅读说明书，熟悉投影仪的外部各部分开关、旋钮的作用和操作方法，全面了解各操作部件的名称、作用。

2）打开投影仪书写台盖，认真观察和了解机内反光镜、光源、新月镜、螺纹透镜、冷却风扇、变压器、触发器的相对位置及其各个部件的作用。

3）挂好银幕，放置好投影仪，打开反射平面镜，在投影仪的台面上放上投影片，边操作各部件边观察银幕上的影像，熟练掌握其正确的使用方法。

4）反复调节各个操作部件，总结出影像的大小、上下、左右位置、正反、清晰度、亮度变化的调节规律。

5）改变银幕上端向前倾斜的角度，观察在银幕上成像情况。

6）实验完毕，切断电源，盖好投影仪的反射镜，整理好仪器。

（2）使用投影仪的注意事项。

1）使用前检查电源是否符合要求，具体可查阅说明书。

2）选择好放映距离和角度。

3）注意调节焦距，保证图像的清晰。

4）风扇不转时不能使用。

5）溴钨灯在点燃状态下避免振动。

3. 投影片

（1）认识投影片。制作投影片常用的材料有明胶片、无胶胶片、玻璃纸和玻璃片等透明物质。

明胶片是在厚度为 0.07～0.1mm 的涤纶片上涂布一层明胶制成的透明片，如图 6-16 所示。

明胶片的涂胶面又叫有胶面，有胶面可以吸墨、着色，画面不易擦去，便于保存，适宜制作单片、复合片、线条活动片等。明胶片放映时受热会发生卷曲，受潮易变色、发霉。

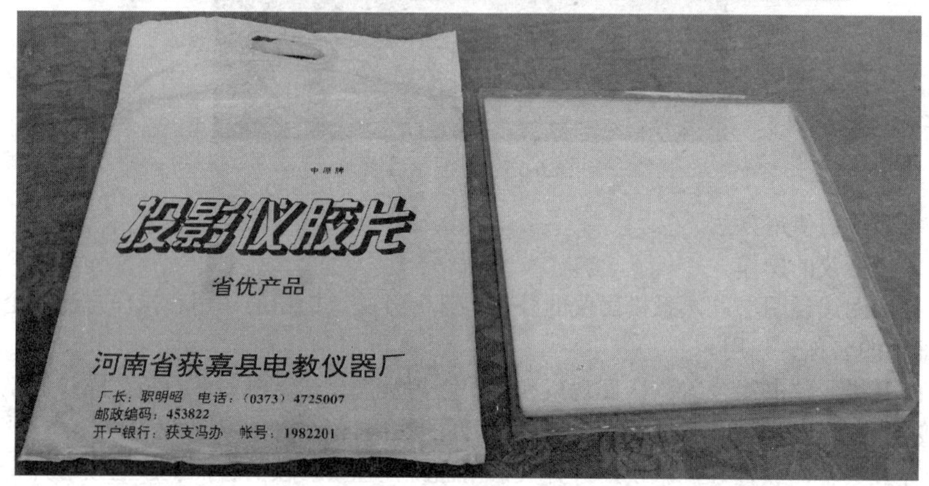

图 6-16 （上图为盒装投影片、下图为袋装投影片）

区别明胶片有胶面与无胶面的方法有：

1）哈气法：用嘴对胶片两面哈气，不出现哈气痕迹的那面是有胶面。

2）点色法：在明胶片一角的面点色，擦不掉的一面为有胶面。

3）手摸法：用手指轻摸明胶片，无胶面比有胶面光滑。

无胶透明胶片就是表面不涂胶的透明胶片，有涤纶片、聚酯片等，具有耐热、平整、受热不会卷曲等优点，但不易粘附颜料，须用油性彩色笔来绘画、书写。

用玻璃纸或玻璃片作为投影片片基材料，制片容易，成本低廉，影像清晰，但容易起皱或破碎。

（2）投影片的制作。投影片的制作是在对教学内容设计的基础上进行的，从形式上可以分为投影单片的制作和复合型投影片的制作。

1）投影单片的制作。制作单张投影片的方法很多，一般有直接绘制法、印刷法和计算机制作法等。

① 直接绘制法。直接绘制是制作单张投影片最常用的方法，通过绘、刻、印、摄等手法制作投影片。直接绘制需使用透明的水彩色颜料、脱脂棉、酒精、透明胶片和毛笔、钢笔、

水彩笔、剪刀、调色板等材料和工具。直接绘制单张投影片的基本步骤是：首先制作底稿，用铅笔在白纸上按 1∶1 的比例勾画出轮廓线作底稿，也可用现成资料作底稿或借助翻拍技术、复印技术进行底稿绘制；然后描线，将透明胶片的无胶面朝上覆盖在底稿上，用绘画笔描绘轮廓线；接下来着色：用脱脂棉蘸水在透明胶片的有胶面上，将需着色部分润湿（注意不要超出勾描的轮廓线），然后用毛笔蘸色彩进行渲染。着色应像画水彩画一样，由浅到深，先主后次。在着色的过程中，每着色一遍，应用湿脱脂棉轻轻在着色的部分擦一遍，擦掉画面上的浮色，以保证投影片画面着色均匀和透明；最后装框，把绘制好的投影片装在硬纸框上，以保持画面平整。直接绘制在有胶面上，吸附牢固，画面不易擦掉，可长期保持；描绘在无胶面上，很容易擦掉，但便于修改或重画，如图 6-17 所示。

图 6-17　直接绘制法

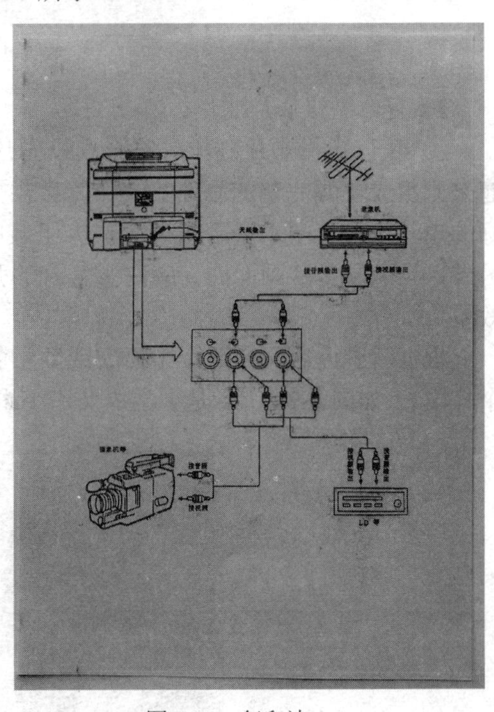

图 6-18　复印法

② 印刷法。印刷法制作投影片，一般分为彩印法、烫印法、复印法等几种，适用于批量制作投影片（具体制作方法参考相关书籍），如图 6-18 所示。

③ 计算机制作法。计算机制作投影片（又称数字化制作）是利用计算机来设计、加工、处理投影画面，再通过各类打印设备打印制作投影片的一种方法。计算机制作投影片的专用软件有操作系统自带的画图工具、金山画王、PowerPoint、Photoshop 等。

用数字化方法制作投影片具有所制投影片图文规范美观，艺术性强；图文获得方便，既可利用各种软件直接生成，又可通过多种方式输入；广大教师能自己设计制作，所制投影片具有质量高、效果好等优点。

计算机制作投影片的具体过程：首先，采用扫描仪扫描、数码相机拍摄或利用计算机图文软件生成数字化图文；然后，用相应的图像软件对图文进行亮度、反差、效果等加工处理；最后，通过各类打印设备将图文打印到透明片上，如图 6-19 所示。

图 6-19　彩色打印片

2）复合型投影片制作。

① 复合式投影片制作。复合式投影片制作是把一幅画面分解成多张投影片，全部重叠起来则组成一幅完整的画面。制作复合式投影片的主要工作是设计、制作单片，然后将制作好的单片按设计要求叠合组装完成。组装时，注意叠合位置要准确，翻、换片要灵活方便。另外，设计复合片画面时，应注意复合的张数不能太多，以免影响透明度，降低银幕的视觉效果。

根据所讲内容，参照小学语文或数学教材制作相应的复合片（一篇课文或数学教学的一个片段）。如图 6-20 所示是小学语文“小蝌蚪找妈妈”的复合片。

图 6-20　复合式投影片

② 动感式投影片制作。条纹动感片是由一张绘有平行、等距、直线条纹的透明片（动片，也称盖片），与另一张绘有平行、等距、直线条纹（也可以是近似于平行、等距的直线条纹或曲线条纹）的透明片（定片，也称底片），在相互叠加、错动过程中，产生波纹运动感觉而制成的投影片。

条纹动感片的制作方法简单，可直接采用投影片厂生产的条纹动片，并利用配套的定片条纹剪贴制作满足动感要求的定片，就制成了需要的条纹动感片。

参考初中（或高中）物理教材中的机械波相关内容来制作机械波的干涉条纹，如图 6-21 所示。

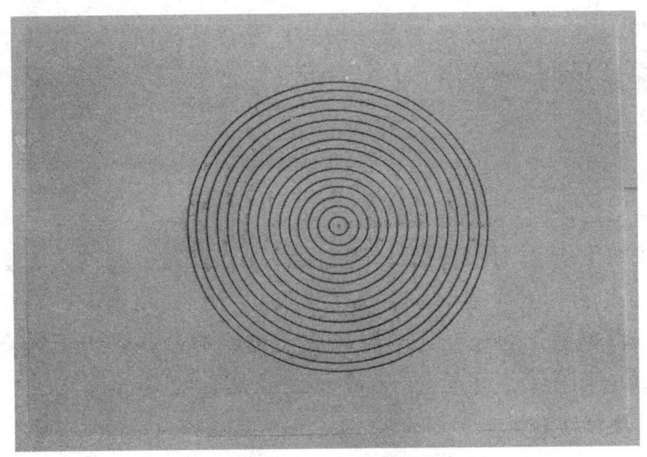

图 6-21　动感式投影片

二、录音机

（一）录音机的工作原理

录音机录放音的基本工作过程如图 6-22 所示。录音过程是把声音信号记录在磁带上，放音过程是从记录有声音信号的磁带上获取声音信号，并将其还原。

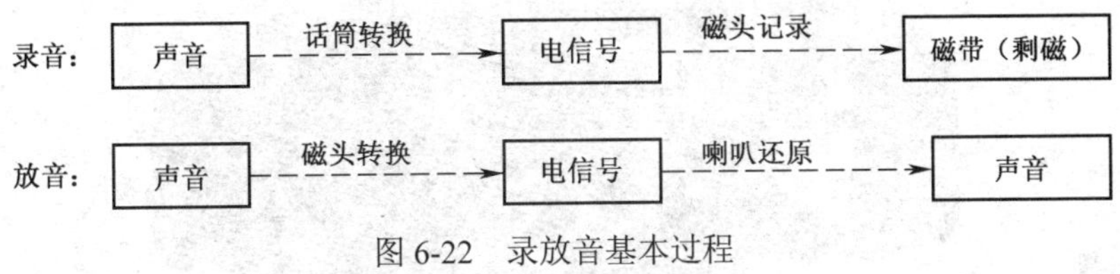

图 6-22　录放音基本过程

1. 录音原理

录音机的录放音工作过程为：声音经过话筒转变成音频信号，经音频放大电路放大后送到录放音磁头，磁头铁芯中产生随音频信号电流大小变化的磁场。由于磁带与录音磁头铁芯的缝隙紧贴在一起，故铁芯中变化的磁力线通过放置紧贴在磁头缝隙前的磁带形成闭合回路，使经过该缝隙处的磁带磁化。同时，因为磁力线是随音频信号大小变化的，故每段移动磁带被磁化的程度也随音频信号的强弱而变化，这样声音信息就以“剩磁”的形式记录在磁带上。

录音时，为了做到失真小，噪音低，还要在录音磁头上加一个超音频偏磁电流，该电流由超音频振荡电路提供，称之为偏磁录音。移动的磁带在经过录音磁头录音前，先经过抹音磁头抹音，把磁带上原有的磁信号消掉，以避免重叠录音。综上所述，录音的过程就是先把声能变成电能，然后通过磁头把电能变成磁能，最后以磁的形式把声音信号保存在磁带上。

2. 放音原理

放音是录音的逆过程。工作时，录好音的磁带按照与录音时同样的速度，紧贴放音磁头缝隙前进，磁带上所录下的按音频信号规律变化的磁力线通过放音磁头的铁芯而形成闭合回路，这个随音频信号变化的磁力线，通过放音磁头的线圈时，在线圈中感应出和原来录音时规律一致的音频信号电流，经音频放大电路放大后传送给喇叭，还原出原来的声音。放音时超音频振荡电路和抹音磁头都不工作。

3. 抹音原理

录有节目的磁带要重新录音时，须先将磁带上原来记录的音频信号去掉，这一过程称为抹音。抹音实际上是对已录有信号的磁带的磁性层进行消磁。

录音机磁带的消磁有交流消磁和直流消磁两种形式。大多数的录音机都采用交流消磁，所使用的交流消磁电流是由超音频振荡电路产生的超音频振荡电流。在抹音磁头线圈中加入适当大小的超音频振荡电流，当磁带贴着抹音磁头前进时，抹音电流就会把磁带上原有的音频信号磁迹全部消掉。当磁带通过录音磁头时即可录制新的节目。

（二）录音机的使用方法

（1）认真阅读实验用录音机使用说明书，弄清面板上各种旋钮、按键、开关、插孔、指示灯的作用。本实训以 SANYO M903SR-K 为例来进行，SANYO M903SR-K 收录机的外形如图 6-23 所示。

图 6-23　SANYO M903SR-K 收录机的外形

1）正面板简介，如图 6-24 所示。

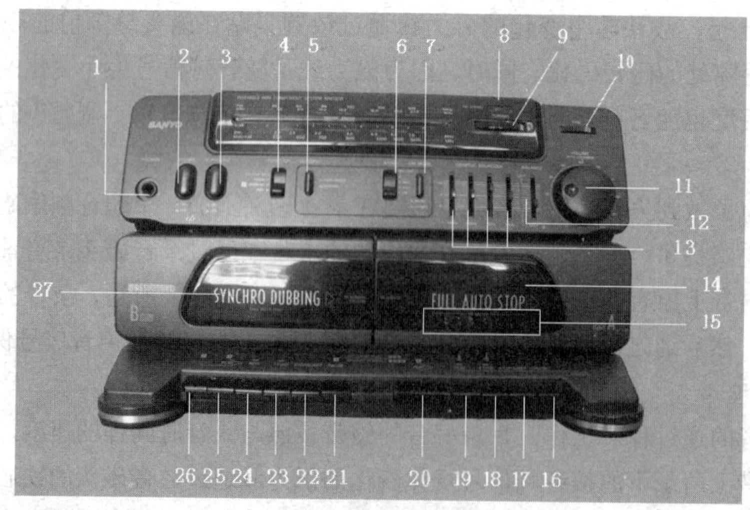

图 6-24　正面板

说明：1 耳机；2 电源按钮；3 环绕声按钮；4 功能键；5 翻录键；6 波段开关；7 频方式键；8 调频立体声指示灯；9 调谐钮；10 微调钮；11 音量；12 平衡调节钮；13 均衡曲线控制；14 音量指示灯；15 A 带座带室；16 A 带座暂停键；17 A 带座停止/弹带键；18 A 带座快进键；19 A 带座快退键；20 A 带座播放键；21 B 带座暂停键；22 B 带座停止/弹带键；23 B 带座快进键；24 A 带座快退键；25 B 带座播放键；26 B 带座录音键；27 B 带座带室。

2）背面板简介，如图 6-25 所示。

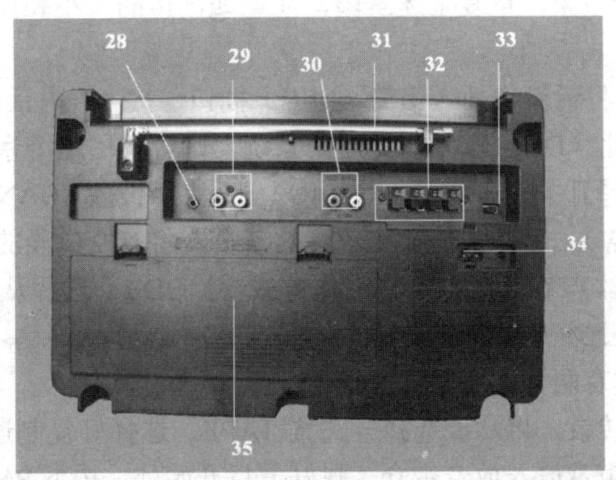

图 6-25 背面板

说明：28 外接 MIC 插口；29 唱机/输入左/右插口；30 扬声器插口；31 天线；32 左/右扬声器插口；33 OSC 制；34 直流电（12V）输入插口；35 电池盒。

（2）选择电源。根据使用场所和使用时间进行电源选择，如果使用时间较长，最好选择交流电源，用录音机自带的电源线与交流电源相连接（注意录音机电源要求）；如果使用时间不太长，使用场所不具备使用交流电源时就只能用直流电源（一般是使用干电池），要根据所使用的录音机对直流电源的要求进行选择。

（3）收音。

1）将功能开关设置于收音位置。

2）将波段开关设置于想收听的波段（如中波、调频波段）上。

3）将音量旋钮开大一些，使调谐过程中声音能够听得比较清楚；

4）拨动调谐旋钮或微调（收听短波）选台，直到获得清晰宏亮的信号。其中调频波段要把天线抽出来并调节其方位至最佳收音位置；中波/调幅或短波波段要能转整个机身的方位以获得最佳听音位置。

5）调节音量、平衡及均衡曲线控制至适当位置。

6）关收音机时，可以将功能键拨到磁带位。

（4）放音。

1）将功能开关设置于磁带位置。

2）把录有音乐和语言节目各一段的录音带放入带仓，将磁带选择开关和音量旋钮置在相应和适当位置。

3）按放音键（PLAY）放音。

4）放音过程中，根据声音的大小来调整音量。

5）要停止放音时，按一下停止/弹带键。

（5）录音。

1）机内话筒录音。将功能选择开关置 TAPE，把空白录音带放入录音带仓，先按暂停键（PAUSE），再同时按下录音键（RECORD）和放音键（PLAY），松开暂停键即可对着机内话筒朗读 2～3 分钟的文章。播完后按暂停键、停止键（STOP）、倒带键（REW）、再按放音键（PLAY）即可试听录音效果。重复上述实验，注意朗读声的大小和离话筒的远近对录音效果的影响。

2）外接话筒录音。将话筒线插入话筒（MIC）插口，按“机内话筒录音”方法进行录音、放音。如果录音机有杜比（DOLBY）降低噪声系统，则可利用这个系统进行录、放比较。

3）收录。将功能选择开关置于收音（RADIO）位置，将波段（BAND）选择置中波（MW）、调频（FM）或短波（SW），选择一信噪比较高的节目，将有空白段的磁带放进带仓，按上述步骤录音。如是调频立体声节目，则应将工作方式（MODE）选择从单声道（MONO）变为立体声（STEREO）。按上述方法倒带放音，试听效果。

4）转录。转录方式有两种：

第一种，同机双卡转录。将功能选择开关置 TAPE，选择好复制速度（有高速 HI 和普通速度 NOR 两种）。将原声带放入放音带仓，找好节目开始处，按下 PAUSE 和 PLAY 键。将空白带放入录音带仓，选择好相应位置，按下 PAUSE 和 RECORD、PLAY 键。录音开始，同时松开带仓的 PAUSE 键，即可进行转录。转录完后按录音仓的 PAUSE 键，再按 STOP 键。

第二种，两机转录。在放音机输出（LINE OUT）端的左右声道与录音机输入（LINE IN）端的左右声道之间连接音频线（两根），按同机转录操作方法进行录音。

（三）录音磁带

录音磁带是记录和存储声音信息的载体，由带基和磁性层两部分组成。带宽为 3.81 mm，可用于单声道二磁迹或双声道四磁迹的录音方式记录。单声道二磁迹是把声音记录在磁带一侧（第一磁迹），待一侧录完后，把磁带盒翻转，在另外一侧继续记录声音（第二磁迹）。立体声录音时，则采用双声道四磁迹方式录制。盒式磁带录音机在工作时，磁带的标准运行速度是 4.76cm/s。磁带根据磁性层组成成分的不同，可以分为普通带、铬带、铁铬带、金属带。根据录音时间的长短可以分为 C-30、C-45、C-60、C-90、C-120 等，其中 C-60 是标准长度的录音带，录音磁带如图 6-26 所示。

三、电视机

（一）电视的基本原理

电视是用电的方式、连续的、及时地传送活动景物图像的技术。我国电视标准规定每幅电视图像有 625 行，电视画面宽与高之比为 4:3。电视标准还规定每帧画面分两场隔行扫描，每秒钟扫 50 场，传送 25 幅画面。由于人眼视觉的暂留特性，这样呈现的活动图像可以给人连续的感觉。把红、绿、兰按不同的比例进行混合，又可得到自然界中绝大部分色彩，这就是三基色原理。彩色电视就是按三基色原理进行摄取与重现彩色图像的。由于编码方式的不同，形成了不同的彩色电视制式。目前世界上广泛应用着 3 种制式：PAL 制（中国、英国、德国）、NTSC 制（日本、美国、加拿大等国家）和 SECAM 制（法国、前苏联、东欧诸国等）。

彩色电视接收机的任务是从众多的无线电视信号中，选择出所要接收的某一频道的电视信号，并进行放大，然后解调出视频信号，经过解码得到三基色信号，去推动显像管，恢复出图像；解调出伴音信号去推动扬声器恢复出声音。

图 6-26　常见录音磁带

（二）电视机的使用方法

（1）天线的连接方法。

（2）连接电源线，把室内天线的插头插入电视机的天线插座，如图 6-27 所示，打开电视接收机电源开关，红色指示灯亮，电视接收机进入开机状态。

（3）调谐。将电视接收机调谐到当地电视台播放的电视频道上。待图像出现后，反复调整室内天线的长度、方向，使电视接收机屏幕显示图像清晰、无雪花、无重影（或重影少）。

（4）对比度、亮度调节。调节电视接收机的对比度键和亮度键，使图像层次分明，亮度适中。

（5）色彩饱和度、色调的调节。调节要适当，常以人物面部肤色为准。

（6）音量调节。音量要适中，根据观看人数多少，调至能听清电视伴音为止。

（7）反复调节频率微调（FINE∧或 FINE∨）键、室内天线长短、方向和各个旋钮。观察各种调节的因素对图像质量的影响。

注意：更详细的操作使用方法参考 D2117 型彩色电视接收机使用说明书。

（三）影碟机

影碟机也称为视盘机，是播放光盘中的视频、音频文件的设备。影碟机集中了激光技术、数字技术、精密加工技术等。它的型号品种繁多，一般包括 VCD、超级 VCD、DVD 等。视盘机一般使用 12cm 的盘片，其外观相似，但盘片内容、格式不一样则导致使用的机器型号不同。普通 VCD 水平清晰度一般为 240 线～280 线；超级 VCD 的水平清晰度可达 350 线～380 线左右；DVD 的水平清晰度可达 500 线以上。

（四）电视机与影碟机的连接方式

以万利达超级 VCD 为例，如图 6-28 和图 6-29 所示是万利达超级 VCD 的正面和背面。

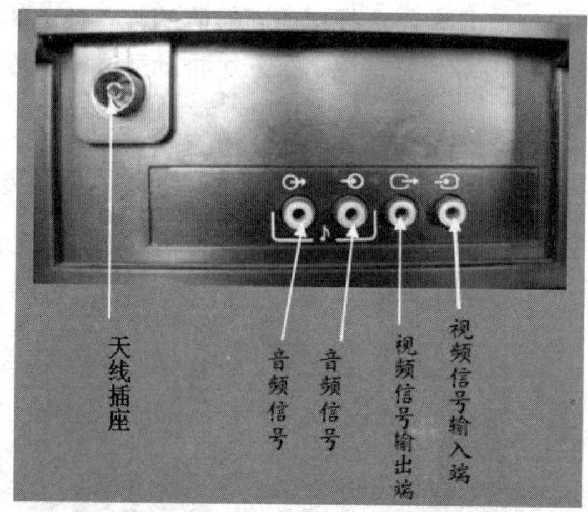

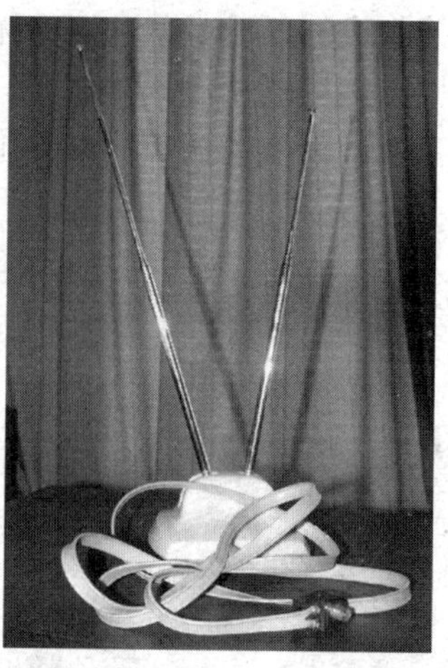

图 6-27　左：电视机背面端子板　右：电视机室内天线

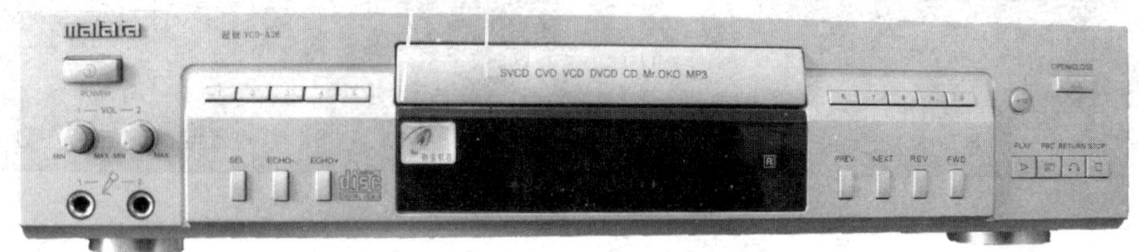

图 6-28　VCD 正面

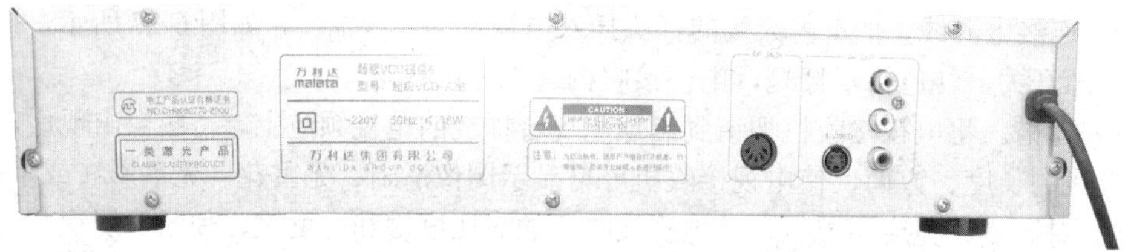

图 6-29　VCD 背面

1. 影碟机与电视接收机配接的原则

信号对应原则：同一条电缆两端连接的必须是同一类信号。

输出对输入的原则：同一条电缆一端连接输出插孔，则另一端必须接输入插孔，不能两端都连接输出，也不能两端都连接输入。

视频、音频配接法是影碟机与电视接收机的一种最基本的连接方法。

2. 视频、音频配接法

将视频电缆的一端插入影碟机的视频输出插孔（VIDEO OUT），另一端插入电视接收机的视频输入插孔（VIDEO IN），将音频电缆的一端插入影碟机的音频输出插孔（AUDIO OUT），另一端插入电视接收机的音频输入插孔（AUDIO IN），然后将电视接收机的“AV/TV”转换开关轮换到“AV”状态，这样，影碟机与电视接收机的视频、音频配接就完成了。

3. 播放碟片

（1）连接好 VCD 机与电视接收机，开启 VCD 机与电视接收机电源开关。

（2）按下碟盘“开/关”键（碟盘托架自动推出），放入碟片（印有标记的面朝上，然后放在托架内）再按碟盘“开/关”键（碟盘托架自动关闭，机器开始读盘）。

（3）选曲（按数字键直接选曲。如要搜寻>9 的曲目，请先按“+10”键，再按个位数字）。

（4）如要暂停播放请按“暂停/单步”键，按 ▷ 键则继续播放。

（5）如要停止播放，请按停止键。

4. 搜索画面方式

（1）快进、快退（按 ▷▷ 或 ◁◁ 键将快速向前或后退搜索画面），再按 ▷ 键时恢复正常播放。

（2）选时播放（按选时键，然后输入时间，将从输入的时间处开始播放）。

（3）慢放（按下慢放键，将慢速向前播放）。

5. 多语言、多字幕选择

（1）在播放 VCD 双语碟片时，按“伴音模式”键选择您所需要的语言。

（2）在播放超级 VCD 多语言碟片时，按“录音/通道”键选择所需要的语言通道.

（3）在播放超级 VCD 多字幕碟片时，按“对比/字幕”键选择所需要的字幕。

6. 卡拉 OK 播放

（1）先将 VOL1，2（麦克风音量控制）旋钮置于最小，再把麦克风插入 1，2 插孔。

（2）按下碟盘“开/关”键（碟盘托架自动推出），放入卡拉 OK 碟片（印有标记的面朝上，然后放在托架内）再按碟盘“开/关”键（碟盘托架自动关闭，机器开始读盘）。

（3）选择伴奏或原唱，旋转 VOL1，2 控制旋钮，调节麦克风音量。

（4）按遥控器上的“混响（△）”键将打开卡拉 OK 话筒，继续按则回声加大；按“混响（▽）”键，回声减小；回声最小时，再按“混响（▽）”键，将关闭话筒。

（5）音量调节：按“功能”键一次，再用△、▽键调节音量大小；音调调节：按功能键两次，再用△、▽键调节音调高低。

第三节　计算机与校园网

一、计算机

（一）计算机的产生和发展

电子计算机是一种数字化信息处理设备，诞生于 20 世纪中期。

电子计算机从诞生至今的几十年间，其发展经历了五代：第一代电子计算机和第二代电子计算机（20 世纪 50 年代）分别以电子管和晶体管作为逻辑部件，故称为电子管时代和晶体管时代；第三代电子计算机（20 世纪 60 年代）用集成电路作为逻辑部件，被称为小规模集成电路时代，第四代电子计算机（20 世纪 70 年代及以后）因大规模集成电路应用于计算机，寄存器多，速度快、称为大规模及超大规模集成电路时代，第五代为发展中的计算机科学时代，主要有智能型计算机、分布式计算机系统及多媒体技术。

电子计算机的应用已经渗透到社会的各个领域。不同类型的电子计算机（巨型机、大型机、中型机和微型机等）在社会各个方面得到了广泛应用。学校、家庭等场所通常使用的是微型计算机，这些计算机也称为“微型电脑”或“个人电脑”，便携式的计算机又叫做笔记本电脑。

（二）计算机的构成

计算机系统包括硬件系统和软件系统两大部分。硬件系统是指组成计算机的各种物理设备，也就是我们在“认识计算机”中所介绍的那些看得见、摸得着的实际物理设备。软件系统是指计算机的程序及相关的文档。

1. 计算机硬件系统

计算机硬件系统包括计算机的主机和外部设备，具体由五大功能部件组成，即运算器、控制器、存储器、输入设备和输出设备。这五大部分相互配合，协同工作。

（1）运算器。运算器是计算机中执行各种算术和逻辑运算操作的部件，由算术逻辑单元（ALU）、累加器、状态寄存器、通用寄存器组等组成。算术逻辑运算单元（ALU）的基本功能为加、减、乘、除四则运算，与、或、非、异或等逻辑操作，以及移位、求补等操作。计算机运行时，运算器的操作和操作种类由控制器决定。运算器处理的数据来自存储器；处理后的结果数据通常送回存储器，或暂时寄存在运算器中。

（2）存储器。存储器（Memory）是计算机系统中的记忆设备，用来存放程序和数据。计算机中的全部信息，包括输入的原始数据、计算机程序、中间运行结果和最终运行结果都保存在存储器中。它根据控制器指定的位置存入和取出信息。存储器是用来存储程序和数据的部件，有了存储器，计算机才有记忆功能，才能保证正常工作。按用途存储器可分为主存储器（内存）和辅助存储器（外存）。外存通常是磁性介质或光盘等，能长期保存信息。内存指主板上的存储部件，用来存放当前正在执行的数据和程序，但仅用于暂时存放程序和数据，关闭电源或断电，数据就会丢失。

（3）控制器。由程序计数器、指令寄存器、指令译码器、时序产生器和操作控制器组成，它是发布命令的“决策机构”，即完成协调和指挥整个计算机系统的操作。主要功能是：从内存中取出一条指令，并指出下一条指令在内存中的位置；对指令进行译码或测试，并产生相应的操作控制信号，以便启动规定的动作；指挥并控制 CPU、内存和输入/输出设备之间数据流动的方向。

（4）输入设备。向计算机输入数据和信息的设备，是计算机与用户或其他设备通信的桥梁。输入设备是用户和计算机系统之间进行信息交换的主要装置之一。键盘、鼠标、摄像头、扫描仪、光笔、手写输入板、游戏杆、语音输入装置等都属于输入设备。

现在的计算机能够接收各种各样的数据，既可以是数值型的数据，也可以是各种非数值型的数据，如图形、图像、声音等都可以通过不同类型的输入设备输入到计算机中，进行存储、处理和输出。

（5）输出设备。输出设备是人与计算机交互的部件之一，用于数据的输出。它把各种计算结果数据或信息以数字、字符、图像、声音等形式表示出来。常见的有显示器、打印机、绘图仪、影像输出系统、语音输出系统、磁记录设备等。

2. 计算机软件系统

计算机软件系统包括系统软件和应用软件两大类。

（1）系统软件。系统软件是指控制和协调计算机及其外部设备，支持应用软件的开发和运行的软件。其主要的功能是进行调度、监控和维护系统等。系统软件是用户和裸机的接口，主要包括：操作系统软件，如 DOS、Windows 98、Windows NT、Linux、Netware 等；各种语言的处理程序，如低级语言、高级语言、编译程序、解释程序；各种服务性程序，如机器的调试、故障检查和诊断程序、杀毒程序等；各种数据库管理系统，如 SQL Sever、Oracle、Informix、FoxPro 等。

（2）应用软件。应用软件是用户为解决各种实际问题而编制的计算机应用程序及其有关资料。应用软件主要有以下几种：用于科学计算方面的数学计算软件包、统计软件包；文字处理软件包（如 WPS、Word、Office 2000）；图像处理软件包（如 Photoshop、动画处理软件 3ds max）；各种财务管理软件、税务管理软件、工业控制软件、辅助教育等专用软件。

二、校园网

（一）计算机网络的概念、功能、结构及分类

（1）计算机网络的概念：将分布在不同地理位置上的具有独立工作能力的计算机、终端及其附属设备用通信设备和通信线路连接起来，并配置相应的管理、应用软件，以实现计算机的资源共享、数据交换的系统，都可称为计算机网络。简单地说，就是将两部或两部以上的计算机彼此相连，以达到数据交换、资源共享的系统。

（2）计算机网络的功能：数据交换、资源共享，这里所指的数据包括各种信息，数据库、文本、图像、声音、视频等；资源包括计算机设备资源（如打印、扫描、大容量磁盘等价格昂贵的设备）和信息资源（大型数据库、公共信息等）。

（3）计算机网络的组成和结构：计算机网络由网络服务器、工作站、通信设备、输入输出设备、传输媒介等。网络服务器通常是网络上性能最好的计算机，用于数据存储、资源共享；凡是网上所连接的计算机都可称为工作站，既可独立工作，又可联网访问服务器，共享网络资源；通信设备是负责网络中各用户对主计算机的通信联系，以及网与网之间的通信；输入输出设备是指网络上的打印机、扫描仪等可供多个用户共享资源的设备；传输媒介即电缆、光缆连接器等设备。网络的结构根据需要，可连接成星型、总线型、树型、网状等形式。星型和总线型是一般小型网络常用的网络结构。

（4）计算机网络的分类：有多种分类方法，按规模可分为局域网、区域网和广域网。局域网服务范围一般在几公里、十几公里以内，通常是一座大楼或一组楼群，并拥有联网的计算机设备，广域网的服务范围要大得多，几百公里至几千公里，甚至更远，对所连的系统不一定拥有所有权。局域网的内部数据传输速度比广域网高得多，区域网介于局域网和广域网之间。按数据传输模式可分为以太网、令牌环网、令牌总线、FDDI（光纤分布数据接口）、异步传输模式（ATM）等；以太网是以碰撞信号方式使用传输媒介，经济实用，是一般小型局域网常用的传输模式。按用途和服务对象分类可分为经济信息网、教育科研网、企业网和校园网等。

（二）校园网的概念

校园网：校园网是为学校师生提供教学、科研和综合信息服务的宽带多媒体网络。实质上是服务于学校教育、科研的一种局域网，也有的规模较大的大学，它的网络服务范围极广，在局域网的基础上形成广域网。

（三）校园网的功能和用途

校园网络最初的概念是以硬件集成为主，即只是一个硬件平台，到第二阶段又提出以教学应用软件集成为主的软件建网的校园网概念，这也是当今大多数校园网所采用的模式。现在，越来越多的人发现，硬件加软件的模式还远不能发挥出校园网的优势，校园网应该建构在全新的教育模式上，而不应依附于传统的教学模式，所以诞生了“硬件+软件+现代教育”模式的新一代校园网概念。因此建设校园网的真正目的在于为学校师生提供教学、科研和综合信息服务的高速多媒体网络，在校园网中可以实现学校办公自动化，管理、教学、教研手段的自动化和现代化。

（1）信息发布。学校的 Web 主页犹如学校的一个窗口，学校可以通过这扇窗口向世界各地的人们充分展示学校的形象。一般说来，学校主页的主要内容应包括学校历史、院系、部门介绍、专业设置、招生与分配信息、教学与科研信息等。学校主页上可以发布学校的各种重大事件，会议通知和安排，也可以发布各种公文，这样既节省了时间和费用，又增强了公示的效果。

（2）管理应用。建立在校园网络基础上的学校管理信息系统（MIS）可以为学校在人事、教务、财务、日程安排、后勤管理等方面，提供一个先进的分布式管理系统。将会使原有的管理模式从纵向、单通道的、主要依靠个人的经验判断和决策的简单模式，发展成为现代的多向的、多通道的网络状的复杂模式，从而提高管理效率，达到事半功倍的效果。

基于校园网络的信息管理系统将大大提高原有人工管理或单机管理系统的效率，扩大管理系统的应用领域。能更加及时地收集、统计、分析学校的各种信息，以利于学校的行政管理和教学管理，充分发挥学校的整体功能，更好地为教育工作服务。

（3）教学应用。校园网的主要功能就是教学应用，它可以由网络教学平台提供支持，以网络教学信息资源库作为信息来源，运用多种网络工具完成网络教学任务。

网络教学支持平台：网络教学支持平台是学校开展网络教学活动的支撑系统，它可以包括网络备课、网络授课、网上课程学习、网上练习、在线考试、虚拟实验室、网络教学评价、作业递交与批改、课程辅导答疑、师生交流、教学管理等模块。

教学信息资源库：教学信息资源库是学校进行网络教学的重要组成部分，它包括多媒体素材库、教案库、课件库、试题库、学科资料库等。同时资源库还应向师生提供全文检索、属性检索，提供资源的增减与归类，还可以提供压缩打包下载等功能。

（4）科研应用。校园网络可以使用户共享各类计算机软、硬件资源及学术信息资源，从而提高科研的效率。另一方面，校园网络还可以降低科研的成本。科研人员可以通过校园网络形成一个工作小组，在不同办公室里的科研人员可以很方便地通过网络与其他成员交流设计思想和设计方案。同时，人们还可利用校园网络的对外联网，检索世界各地的信息资料，也可以使用电子公告栏（BBS）与世界各地的专家探讨最新的思想，发表、交流学术观点，交换论文等。

（5）数字化图书馆。数字图书馆是以数字化格式存储海量的多媒体信息并能对这些信息资源进行高效的操作，它的资源数字化、联系网络化、获取自主化等优点是传统图书馆无法比拟的。数字图书馆对于教育的支持服务是全方位和个性化的，可以及时响应远程用户的需求。不仅可以联机查询、借阅，还可为管理人员提供业务数据，及时分析研究，加强宏观管理。更为重要的是，每个用户都可以通过校园网络方便地对图书馆的图书、文献信息进行检索与阅读，读者可以访问图书馆的联机数据库，可以在自己家中和办公室里通过校园网络阅读报刊或检索资料。

（四）校园网的基本组成结构

校园网通常是指利用网络设备、通信媒质和相应的协议（例如，TCP/IP 协议等）以及各类系统管理软件，将校园内计算机和各种终端设备有机地集成在一起，同时又通过防火墙（Firewall）与外部的 Internet 网络连接，用于教学、科研、学校管理、信息资源共享和远程教育等方面工作的局域网。可见，校园网是 Internet 技术在学校中的一个典型应用，换言之，校园网络就是一个特殊的 Intranet。

校园网的硬件通常由服务器、工作站、网间互联设备、传输媒质等部分组成。

1. 服务器

服务器（Server）是网络上一种为客户端计算机提供各种服务的高性能计算机。由于服务器是针对具体的网络应用而特别制定的，所以在处理能力、稳定性、可靠性、安全性、可扩展性、可管理性等方面比普通计算机要强。服务器根据其在网络中所执行的任务不同可分为 Web 服务器、数据库服务器、视频服务器、FTP 服务器、Mail 服务器、打印机服务器、网关服务器、域名服务器等。上述服务器既可以安装在同一台物理服务器上，也可以分别安装在多台物理服务器上。对于小型的校园网络，往往把 Web 服务、FTP 服务、数据库服务等集于一台服务器上。

2. 工作站

在校园网中，工作站（Workstation）是一台客户机，即网络服务的一个用户。

3. 网络互联设备

（1）集线器（HUB）。集线器是计算机网络中连接多个计算机或其他设备的连接设备。HUB 主要提供信号放大和中转的功能，把一个端口接收的信号向所有端口分发出去，有些集线器还可以通过软件对端口进行配置和管理。通常集线器到各节点间的连接使用双绞线、光纤、同轴电缆等，端口的数量从 4 个到 24 个不等，如果网络中计算机的数目较多，可将集线器级联使用或选用可堆叠集线器。

（2）交换机（Switch）。交换机的外形与集线器很接近，也是一个多端口的连接设备，主要区别在于：从工作方式看，集线器采用广播模式，也就是说集线器的某个端口工作的时候，其他所有端口都能够收到信息，容易产生广播风暴。当网络规模较大时，网络性能会受到严重影响。而当交换机工作的时候，只有发出请示的端口和目的端口之间相互响应，而不影响其他端口（即点对点方式）。从带宽看，集线器不管有多少个端口，所有端口都是共享一条带宽，在同一时刻只能有两个端口传送数据，其他端口只能等待；而交换机每个端口都有一条独占的带宽，当两个端口工作时，并不影响其他端口的工作，因此，交换机的数据传送速率通常要比集线器快很多。此外，学校网络中心的核心交换机往往还具有路由功能。

（3）路由器（Router）。路由器是连接多个网络或网段的网络设备，它能将不同网络或网段之间的数据信息进行“翻译”，以使它们能够相互“读”懂对方的数据，从而构成一个更大的网络。通常路由器有两大典型功能，即数据通道功能和控制功能，数据通道功能一般由硬件来完成，控制功能一般用软件来实现。

（4）网关（Gateway）。网关是网络连接设备的重要组成部分，它不仅具有路由的功能，而且能对两个网络段中使用不同传输协议的数据进行互相的翻译转换，从而使不同的网络之间能进行互联。网关一般是一台专用的计算机，该机器上配置有实现网关功能的软件，这些软件具有网络协议转换、数据格式转换等功能。

（5）防火墙（Firewall）。防火墙是指一种将内部网和公众访问网（如 Internet）分开的硬件或软件技术。防火墙对流经它的网络通信进行扫描，这样能够过滤掉一些攻击，以免其在目标计算机上被执行。防火墙还可以关闭不使用的端口，而且它还能禁止特定端口的流出通信，封锁特洛伊木马等程序。最后，它可以禁止来自特殊站点的访问，从而防止来自不明入侵者的所有通信。防火墙有不同类型，一个防火墙可以是硬件自身的一部分，如路由器，你可以将因特网连接和计算机都插入其中。防火墙也可以是在一个独立的机器上运行的软件，该机器作为它背后网络中所有计算机的代理和防火墙。对于直接连在因特网的 PC 机可以使用个人防火墙软件。

4. 常用的网络传输媒质

（1）双绞线（Twisted Pair）。双绞线是由两根相互绝缘的铜导线按照一定的规格互相缠绕在一起而成的网络传输介质。它的原理是：如果外界电磁信号在两条导线上产生的干扰大小相等而相位相反，那么这个干扰信号就会相互抵消。常用的无屏蔽层双绞线由 4 对双绞线和 1 个塑料护套构成。由于线缆的长度受到衰减的严重限制，所以在当前的技术下，传输数据的距离一般限定在 100m 范围内，双绞线是目前局域网中使用最多的传输媒质。

（2）光纤（Fiber）。光纤是以光脉冲的形式来传输信号，材质以玻璃或有机玻璃为主的网络传输介质。它由纤维芯、包层和保护套组成。光纤按其传输方式可分为单模光纤（直线传播）和多模光纤（折射传播）。单模光纤较多模光纤具有更高的容量和更大的传输距离，但价格比较昂贵。光纤具有极高的传输带宽，目前技术可以 1000Mb/s 以上的速率进行传输。光纤衰减极低，抗电磁干扰能力很强，所以传输距离可达 20 公里以上。但价格高，安装复杂和精细，需要使用专门的光纤连接器和转换器。

典型的校园网结构如图 6-30 所示。

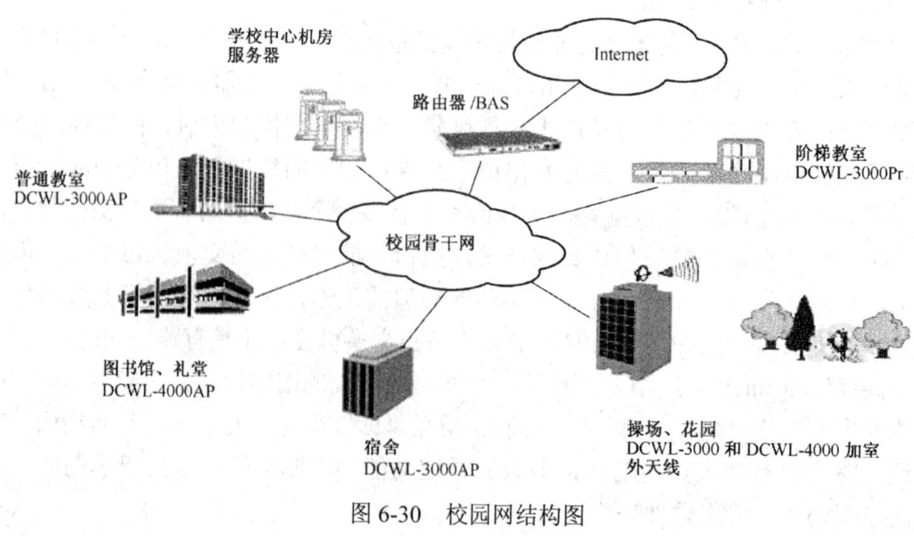

图 6-30　校园网结构图

第四节　多功能教室

在教学过程中可以使用两种或两种以上的媒体进行教学，即多媒体组合教学，多种媒体组合在一起的教室，称为多媒体教室。

一、多媒体教室的构成

根据设备的配置和规模不同，多媒体教室分为简易型和多功能型两种。

简易型多媒体教室就是在普通的教室里装有多媒体计算机、分配器、数字投影机（或大屏幕电视机）、银幕、音箱、简易型中控桌等主要设备。其中分配器、音箱和多媒体计算机集中放置在中控桌里，便于管理。该类型多媒体教室造价低、便于普及，操作简单、使用方便，可以提高媒体的使用效率和教学效益。但也存在着音质差，整体效果不理想等缺点，如图 6-31 和图 6-32 所示。

图 6-31　简易型多媒体教室（配投影机和银幕）

图 6-32　简易型多媒体教室（大屏幕电视机）

随着信息化社会的到来，出现了融传统媒体与计算机多媒体于一室的多功能型多媒体综合教学系统。设备配置有多媒体计算机、网络设备、分配器、数字投影机（或大屏幕电视机）、银幕、功放机（或调音台）、影碟机、录放像机、卡座（录放音机）、音箱、话筒设备、视频展示台、中央控制系统、中控桌等主要设备，如图 6-33 所示。

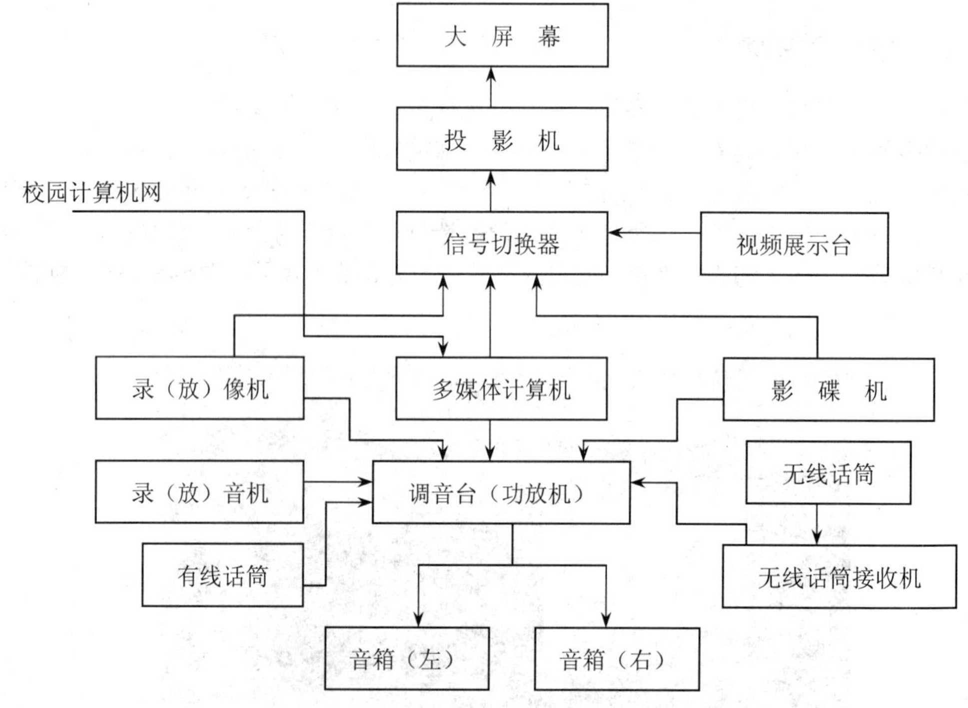

图 6-33 多功能型多媒体综合教学系统结构图

（1）视频、数字展示台。它可以进行实物、照片、书本资料的投影，是一种非常实用的设备。它不单独使用，只能输出视频、数字信号，由多媒体投影机来投影。

（2）多媒体投影机。多媒体投影机是整个多媒体演示教室中最重要的也是最昂贵的设备，它连接着计算机系统、所有视频输出系统及数字展台，承担视频、数字信号输出成像的重任。

（3）多媒体计算机。多媒体计算机是演示系统的核心，大多数教学软件都要由它运行，而且在很大程度上决定演示效果的好坏。

（4）视频输入系统。它包括录像机、VCD 机、DVD 机等，其视频信号由多媒体投影机投影到屏幕上。

（5）音响系统。包括麦克风（有线或无线）、功放、音箱等，用以输出音频信号，其配置可根据教室空间大小和人数的多少来定。

（6）中央控制系统。由于多媒体演示教室中使用了多种数据、视频音频设备，要完全用好这些设备对上课的教师来说有一定的难度。中央控制系统用系统集成的方法，把整个多媒体演示教室的设备操作集成在一个平台上，所有的设备操作均可在这个平台上完成，使用者无须对单个设备进行操作，如图 6-34 和 6-35 所示。

图 6-34　多功能教室操作台

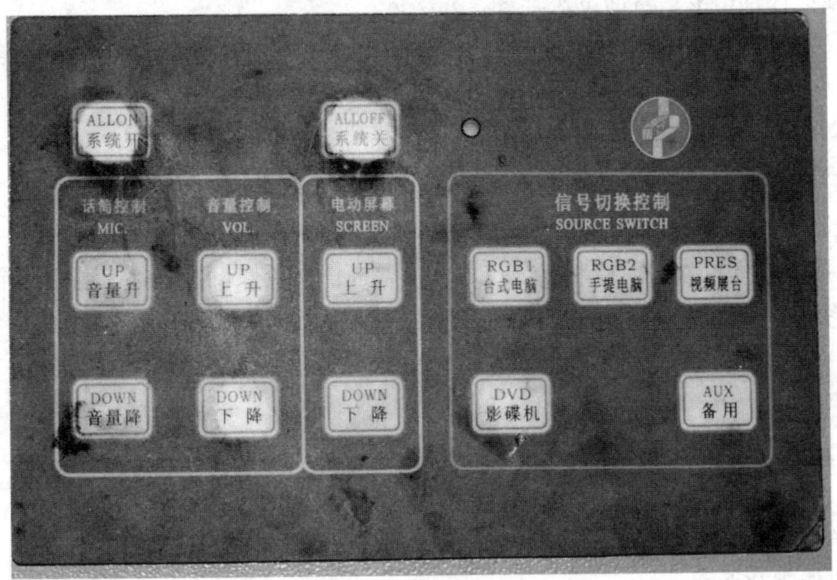

图 6-35　多功能教室中央控制系统

二、多媒体教室的教学特点

由于多媒体教室内的媒体较多，功能较齐全，能满足不同课程教师、不同课程和不同教学内容的需要。教师可以单独使用某一媒体，或多种媒体组合使用。运用幻灯机、投影仪、银幕进行投影教学；运用收录机、扩音系统进行广播录音教学；运用电视机、录像机、音响等进行电视录像教学。教师还可以根据教学的需要，在多媒体优化组合教学设计理论指导下，综合运用多种媒体进行教学，从而发挥多种媒体的优势。

三、多媒体教室的教学功能

（1）接收、播放影视信号，播放录像带、VCD 等音视频内容。

（2）投影实物和书本资料，进行现场实物讲解。实物展台可以将书稿、图表、照片（包括负片）、文字资料（包括教材）、实物及教师当时书写的文字投影到银幕上。由于具有变焦功能，对被摄物体没有严格的尺寸要求，局部特写很容易实现。

（3）投影计算机的数字信号，进行计算机的教学、培训和演示。使用计算机进行多媒体教学能呈现教学内容的文、图、声、像。

（4）可以进入校园网，进行网上联机教学，从网中调出自己需要的教学资料。

（5）使用幻灯、投影进行常规化教学。教师可以利用原有的幻灯片、投影片等常规电教软件进行教学。

（6）具有多媒体课件制作功能。在多媒体演示教室中，各种文字、图片、图像、声音等资料可以通过视频展台和录像机等设备转换成视、音信号，再由图像卡、声卡等转换成数据文件，因此可以制作不同类型的多媒体课件。

（7）能够让使用者简单地操作大量复杂的设备。

第五节　微格教学系统

微格教学系统是为微格教学训练课而设置的一种完全真实的教学环境，该系统通常由微格教室、控制室和观摩研讨室等组成，包括摄制反馈微格训练的视听设备。微格教室是受训者进行角色扮演的模拟教室，控制室是技术人员遥控操作摄像设备进行现场摄制录像的场所，观摩研讨室是参与训练的师生们进行训练录像观摩和讨论、评价的场所。由此三室外加准备室、隔音的声锁室构成了完整的微格教学系统，为微格课培训教师职业技能提供了完善的教学环境。

一、微格教学系统的功能和作用

微格教学系统通常综合了模拟课堂、拍摄编制、反馈评价等功能。

1. 模拟课堂功能

系统中必备的微格教室安排了黑板、讲台、学生桌椅等一般教室设备和摄像头，能容纳 10 人左右上课，因此提供了受训者训练教学技能的课堂和现场拍摄训练实况的条件，具备有模拟课堂的功能，如图 6-36 所示。

2. 拍摄编制功能

系统的微格教室里需要安装一或两台摄像机，当受训者进行教学演练时，由控制室内的技术人员通过遥控摄像机的运动并同时进行编辑摄制。这样可在不干扰模拟课堂教学训练的情况下完成摄制训练实况的教学过程，为教学演练后的反馈评价提供了重要的、真实的依据，如图 6-37 所示。

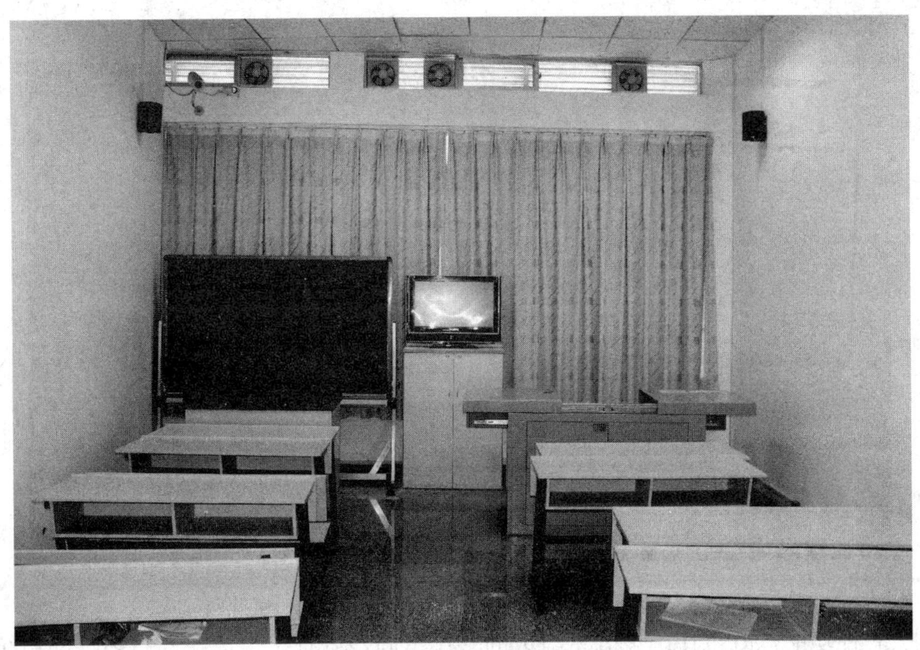

图 6-36 微格教室

图 6-37 主控室

3. 反馈评价功能

观摩研讨室是由录像机、电视机等视听设备组成的电视有线传输系统，每次演练后都可由指导教师组织演练者及其他受训学生在此相互观摩训练录像，评价训练的优缺点，提出改进教学的方法。条件好的教室还可安装与录像信号相连的闭路电视系统，便于需要时实况转播微格教学训练现场，如图 6-38 所示。

图 6-38　观摩研讨室

以上 3 种功能，既可在由三分室组成的系统里同步进行，也可在一室多用的系统里逐步实现；有条件的学校最好设计成由三分室组成的系统．以便提高培训效率。

二、微格教学系统构建的特点

环境：典型教学式样，环境真实。系统内除有一般的桌椅、黑板等教室设备外，还应配多媒体设备（如多媒体计算机、数字展示台）、电视录像、摄像头等现代教育技术的设备。

环境要求：自然、安静。

设备：功能齐全、性能可靠、操作方便。

设备要求：新颖、适配、简洁。

三、微格教学系统设备简介和构成

微格教学系统设备主要为记录、反馈微格教学技能训练而设置。其构成要求能配套，便于图像、声音记录和反馈的系统。

（一）设备简介（如表 6-1 所示）

表 6-1　微格教学系统设备简介

设备名称	技术要求
微格教学系统软件	技术要求：1．系统性能；2．系统功能；3．系统维护
硬盘录像服务器	能满足 16 路音视频同时录制，容量不少于 120G
主控电脑	双核，内存 2G/160G/DVD 刻录机，独立显卡
设备控制电源	可控设备数目：16 台
电视监视墙	专业设计（钢制喷塑）
主控操作台	专业设计（钢制喷塑）
主控室监视电视机	大尺寸、支持单画面/多画面显示

续表

设备名称	技术要求
对讲控制器、程控电话机	实现全双通，双向对讲功能
各微格教室计算机	英特尔奔腾 4 处理器 3.0GHz/1G DDR/160GB（7200 转）/17"纯平，独立显卡
大微格教室投影机	亮度 3000 流明及以上（ISO21118 标准）、支持分辨率 1024×768 像素
大微格教室幕布	100 英寸左右电动波珠
小微格教室电视机	25 英寸等离子/液晶、壁挂式
多媒体讲台	钢制，含讲台底座，能滑动开启
大微格教室功放	2×100W
大微格教室音箱	80W
摄像头	彩色 480 线，22 倍光学变焦
云台	水平 355 度、仰 10 度、俯 60 度
解码器	交/直流可选，控制云台、摄像头
拾音器	电容式

（1）系统性能指标。

1）各微格教室在单独或同时使用时，音视频信号能够完全实时同步采集、编码、压缩、传输和存储。

2）录制的图像与声音文件可直接生成 H.264 标准格式的视频文件，并能够自动生成网络传输的流媒体文件格式（ASF 320×240），便于管理和使用。

3）系统最大容量不少于 32 路。

4）整个系统须以 1000M 网络传输速率与校园网络有效连接。

（2）系统功能指标。

1）教学评估功能指标：①主控室可以对每间微格教室教学情况进行监控，并能随时和各微格教室以可视通话方式进行点评，各教室与教室之间也可实现双向可视对讲；②主控室电视墙可以实时显示每间微格教室的现场教学情况，并可在电视上进行轮巡；③主控室可以对任何一间微格教室的教学现场情况进行评估、指导、录像，各微格教室也可以独立地在本地实现教学现场的录制；④系统内置教学评课软件，教师可对各教学现场的试讲学生、学生活动进行远程评估和观摩，教学评课软件可以对训练者进行全方位的评估、打分，完成教学技能评测，同时自动生成评估报表，并可及时打印。

2）控制功能指标：①主控室可以将某一间微格教室教学现场广播给其他任何一间微格教室，同时也能将各管理点的情况输出播放到系统任意输出的频道上；②主控室可以对每间微格教室摄像头进行远程控制，各微格教室利用分控软件，在授权情况下也可以在本地控制摄像机角度（水平 355 度、仰 10 度、俯 60 度）及摄像机的放大倍数、变焦及光圈变化，并能实现各教室内从大特写到大全景的转控；③主控服务器可为分控点进行权限分配，以便随时开启或停止各分控点的录像、控制、切换等功能，防止使用者长时间无限制的录像，以合理利用存储空间；④在授权下，各分控点可以实现主控室系统软件所具有的切换、控制、录像、评估等功能，且各分控点控制功能互不干扰，录像文件根据主控服务器设置可保存在本地或服务器上，以保证数据的安全。

3）信息后期处理与维护功能指标：①通过对学生的认证，对录制文件实现按学院、专业等分类保存，方便学生后期点播调用，系统具有支持根据讲课教师（学生）、课程名称等内容对资源进行检索的功能。可对录制好的课件添加索引和目录，点击索引时自动跳转到相应的位置，方便进行课后的复习查找定位；②系统可对标准的视频文件进行简单剪辑和合成，删除无用的部分；③系统根据录像文件生成时间先后自动删除或指定删除某一时间段的早期录像文件。

（3）系统维护。

1）该系统整套软件都是采用标准以太网络的方式进行控制，系统设置多个分控点，通过分控点，管理员可以控制整个系统。

2）管理者可以不出控制室就能对所有微格教室的设备进行管理，包括电源控制等，以方便管理者的工作，提高效率。

3）系统在面临功能需求增加时，可以在不修改系统的体系结构和原有系统设计思想的前提下进行扩展。

（二）微格教学系统的构成

微格教学系统设备根据其功能和用途，分别设置在微格教室、控制室和观摩研讨室。

摄像头和传声器是摄取图像和拾取声音信号的设备，分别安装在微格教室，经电缆连接控制室的遥控器和混合台。由遥控器来操纵两台摄像头进行现场指报，视频信号送切换台组接，音频信号送混音台、切换台调整后，送编辑录像机记录，同时把视频、音频信号通过电缆送观摩研讨室供指导老师和同学们观摩和评估。

微格教学系统设备的连接设置如图 6-39 所示。

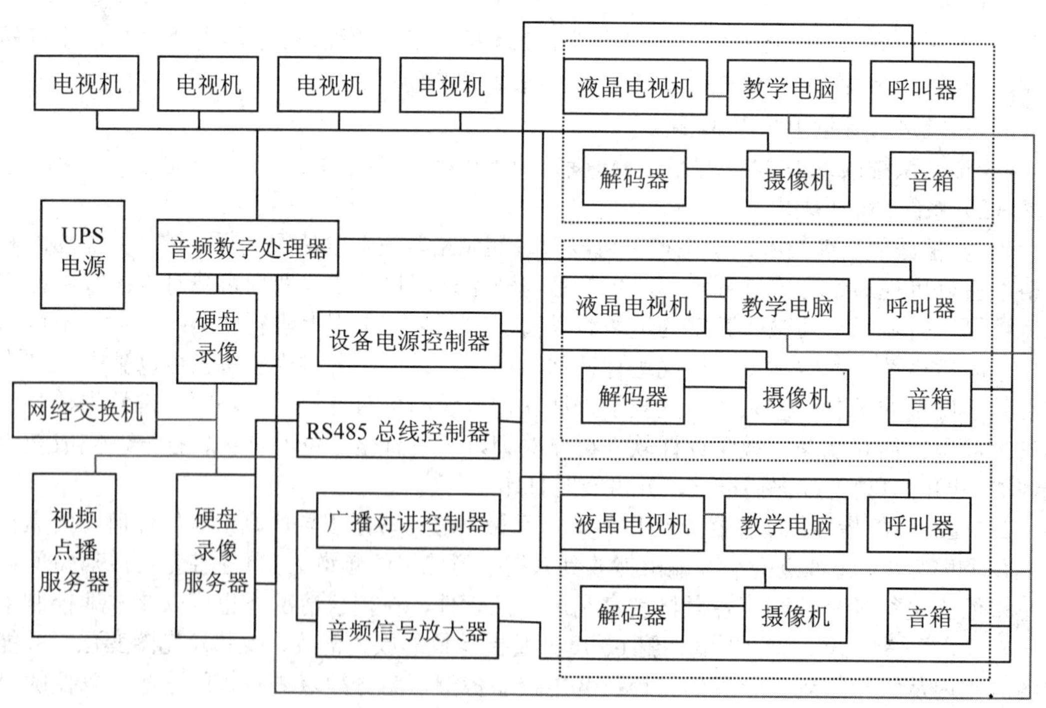

图 6-39　微格教学系统设备的连接

观摩研讨室的录像机可同时为试讲同学录制素材备用、自己存放和随时反馈评价，根据需要也可重放其他示范带内容供大家观摩评讲。

【内容小结】

本章主要阐述了教育信息化的内涵；传统教学媒体与教学应用；计算机、校园网、多媒体教室、微格教学系统环境及其教学应用相关知识。

【思考与实践】

1. 简述幻灯机的基本原理。
2. 简述幻灯机的使用方法。
3. 制作彩色幻灯片有哪些方法？
4. 简述投影仪的使用方法。
5. 制作投影片有哪些方法？
6. 简述录音机的工作原理。
7. 要把 VCD 光碟中的音频信号转录到录音带中，现有如下器材：①VCD 机一台；②单卡录音机（无 VCD 播放功能）一台；③音频信号连接线一根。请简述操作步骤，并实际操作。
8. 接收电视节目应如何调整电视机。
9. 某教师教学中需要播放教学光盘（DVD），现有 DVD 机一台、25 寸彩色电视机（带摇控器）一台、音视频信号连接线各一根、教学光盘（DVD）一张、电源接线板一块，请根据上述所给器材，写出 DVD 机和彩色电视机连接的方法。简述 DVD 机和彩色电视机播放该教学光盘的操作步骤。
10. 结合你所在校园网的实际情况，思考校园网的应用有哪些？
11. 简述多媒体教室的构成。
12. 简述多媒体教室的教学特点。
13. 简述多媒体教室的教学功能。
14. 什么是微格教学系统？
15. 微格教学系统的功能和作用是什么？

应用篇

第七章　现代远程教育

【学习目标】

1．了解远程教育的历史发展。
2．理解现代远程教育的特点与优势。
3．理解现代教育技术在远程教育中的应用。
4．了解远程教育的宏观系统结构。
5．掌握现代远程教育的微观系统。
6．了解农村中小学远程教育工程的概况。
7．掌握农村中小学远程教育的 3 种模式。

现代远程教育是运用现代教育技术而产生的一种新的教育形态。与传统学校教育不同的是，现代远程教育是学与教时空分离的教育，而连接学与教的桥梁就是现代教育技术。现代远程教育的产生是历史的必然，是实现终身教育、构建学习型社会、促进教育均衡发展的重要举措。本章主要介绍现代远程教育的历史发展、概念、特征、系统结构以及农村中小学现代远程教育的现状。

第一节　现代远程教育概述

一、远程教育发展阶段与历史轨迹

（一）三代信息技术与三代远程教育

在远程教育学界有四代远程教育说，也有三代远程教育说，它们都是根据信息技术的分代而划分的。这里介绍一种具有代表性的远程教育分代方法，即我国学者丁兴富教授提出的三代信息技术和三代远程教育的分期理论。如表 7-1 所示，就是三代信息技术与三代远程教育的分期表。

表 7-1　三代信息技术和三代远程教育

分期	年代	远程教育	信息技术	主要媒体
第一代	19 世纪中叶到 20 世纪中叶	函授教育	传统印刷技术 邮政运输技术 早期的视听技术	印刷材料、照相、电话、幻灯、电唱机、投影、录音、电影、早期录音
第二代	20 世纪中叶到 20 世纪 80 年代末	多种媒体教学的远程教育	单向传输为主的电子信息通信技术	大众媒体（广播电视、卫星电视）、个人媒体（录音录像、光盘、微机）、远程电子通信（始）、计算机辅助教学
第三代	20 世纪 90 年代初	开放灵活的远程学习	双向交互的电子信息通信技术	远程电子通信（续）、无线移动通信、计算机多媒体、计算机网络、知识（智能）媒体、虚拟技术

按照第三代信息技术的应用类型，第三代远程教育还可进一步划分为多种类型，如表7-2所示。

表7-2 第三代远程教育应用的双向交互电子信息通信技术

第三代信息技术的主要类型	主要技术构成	教育应用典型技术举例
电子通信技术	同轴电缆、光纤、卫星、数字微波、无线移动通信；数字数据（DDN）通信、异步传输模式（ATM）与帧中继（FRN）通信、分组交换通信（PAC）、宽带综合服务数字通信（ISDN）	直播远程课堂、双向交互数字卫星电视；音频会议、视频会议、音频图像；视频点播、多媒体数据流卫星广播（VBI技术）
计算机技术	多媒体和超媒体；网络技术：局域网、广域网、因特网（TCP/IP协议集）、万维网、信息高速公路、空间因特网	计算机多媒体；网络多媒体；网络资源发布和搜索；网络异步非实时通信；网络同步实时通信
综合技术	人工智能；虚拟技术；国家信息技术设施（NII），全球信息技术设施（GII）	知识（智能）媒体、虚拟教室、虚拟图书馆、虚拟实验室、虚拟校园、虚拟现实、全球虚拟大学

（二）远程教育的历史轨迹

根据远程教育的分期理论和我国学术界的表达习惯，我们可以大致把远程教育的历史划分3个阶段，即函授教育阶段、远程教育初级阶段和现代远程教育阶段。

1. 函授教育阶段

英国是远程教育非常发达的国家，远程教育的历史也是从英国开始。函授教育产生于19世纪中叶的英国，到19世纪中叶和20世纪初，函授教育在世界范围内得到了较快的发展。函授教育（Correspondence Education）的主要特点有：以纸质印刷材料为主要学习载体；通过邮政传递进行递交和批改作业；在一定时间内进行面授辅导，尽管现在已经进入第三代远程教育的发展阶段，但函授教育并没有消失，我国的许多高校仍然在实施函授教育，作为一种继续教育方式，函授教育在高等教育体系中还有适度的辅助作用。

2. 远程教育初级阶段

第二代远程教育是多种媒体教学的远程教育，是远程教育的初级阶段，盛行于20世纪中叶到20世纪80年代末。所谓的多种媒体是指除了印刷教材外，还使用广播、电视等大众媒体，以及录音、录像、个人计算机等个人媒体。与函授教育相比，远程教育具有更大规模的特点，这是由多种媒体的传播力决定的。主要代表是各国独立设置的远程教育大学，例如，英国的开放大学，我国的各级广播电视大学等。与函授教育相比，处于初级阶段的远程教育在各国高等教育体系中的地位和作用明显提高。在我国，广播电视大学曾是我国扩大高等教育入学率的主力军，至今仍发挥着重要的作用。

3. 现代远程教育阶段

第三代远程教育是建立在双向交互电子信息技术基础上的远程教育，是远程教育发展的高级阶段。现代远程教育的技术基础主要是电子通信技术和计算机技术，在计算机技术中又以多媒体技术和网络技术为核心。现代远程教育的特征和优势是双向交互，即通过信息技术实现人机和人际之间的相互作用和相互交流，从而既可以加强师生间的交流，又可以激励和促进学生的自主学习和学生间的协作学习。现代远程教育已经成为实现终身教育的第一选择，与前两代远程教育相比，现代远程教育的效果和效率得到了大幅度的提高，现代远程教育在整个高等教育体系中的作用日益凸显出来，我国大批高校争相开办远程教育学院或网络学院就是最好的证明。

二、现代远程教育的概念

（一）现代远程教育的定义

现代远程教育是远程教育发展的高级形态，在界定现代远程教育之前，有必要对远程教育的含义进行梳理。

广义的远程教育：远程教育就是为了解决师生双方由于物理上的距离而导致的，表现在时空两个维度上的教与学行为间的分离而采取的，重新整合教学行为的一种教育模式。随着社会的发展，这种教育模式将具有实践上的和理论上的不同表现形式（谢新观，2001）。

狭义的远程教育：学校远程教育是对教师和学生在时空上相对分离，学生自学为主、教师助学为辅，教与学的行为通过各种教育技术和媒体资源实现联系、交互和整合的各类学校或社会机构组织的教育总称（丁兴富，2001）。

广义远程教育和狭义远程教育有着不同的内涵。按照广义远程教育的定义，在常规学校的教学过程中，教师与学生时空分离情况下的教学活动也是远程教育现象；按照狭义远程教育的定义，在常规学校的教学过程中，教师与学生时空分离情况下的教学活动不是远程教育现象，只有由专门的教育机构组织的，在教学过程中教师与学生时空分离的教育才是远程教育。

所谓现代远程教育，是以通信技术和计算机网络技术为核心媒介的远程教育形态。习惯上将第三代远程教育称为“现代远程教育”，它是远程教育的时代发展，也是未来远程教育的主要形式。

（二）现代远程教育的特点

现代远程教育的主要特点是教师和学生能够通过现代教育媒体进行跨越空间进行实时或非实时的交互。主要体现在4个方面：

（1）从师生关系看，在整个学习过程期间，与传统教学师生面对面的授受关系不同，现代远程教育中的教师和学生处于准分离状态。

（2）从课程内容看，现代远程教育以计算机网络作为核心的传播媒介，作为课程内容的载体，它具有强大的多媒体表现和传播能力，将多媒体信息表现和处理技术运用于课程内容讲解和知识学习的各个环节，使现代远程教育具有信息容量大、资料更新快、模拟生动以及多向交流的显著特点。

（3）从传播过程看，现代远程教育提供双向通信，互联网中信息资源与用户、用户与用户之间可以进行全方位的、能动式的实时互动。网络的这一重要特性，使现代远程教育实现教师与学生、学生与学生之间的双向互动、实时交互成为可能，学生可以主动对话并从对话中受益。

（4）从学习方式看，与传统教学不同，学习者通常不集体中学习，学习者的主要学习方式是自主学习，充分实现个性化。现代远程教育网络为个性化教学提供了现实有效的实现途径和条件。利用计算机网络所特有的数据库管理技术和双向交互功能，可以实现对每个学生的学习状态、学习过程、学习结果评价等信息系统化的跟踪和记录。而且，现代远程教育的学习支持系统可以针对每个学生的具体情况进行个性化学习辅导。

（三）现代远程教育的优势

基于计算机网络的现代远程教育与第一代、第二代远程教育最明显的优势在于可以做到“五个任何”，即任何人在任何时间、任何地点，学习任何课程的任何内容。现代远程教育集中体现了终身教育和个性化教育的现代教育理念。具体来讲，现代远程教育的优势体现在如下 4 个方面：

（1）学习者不受职业、年龄、学历的限制，都可以利用现代远程教育进行学习。现代远程教育手段有利于个性化学习，它以学生自主学习为主，充分发挥学习者的积极性、主动性与创造性。同时，现代远程教育是一种使学习生活化的学习方式，是终身教育的实现手段，能够使学习者做到“边工作边学”、“在工作中学”、“在生活中学”、“学习就是生活”等，从而实现学习、工作、生活和教育一体化。

（2）现代远程教育不受学习时间的局限，每个人都可以在任何时候，点播自己感兴趣以及自己需要的任何教学内容。现代远程教育创造出一种“实时的学习”，学习者能够根据自己的需要自主安排学习时间和地点，自由选择学习内容，自行安排学习计划，并随时提出学习中的问题并能及时地得到解答。

（3）以互联网络和多媒体技术为传播媒介的现代远程教育平台，真正突破了学习空间的局限，学习者在任何地方只要能够连接到网络，就好像坐在教室里上课一样。现代远程教育提供的是师生异地同步教学，提供的是开放的教学内容，现代远程教育使整个社会变成一个巨型的学习场所。

（4）现代远程教育有利于资源共享，提高教育的效率和效果。例如，国家精品课程就为远程学习者提供了许多高质量的教学平台，上面集中了全国各个大学的著名教授设计和开发的优质教学资源。现代远程教育能调动多媒体手段为教学服务，与传统班级授课和广播电视教学相比，它能够实现教师与学生、学生与学生之间多向互动和及时反馈，具有更强的灵活性。

三、教育技术在现代远程教育中的应用

现代教育技术的两大支柱是教学媒体和教学系统设计，前者是现代教育技术的技术核心，后者是现代教育技术的理论核心。现代教育技术在远程教育中的应用可以从教学媒体和教学系统设计两个方面进行讨论。

（一）远程教育中的教学媒体

远程教育是依靠教学媒体来传递教学信息的，它与传统面授教学不同，远程教育必须使用教学媒体来连接教与学的时空分离。从前面关于远程教育分期的讨论中得知，远程教育是以教学媒体的分代而进行相应分期的。从教学媒体的分类角度看，远程教育中应用的教学媒体可以大致分为单向传播媒体和双向传播媒体，也就是传统媒体和现代交互媒体，如表 7-3 所示。

表 7-3 远程教育中的教学媒体

媒体类别	代表形式
单向传播媒体	印刷品
	无线电广播
	录音带
	教育电视
	讲授录像带
	素材录像带
	多媒体
双向传播媒体	音频会议
	视频会议
	双向交互数字卫星电视
	计算机媒介通信（CMC）

现代远程教育中的教学媒体主要是双向传播媒体，目前，农村中小学现代远程教育工程还利用单向传播媒体进行教学。任何一种教学媒体都不可能是万能的，只有与其他媒体的组合应用，才会发挥最大的应用功效。因此，应根据学习者特征、教师的特征、教学内容和教学目标的需要，使各种媒体有机结合、各展其长、互为补充、相辅相成、构成教学信息传递及反馈调节的优化教学媒体群，共同参与远距离教学全过程，达到最优化的效果，这就是我们所说的实现了多种教学媒体的组合。

（二）远程教育中的教学系统设计

教学系统设计包括不同的层次，有系统层次的教学设计，有课程层次的教学设计，还有教学层次的教学设计。远程教育中的教学系统设计涵盖了这 3 个层次，下面根据从宏观到微观的思路分别予以简单介绍。

1. 远程教育系统的教学设计

远程教育系统教学设计的任务为了规划和建立一个远程教育的办学机构，根据远程教育的需要，对整个系统进行教学设计。例如，在大学里建立一个新的网络教育学院或远程教育学院，就要对以下内容进行系统设计：办学目的、办学定位、办学模式、教学对象、人员编制以及组织机构设置等方面。丁兴富认为远程教育的办学目的一般有 3 类：为了满足社会成员对各级、各类教育和培训机构的需求，特别是对高等教育大众化的需求；为了培养各类专业人员或者提高就业人员的职业技术水平；为了满足欠发达地区（例如，农村、边远和少数民族地区）和社会上处境不利人群接受各类教育和培训的机会。

2. 远程教育中专业与课程体系的教学设计

开办了网络或远程教育学院等机构，就得对该机构拟开设的专业以及相应的课程体系进行设计。其任务是决定该机构开设什么专业面向社会招生，每个专业包括哪些课程，这些课程的体系是什么以及课程体系的学分要求。专业和课程的设计是影响到远程教育机构生存和发展的核心问题，只有开设社会需求量大的专业和有吸引力的课程才能够在招生中获胜，进而在远程教育市场占有一席之地。在国际范围内，以成人为主要教育对象的远程教育机构专业及课程设置具有以下3个方面的特点，在教学系统设计时必须予以充分的考虑。

（1）开设的通常是社会对人才需求量大的专业。

（2）在教学过程中更加注重学生实践能力的培养，而不是知识的系统传授。因此，远程教育中专业的课程设置更重视与实践密切相关的课程，课程设置倾向培养学生实际应用的能力，而不是掌握系统的专业知识。

（3）与传统的本科教育4年制、专科教育3年制不同，远程教育的学制相对灵活，并不严格规定学习年限；也就是说，远程教育采取的不是学年制，而是采取学分制，即允许学生根据自身的实际情况，自由选择和组合课程。

3．远程教育中课程的教学设计

课程的教学设计是远程教育教学系统设计的微观层次，其任务是对某一门具体课程进行系统化的设计，并根据设计的结果，开发适合该门课程学习的各种学习资源。课程的教学设计主要任务是对学习资源的设计与开发，以及学习支持服务的设计，这是远程教育的工作核心。因为远程教育的学习形式是自主学习，对于自主学习来说，丰富多样的学习资源以及完善的学习支持服务是必备的前提条件。按照教学系统设计的要求，对学习资源的设计与开发，以及对学习支持服务的设计都应该建立在系统的学习需要分析、学习者特征分析、学习目标分析和学习内容分析等前期工作的基础上。在具体的设计过程中，应注意以下事项：

（1）学习资源尽可能齐全，包括学习指导书、学习参考书、补充读物、录音带、录像带、多媒体课件、作业说明、平台和资源使用说明等。

（2）课程内容的呈现和学习使用多种媒体，并使之相互补充，实现教学媒体的优化组合。

（3）课程学习内容强调专业性和实用性，注重为提高学生的工作能力服务。

（4）向学生明确各级学习目标，并提供学习策略和学习活动的具体指导。

（5）通过多种形式不断激发和维持学生的学习动机，保持学习的兴趣。

（6）帮助学生形成独立学习和自治的能力，培养学生的批判性思维意识和能力。

（7）利用单元自测题的形式帮助学生及时了解自己的学习情况，对学生的成绩及时进行评定，设计合理的考试评价机制。

（8）学生应该有机会得到教师的面授指导，能够和同学通过合适的方式进行交流和协作。

第二节　现代远程教育系统

现代远程教育系统可以从宏观和微观两个层面来加以认识，宏观层面包含远程教育的全部活动，而微观层面主要涉及远程教育中的教与学。下面分别从这两个方面进行介绍。

一、现代远程教育的宏观系统

1981年，凯依和鲁姆博尔提出的远程教育系统结构是一个宏观的系统模型，如图7-1所示。它包括课程、学生、管理、后勤4个子系统，涉及远程教育的方方面面。虽然现代远程教育在传播媒介上发生了变革（主要由单向传播媒体发展为双向交互媒体），但是它的结构仍然在凯依和鲁姆博尔提出的远程教育系统框架之内，即仍然包括课程、学生、管理和后勤4个子系统，只是支持这4个子系统的教育技术发生了变化而已，这一点在课程子系统上表现得尤为明显。

该远程教育系统包括 4 个子系统，每个子系统又包含有一系列的环节，它们是紧密配合在一起，共同完成远程教育的具体任务。

（1）课程子系统：课程制作、课程材料生产和课程发送 3 个环节。

（2）学生子系统：包括了学生从入学一直到毕业的各个环节。

（3）管理子系统：由决策、规划、管理、控制、评估等几个环节组成。

（4）后勤子系统：包括各种资源征集、分配、维持、支持、管理等。

从图 7-1 中可以了解到 3 个方面的重要信息：第一，可以使我们了解远程教育系统中有哪些子系统；第二，可以帮助我们理解远程教育系统的工作流程和主要环节；第三，可以帮助我们认识到远程教育系统中的关键子系统，对于整个远程教育系统来说，课程子系统和学生子系统是直接影响学生学习的关键，具有核心的地位。

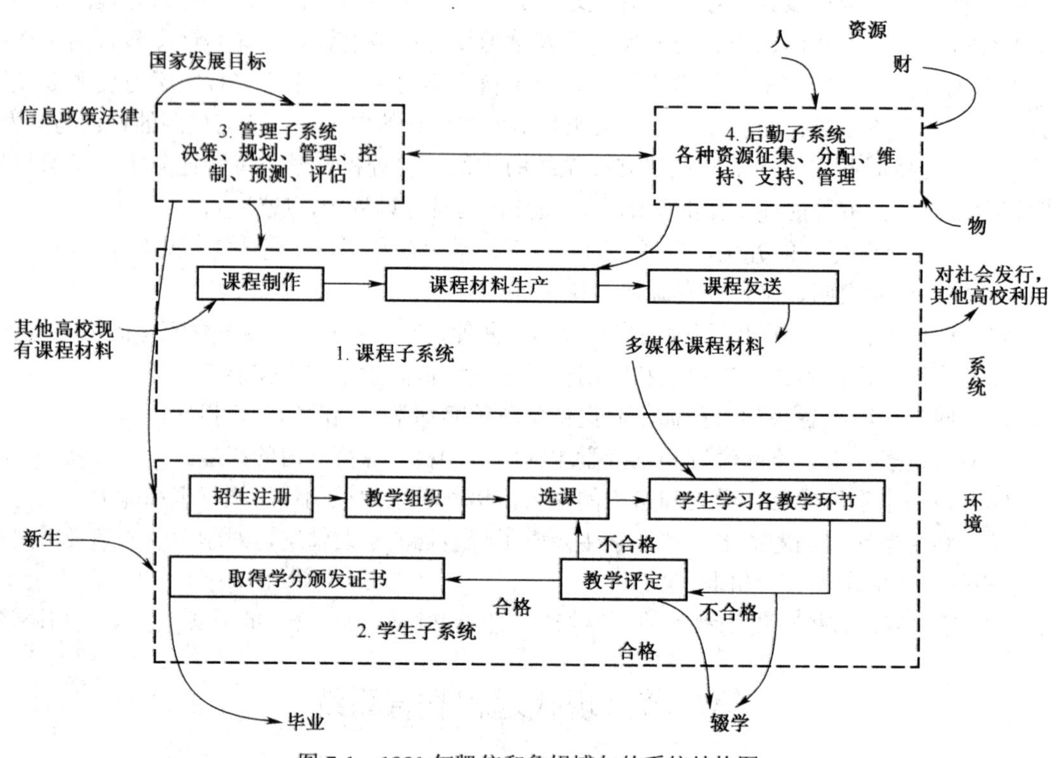

图 7-1　1981 年凯依和鲁姆博尔的系统结构图

图 7-2 将帮助我们进一步了解课程子系统和学生子系统的运行过程及其主要活动和关键因素。

二、现代远程教育的微观系统

现代远程教育的微观系统是指它的教学系统，即由教师、学生和课程 3 个要素组成的系统，由于整个现代远程教育是依靠现代通信技术和现代计算机技术支撑起来的，这些技术手段内含于其他 3 个要素之中，通信网络和终端设备构成了远程教育系统的硬件支撑环境，因而不再把它单列出来作为一个独立的要素。在现代远程教育中，与教师直接相关的是授课系统、教学管理系统，与课程相关的是网络课程系统，与学生直接相关的是学习支持服务系统、作业与考试系统，教师与学生通过网络课程系统联系来，如图 7-3 所示。

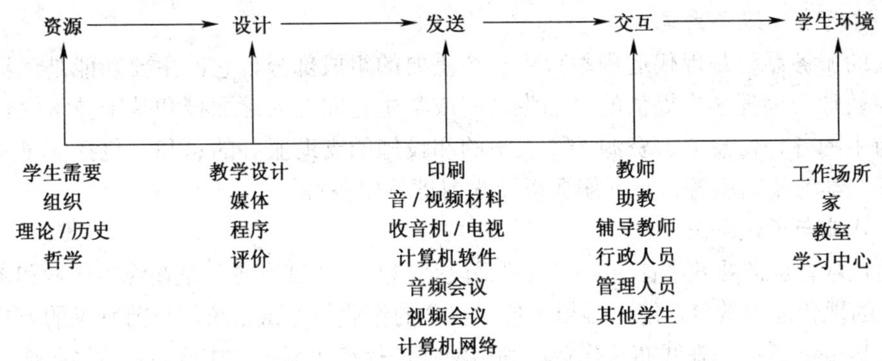

图 7-2　穆尔等的远程教育系统流程图

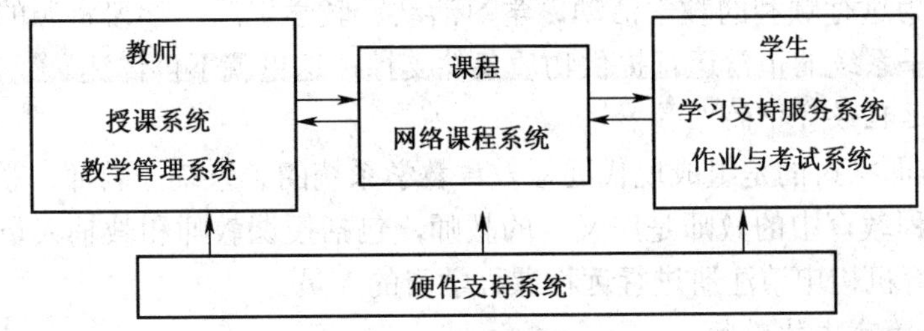

图 7-3　现代远程教育的微观系统

（一）授课系统

在现代远程教学过程中，教师现场授课并不意味着学生也必须到教师授课的场所去听课。整个授课的过程是教师借助于通信网络和终端接收设备来完成的，是一种虚拟的课堂教学。教师与学生在时空上是分离的，但通过现代技术手段联系在一起，如果技术条件允许，在授课的过程中，师生之间还能够进行交互，以便能够进一步提高教学效果。根据授课系统中教师与学生能否进行交互，该系统还可以进一步被划分为单向授课系统和双向授课系统两大类。

（二）教学管理系统

教学管理系统的主要功能是实现教师对学生及其学习的管理，包括对学生基本信息、学生学习成绩、学生学习状态等信息的管理。

（三）网络课程系统

网络课程系统提供的是学习资源，即课程。学习资源是现代远程教育系统的核心内容，现代远程教育系统通过丰富的学习资源向参加学习的人传授知识。网络学习资源的表现形式是多样的，一般包括学习网页、多媒体课件以及视频点播等。学习网页即是狭义下的网络课程，是通过网页的形式来展示由专门的教师或技术人员编写的学习素材。它将文本、声音、图片、图像、动画、视频等所媒体材料结合起来，形成丰富的学习内容。课件也是由专门的教师或技术人员编写的一种电子教材，它同样也提供了由声音、图像、动画、文字等多媒体信息组成的教学内容。但与学习网页不同的是，课件通常是一个应用程序，只要本地终端与教学服务器建立了连接，学习者就可以通过下载的方式在本地终端上直接运行该程序来进行学习，而不必再借助于网络浏览器。视频点播通过将视音频教学资源预先储存在教学服务器上，供用户随时随地进行访问学习。通常来说，视频点播的主要内容就是教师上课的视频，将教师讲课的视频存放在服务器上，学习者就能够根据自己的时间安排，随时随地进行点播收看。

（四）学习支助服务系统

学习支助服务系统是现代远程教育中一个重要的组成部分，它的主要功能是远程教学院校及其代表教师为远程学生提供的以师生之间或学生之间的人际面授和基于技术媒体的双向通信交流为主的各种信息的、资源的、人员的和设施的支助服务的总和。包括信息服务、学习资源服务、学习策略服务、交互服务以及学习评价服务等。

（五）作业与考试系统

现代远程教育也需要教学评价，其主要手段是作业与考试，通常是在线的作业和考试。一个功能完备的现代远程教育系统，必须具备一整套的作业与考试系统。目前常见的方式有：师生之间通过 E-mail 或网络在线布置作业；利用网络进行在线测试。作业与考试系统应该能实现课程作业的布置与回收、测试试题的生成与回收、测试结果的评定、学生成绩的查询等功能。

硬件系统是为进行顺利的教学活动、学习活动、教学资源、学习资源的访问提供物质基础，为以上 5 个子系统的正常运行提供物质条件支撑，这里就不再详述。

（六）现代远程教育中的人员

以上 5 个方面探讨的是组成现代远程教育教学系统的子系统，教师、学生是该教学系统的灵魂。现代远程教育中的教师是广义上的教师，包括授课教师和教辅人员两大类，学生就是向某一远程教育机构申请注册进行远程课程学习的人员。

1. 现代远程教育中的教师

远程教师是指在远程教育中开设远程课程，讲授课程的教学人员。在远程教育系统中，远程教师的主要任务有：设计与开发课程、讲授课程内容、提供学习答疑，主持学生讨论活动等。另一部分教师是教学辅助人员，是指在整个远程教学活动中辅助远程教师正常完成教学活动和辅助学习者完成学习活动的人员，这些人员进行教师与学习者之间、教师与教学环境、学习者与学习环境的协调工作，帮助教师完成课程的开发与发布、教学资源的组织、学习者反馈信息的整理、维护远程教学系统的正常运转等工作。

2. 现代远程教育中的学生

远程学习者从广义上来说，可以是社会的所有人员。远程学习者从相关的教育机构中获得相关课程，根据课程内容进行学习，并获得远程教师的指导和远程教育系统中的教学资源。在学习过程中，远程学习者可与其他学习者进行学习中问题的交流。远程学习者通常是成人，它们具有以下特点：具有丰富的经验；会根据自己的需求确定自己的学习需求，而且想独立地来确定这种需求；具有较强的自主性；希望能够把学到的知识和技能融入到自己的实际工作中去；能从别人的经验中学习；需要一种有安全感的学习环境。

第三节　农村中小学现代远程教育工程

一、农村中小学远程教育工程概述

2003 年 9 月，国务院召开了全国农村教育工作会议，下发了《国务院关于进一步加强农村教育工作的决定》，以下简称《决定》。《决定》明确提出“实施农村中小学现代远程教育工程，促进城乡优质教育资源共享，提高农村教育质量和效益。在2003年继续试点工作的基础上，争取用5年左右时间，使农村初中基本具备计算机教室，农村小学基本具备卫星教学收视点，农村小学教学点具备教学光盘播放设备和成套教学光盘”。农村中小学远程教育工程的具体任务是：

（1）加快中西部农村基础教育信息技术的基础建设。争取实现所有农村中小学至少有一个多媒体工作站，通过天网（中国教育卫星宽带网）或地网（地面通信网）接入互联网的最低配置。

（2）对已达到最低配置的农村中小学，制定教育信息化建设的分类指导方案及评估指导体系。

（3）组织开发适合我国农村中小学应用的基础教育信息化教学、学习和管理平台系统，推出各类优化的数字化学习环境的技术设计方案，并推广应用。

（4）组织力量配合教育教学改革和推进新课程标准，设置开发优质教育资源和课程材料，实现共建共享。

（5）通过天、地、人三网结合，建立从中央到地方的分布式优质教育资源传播体系，开设面向全国农村中小学师生的各类电子课堂（开放课堂、同步课堂、空中课堂、直播课堂、示范课堂、实验课堂等），各类网站（学科网站、主题网站、专题网站、科学网站、院士网站等）和联网数字图书馆，以及面向全国农村中小学老师的网络备课室、特级教师工作室、课件展示台、教学改革与实验交流站等。

（6）实施为每所农村中小学免费培训一名信息技术骨干教师的计划。

（7）农远工程的重点是以教育信息化推动基础教育的改革和发展。

（8）制定评估体系，对农远工程实施的成效进行评估。

二、农村中小学现代远程教育的3种模式

目前，我国在推行农村中小学现代远程教育的过程中主要采取3种模式，即教学光盘播放点、卫星教学收视点和计算机教室。

（1）教学光盘播放点。如图7-4所示，配备电视机、DVD播放机和教学点各年级的教学光盘，通过播放教学光盘对学生授课和辅导。配备对象主要是农村学校布局调整确需保留的教学点。该模式的特点是简单实用；系统运行稳定，易于维护；投入少，见效快；资源丰富。

模式一的应用方式是：通过播放教学光盘辅助教师教学、备课以及开展面向农民的教育活动。

图7-4　光盘播放模式

（2）卫星教学收视点。如图7-5所示，配备卫星接收系统、计算机、电视机、DVD播放机和1～6年级所需的教学光盘。通过中国教育卫星宽带传输网，快速大量接收优质教育资源，

配备对象为乡中心小学和村中心小学，根据学生规模，配置 1～2 个多媒体教室。除了具有模式一的各项特点之外，模式二还具有如下特点：获取多种媒体资源，快速更新，存储量大、覆盖面广，成本低，具有基本的数字化环境等。

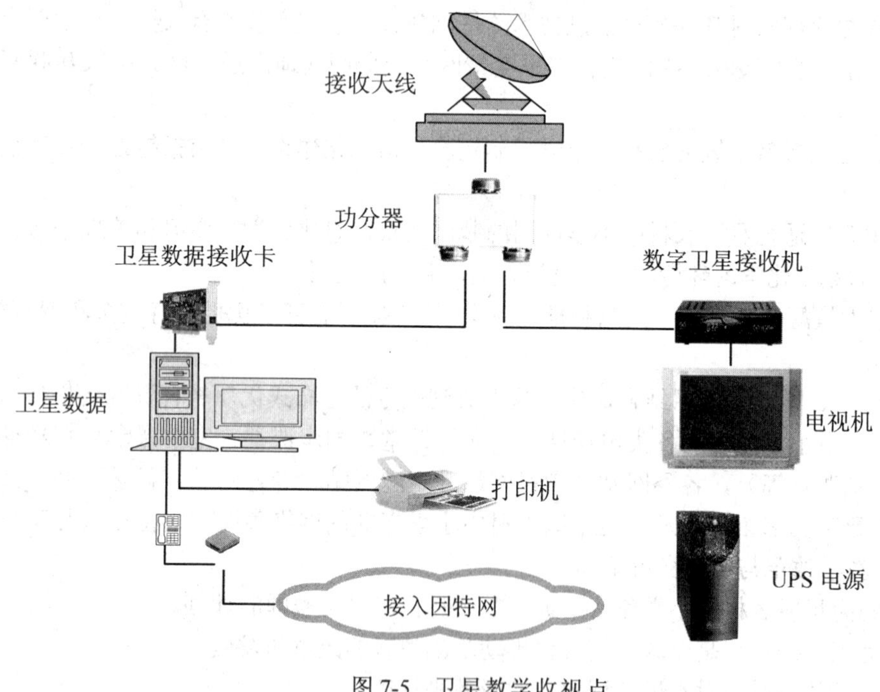

图 7-5　卫星教学收视点

模式二的应用方式是：收看空中课堂教学节目，进行同步教学、计算机辅助教学、教师备课与教师培训等。

（3）计算机教室。如图 7-6 所示，配备卫星接收系统、计算机网络教室、多媒体教室、教学光盘播放设备及教学光盘。其特点是除具备模式二全部功能外，还能够为学生提供初步的网络条件下的学习环境，提供个别化学习、合作学习的基本条件。配备对象为农村初中，每所学校装备一间 30 台终端的计算机教室，一间多媒体教室。

模式三的应用方式是：开展初中信息技术教学，开展网络环境下的教学，利用网络环境进行备课和开展教研活动，为农村党员干部和农民提供知识、技能培训，为农民致富提供信息服务等。

三、农远工程模式的应用案例

2006 年 5 月 22 日，教育部印发了《关于普及农村中小学现代远程教育工程教学光盘应用工作的通知》，要求“各级教育行政部门要加强领导，采取切实可行的措施，大力推进利用光盘教学或辅助教学在农村中小学，特别是农村小学、教学点的普及。要经常组织教学交流活动，加强不同形式和层次的教师培训工作，抓好教师利用光盘播放系统进行备课、教学、评估的环节，持续不断地提高广大农村教师的教学水平和能力。教育教学研究机构要加强对教学光盘的应用模式的研究，指导农村教师更新教学观念、学习先进的教学模式和教学方法，改进教学过程，扩展教育教学思路，提高教学水平。教师要注意发挥教学光盘在课堂教学中的作用。熟练掌握教学光盘的操作，学会应用教学光盘备课上课，根据教学目标要求，调动学生学习的积极性，提高学生学习兴趣，组织好课堂教学活动。”

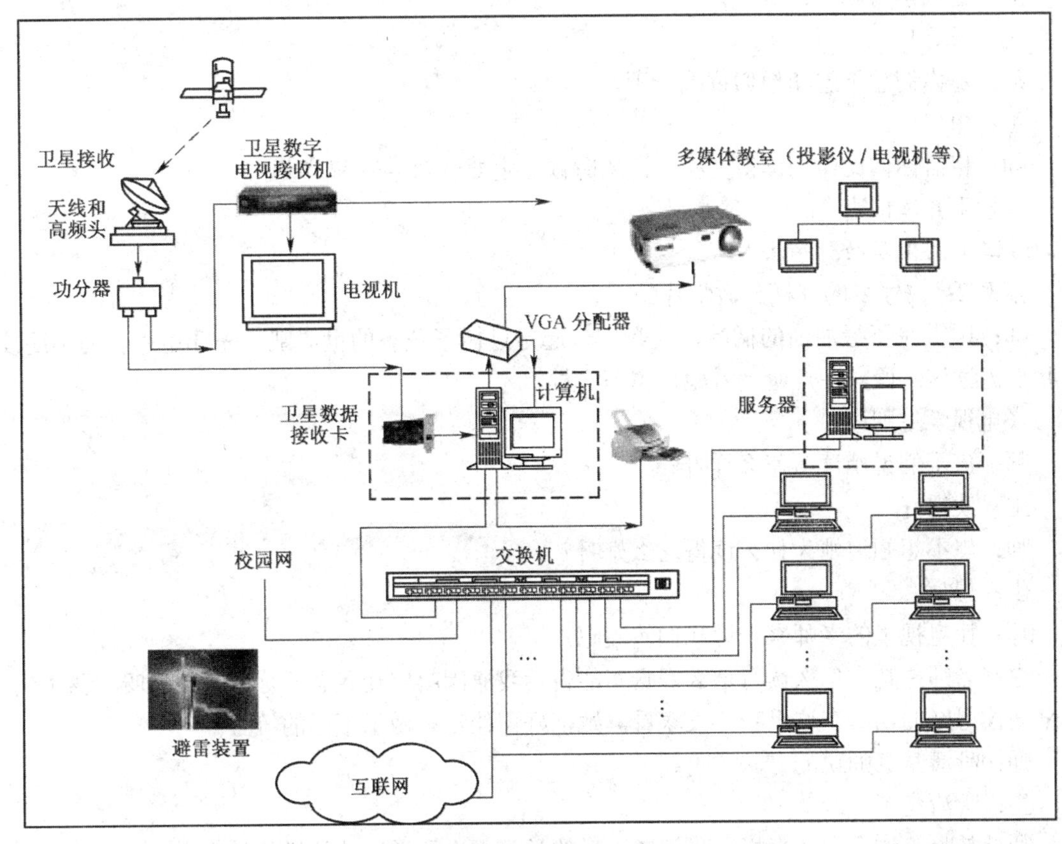

图 7-6 计算机教室

在农村小学，播放教学光盘仍然是主要的远程教育模式。本部分就选取模式一的教学应用案例，这个案例对普及农村中小学现代远程教育工程教学光盘应用有一定的启发意义。彭秋霞在远程教育实践的过程中构建了“生生互动”的教学应用模式，她认为让“生生互动”起来，是模式一教学成败的关键。模式一课堂教学应用与研究，一方面要关注现实课堂里的生生间的合作，另一方面更要关注现实课堂里的学生与电视里的学生间在教与学过程中的对话交流，并通过这种独特的“生生互动”，形成两个课堂的融合，促进生生合作学习，以达成预期的教学目标。实现“生生互动”有两种方法：生生互比激励法和生生互助引导法。下面选取两个案例验证“生生互动”模式的两种方法。

（一）生生互比激励法

案例 1：《家乡的红橘》课堂教学片断

师：和电视里的同学齐读课题《家乡的红橘》。（生生齐读课题）

电视老师：同学们看到家乡的红橘都笑开怀了是吧？通过刚才的学习，相信你们一定会把词语全都读正确是吧？

电视学生：是！

师：请同学们仔细听听他们读得怎么样。

（电视学生读词语）

师：他们读得怎么样呀？

生：很好！

师：那你们想不想和他们挑战一下。

生：想！

师：相信你们比他们读得更棒。读的时候一定要注意字音和节奏。

（学生齐读词语）

（二）生生互助引导法

案例 2：《家乡的红橘》教学片断

师：欣赏完了绿油油的橘叶，让我们一起走进橘子花香的世界吧，先让电视里的小朋友为我们朗读这一段，注意听，看她读得怎么样？

（电视学生朗读）

师：孩子们说她读得怎么样呀？

生：读得好！

师：想不想知道她为什么读得这么好呀？

生：想！

师：让电视里的老师来告诉我们答案吧。

电视老师：哇，怎么读得这么好呀？能告诉我原因吗？让我看看你的书，看呀，孩子们，原来她读得好的秘密在这里呀，大家看，她把好词佳句都做了不同的符号。

师：听清楚老师说的方法了吗？

生：听清楚了。

师：是呀，这个方法真好，我们在以后的学习中也要学习她这样的学习方法。

（案例来源：陈春霞，2007）

【内容小结】

本章主要阐述了现代远程教育的历史、概念和系统，对农村中小学现代远程教育工程进行了简要介绍。远程教育的发展经历了函授教育、远程教育和现代远程教育 3 个阶段，现代远程教育是以通信技术和计算机网络技术为核心媒介的远程教育形态，它主要特点是教师和学生能够通过现代教育媒体进行跨越空间进行实时或非实时的交互。现代远程教育的微观系统即教学系统由授课系统、教学管理系统、网络课程系统、学习支持系统、作业与考试系统组成，硬件系统是远程教学系统的物质条件，而远程教师和学生是远程教学系统的灵魂。农村中小学远程工程是一项国家大工程，旨在推动农村基础教育的信息化，实现农村教育的跨越式发展。农远工程的 3 种模式是教学光盘播放点、卫星教学收视点和计算机教室。

【思考与实践】

1．结合自己的认识，谈谈对现代远程教育意义的认识。
2．现代远程教育的缺点有哪些？
3．为什么说课程子系统和学习子系统是远程教育的关键？
4．现代远程教育是没有围墙的大学，将来会代替传统的大学，你同意这个观点吗？
5．把远程教育系统划分为宏观层次的系统和微观层次的系统合理吗？为什么？
6．通过查阅文献资料，梳理我国农村中小学远程教育工程存在的问题。

第八章　信息技术与课程整合

【学习目标】

1．理解信息技术与课程整合的定义。
2．理解信息技术与课程整合的 3 个层面及其内涵。
3．了解信息技术与课程整合的目标。
4．了解我国及世界发达国家信息技术与课程整合的发展情况。
5．理解并掌握信息技术与课程整合的典型教学案例。

进入新世纪，以计算机和网络支撑的信息技术飞速发展和广泛应用，对我们整个社会产生了巨大影响，可以毫不夸张地说，信息技术已渗透到我们社会生活的方方面面。教育作为人类社会的重要系统之一，同样在信息技术的推动下发生着剧烈变革。“信息技术的发展，使人们的学习和交流打破了过去的时空界限，为人类能力的提高和发挥作用带来了新的空间。”（江泽民在“亚太经合组织人力资源能力建设高峰会议”上的讲话）为了适应这个发展趋势，我国已经确定在中小学普及信息技术教育，同时强调要加强信息技术与其他课程的整合。信息技术与课程整合对传统学科教学有着密切的联系和继承性，又具有一定相对独立的特点，它的实施对发展学生主体性、创造性，培养创新型人才，建立学习型社会具有重大意义。确切地说，信息技术与课程整合是时代对教育发展的呼唤。

第一节　信息技术与课程整合的相关理论

一、信息技术与课程整合的定义

（一）什么是信息技术

信息技术（Information Technology，IT）是指利用计算机和现代通信手段实现信息获取、信息传递、信息存储、信息显示和信息分配等的相关技术。具体来讲，信息技术主要包括以下几方面的技术：①感测与识别技术；②信息传递技术；③信息处理与再生技术；④信息使用技术。

（二）信息技术与课程整合的定义

“信息技术与课程教学整合（Integrating Informatinon Technology into Curriculum）”是一个包含着多种思想、多样实践的概念，不同的研究者和实践者从不同的视角对课程整合作出不同的界定，在此我们介绍国内几位著名专家的观点供大家参考。

（1）北京师范大学何克抗教授认为：信息技术与课程整合的本质是要求在先进的教育思想、理论的指导下，尤其是主导一主体教学理论的指导下，把以计算机及网络为核心的信息技术作为促进学生自主学习的认知工具与情感激励工具、丰富的教学环境的创设工具，并将这些工具全面地应用到各学科教学过程中，使各种教学资源、各个教学要素和教学环节，经过整理、组合、相互融合，在整体优化的基础上产生聚集效应，从而促进传统教学方式的根本变革，也就是促进以教师为中心的教学结构与教学模式的变革，从而达到培养学生创新精神与实践能力的目标。

（2）华南师范大学李克东教授认为：信息技术与课程整合是指在课程教学过程中把信息技术、信息资源、信息方法、人力资源和课程内容有机结合，共同完成课程教学任务的一种新型的教学方式。

（3）华东师范大学祝智庭教授认为：课程整合是指把技术以工具的形式与课程融合，以促进对某一知识领域或多学科领域的学习。技术使学生能够以前所未有的方法进行学习。只有当学生能够选择工具帮助自己及时地获取信息、分析与综合信息并娴熟地表达出来时，技术整合于课程才是有效的。技术应该像其他所有可能获得的课堂教具一样成为课堂的内在组成部分。

（4）西北师范大学南国农教授认为：信息技术与课程整合是指将信息技术以工具的形式与课程融合，以促进学习；将信息技术融入课程教学系统各要素中，使之成为老师的教学工具、学生的认知工具、重要的教材形态、主要的教学媒体；将信息技术融入课程教学的各个领域：班级授课、小组学习、自主学习，既是学习的对象，又是学习的手段。

二、信息技术与课程整合的实质

（一）信息技术与课程整合的三个层面

信息技术与课程整合通常有两种途径：一种是在初中和高中阶段独立开设一门信息技术课，另一种是不单独设课而是将信息技术内容整合到中小学各科的课程中去，使信息技术基础知识能力的培养和教学过程紧密结合起来。从国际范围来看，在 20 世纪 90 年代中期以前，各国基本上采用第一种途径——单独设课（称“计算机课”或“计算机应用基础课”，现在称“信息技术课”）；在 20 世纪 90 年代中期以后，则有不少国家开始探索采用第二种途径——信息技术与课程整合，美国、日本、加拿大等国走在了国际前沿。从我国目前的情况看，信息技术教育起步虽然较晚，但发展速度很快，单独设课已从中学延伸到了小学阶段，从城市学校延伸到了农村学校。在此，我们主要讨论第二种途径——信息技术与学科课程的整合。

根据信息技术与课程整合的不同程度和深度，可以将整合的进程大略分为 3 个层面：封闭式的、以知识为中心的课程整合阶段；开放式的、以资源为中心的课程整合阶段；全方位的课程整合阶段。在不同的层面，技术投入与学生学习投入是不同的。

第一层面：封闭式的、以知识为中心的课程整合。所有的教学都严格按照教学大纲，把学生封闭在教材或简单的课件内，使其和丰富的资源、现实完全隔离。按照教材的安排和课时的要求来设计所有教学活动，如果课程内容较少，就安排一些讨论，多设计一些活动，如果课程内容较多，就采用“满堂灌”的形式，力保不超时、不少时。虽然采用一定的辅导软件，但是辅导软件也都在上述思想下编制出来，因此也没有什么突破。整个教学都在以“知识”为中心的指导下进行，教学目标、教学内容、教学形式及教学组织都和传统课堂教学没有什么区别，整个教学过程仍以教师的讲授为主，学生仍然是被动的反应者、知识被灌输的对象。信息技术的引入，只是在帮助教师减轻教学工作量方面取得了一些进步，而对学生思维与能力的发展，与传统方式相比，并没有实质性的进步。

第二层面：开放式的、以资源为中心的课程整合。信息技术与课程整合的第一阶段基本上都是封闭的、以个别化学习和讲授为主。在第二阶段，教学观念、教学设计的指导思想、教师的角色和学生的角色等都会发生较大的变化。教育者日益重视学生对所学知识的意义建构，教学设计从以知识为中心转变为以资源为中心、以学为中心，整个教学对资源是开放的，学生在学习某一学科内的知识时可以获得许多其他学科的知识，学生在占有丰富资源的基础上完成各种能力的培养，学生成为学习的主体，教师成为学生学习的指导者、帮助者、组织者。按照对学生能力由低到高的培养顺序，此阶段着重培养学生的能力分别是：信息获取和分析能力、信息分析和加工能力、协作能力、探索和创新能力。

第三层面：全方位的课程整合。前两个阶段虽然彼此之间有很大的差异，但是，他们都没有使教学内容、教学目标，以及教学组织架构进行全面的改革和信息化。当前两个阶段在较大范围内得到推广和使用，并取得很大成功时，当教育理论和学习理论得到充分发展和利用时，当信息技术在教学中的应用得到更系统、更科学的探讨和细化时，必然会推动教育发生一次重大的变革，促进教育内容、教学目标、教学组织架构的改革，从而完成整个教学的信息化，将信息技术无缝地融合到教育的每一个环节，达到信息技术和课程改革的更高目标。

综上，第一个层面的整合主要是依靠教师在教学过程中对信息技术手段的使用上，这种整合仍然是以教师为教学活动的主体，与传统教学相比较教学结构没有发生实质性的改变，教师利用信息技术传递教学信息，学生仍是教学内容被动的接受者，“新瓶装老酒”，这样的整合是比较简单和肤浅的。第二个层面，学生成为学习的主体，教师不再是教学活动的“统治者”，而成为学生主动建构知识意义的协助者，学生在数字化学习资源的海洋中自由的发现和探索，自由度较大，但由于自控能力不强等原因，很多学生往往会在海洋中迷失方向，偏离最初的学习目标。要实现这个层面的整合，数字化的学习资源和环境构建显得尤其重要。第三个层面的整合才是正真意义上的整合，需要完成从教学资源、教学环境、教学观念到教学结构等方面的改变，信息技术已经融入整个教育系统和教学活动的各个环节。学生是学习的主体，而教师是学生学习活动的主导，师生在教学活动中自觉主动地使用信息技术，教学效果与前两个层面相比有显著的提高。

三个层面既可以看作整合的三个阶段，后一个阶段是建立在前一个阶段充分发展的基础之上；也可以看作是整合的三种类型，目前世界各国由于对整合的内涵认识不同，所采取的方法和措施也不尽相同。

（二）整合的实质

从上面的分析可知，信息技术与课程整合不是将技术被动的应用于教育教学，而是主动地吸收与纳入，并将其作为课程改革的推动力，最终和课程教学融为一体。“不是简单的把信息技术仅仅作为辅助教师的演示工具，而是要实现信息技术与学科的‘融合’，它要求突出作为整合主动因素人的地位，并且实现人与物化的信息之间，网络虚拟世界与现实之间的‘融合’，是将信息技术既作为意识，又作为内容、方法和手段，融于课程及学科教学之中的理论、实践与结果”。信息技术与课程的整合，将对课程的各个组成部分产生变革影响和作用。

虽然，信息技术并不一定能激发学习动机，或是使人更聪明，也不一定能使人更勤奋，信息技术本身不能自然而然地引发课程的变革，但却是课程改革的有利促进条件。作为智能化的技术，信息技术既包括基础设施又蕴涵着人类的高级智慧，正是由于信息技术的快速发展，产生了学习革命，催生了知识经济，从 IPv4 到 IPv6，从 E-learning（在线学习）到 U-learning（普适学习），日新月异的新技术使人类迈入信息化社会。信息技术的日益成熟和普及，为实现教育的第三次飞跃提供了平台。“首先，信息技术的智能化，可以根据学习者的情况自动生成相应的教学内容和教学进度……使因材施教的理想真正成为现实。其次，信息技术实现了人机互动模式。第三，信息技术改变了人们关于知识的观念……这将极大地促进师生关系的民主化，有利于学生积极人格的形成。”

基于信息技术的课程整合本身要求改变人们传统的教育观、学习观和课程观，提倡尊重人的独立性、平等性、主动性、首创性和反思性、协作性。信息技术全面与课程整合将为实现教育信息化、培养创新型人才和构建学习型社会，提供全方位的支持和保障。因此，我们认为信息技术与课程整合的实质是一种基于信息技术的课程建设理论与实践，包括信息技术与课程结构、课程内容、课程资源、教学环境及课程教学实施等全方位的融合，以促进学科课程的整体变革。

三、信息技术与课程整合的目标

（一）在学科教学中渗透信息技术教育，提高师生信息素养

信息素养是信息时代公民必备的素养，所谓信息素养指获取信息、分析信息、加工信息、利用信息、深度感知信息（信息意识）的态度和能力。信息时代背景下的教育改革，对教师和学生基本素质和能力提出了更高的要求，只有具备了一定信息素养才能适应时代要求。信息技术与课程的整合是渗透信息技术教育的有效途径，通过信息技术课和学科课程与信息技术的融合，使教师和学生的信息素养得到培养和提高。

（二）促进教师教学方式的变革

教育部在《基础教育课程改革纲要（试行）》中对教学过程的改革提出了明确的要求。如“教师在教学过程中应与学生积极互动、共同发展，要处理好传授与培养能力的关系”；“教师应尊重学生地人格，关注个体差异，满足不同学生的学习需要”；“创设能引导学生主动参与的教育环境，激发学生的学习积极性，培养学生掌握和运用知识的态度和能力，使每个学生都能得到充分的发展”。信息技术与课程的整合，促进了教师教学方式的变革。主要表现为：

（1）教师的功能和作用由“传道、授业、解惑”，转向对学生学习的帮助和指导。教师不仅仅是信息的传递者、知识的传播者，而且是智慧的启迪者，学习活动的组织者、协调者。

（2）教师的地位由“首长”变为“平等中的首席”。'

（3）数字化的信息媒体由教师展示教学内容的工具，变为学生的认知工具。

（4）教师的主导地位由课堂上的显性行为，转变为教学设计中的隐性行为。

（5）教师促进学生学习网络形成：广泛收集各种分散的学习资源、学习信息，并注意在教师间、教育部门间交流，形成一种支援学习者学习的网络系统。

（6）注重学生信息能力的培养。

（三）促进学生学习方式的变革

信息技术的发展，为学生的学习和发展提供了丰富多彩的教育环境和有力的学习工具，信息技术与课程的整和为学生的自主学习、个性化发展提供了保证，促进了学生学习方式的变革。

书本不再是唯一的学习资源，从 E-learning 到 M-learning，再到未来的 U-learning，学生

获取知识信息的方式和途径正发生着翻天覆地的变化；同时，学生也减少了对教师的依赖，学习的自主性得以加强。

（四）培养学生终生学习的态度和能力

终身学习就是要求学习者能根据社会和工作的需求，确定继续学习的目标，并有意识地自我计划、自我管理、自主努力通过多种途径实现学习目标的过程。

在信息时代，知识量巨增，知识成为社会生产力、经济竞争力的关键因素；知识的更新率加快，陈旧率加大，有效期缩短。另外，知识的高度综合性和各学科间相互渗透，出现更多的新兴学科、交叉学科，由此带给人们难以想象的社会生活、经济生活、政治生活和人类一切领域内深刻而广泛的冲击波和影响力。教育信息化为人们从接受一次性教育向终身学习转变提供了机遇和条件，信息技术与课程整合就必须培养学生终生学习的意识和能力，以适应社会的发展需要。

（五）改革传统教学结构，培养创新型人才

教师教学方式的改变和学生学习方式的改变，必将带来教学结构的改变。信息社会的竞争，更多集中在新领域、新产业的竞争上，究其根本则是人才的竞争，确切地说，是创新人才的竞争。教学结构的革新，最终的目的就是要培养大批高素质、强能力的创新型人才，以适应未来社会发展的需求。

综上，信息技术与课程整合，不是把信息技术仅仅作为辅助教或辅助学的工具，而是强调要利用信息技术来营造一种新型的教学环境，该环境应能支持实现情境创设、启发思考、信息获取、资源共享、多重交互、自主探究、协作学习等多方面要求的教学方式与学习方式——也就是实现一种既能发挥教师主导作用又能充分体现学生主体地位的以“自主、探究、合作”为特征的教与学方式（这正是基础教育新课程改革所要求的教与学方式），这样就可以把学生的主动性、积极性、创造性较充分地发挥出来，使传统的以教师为中心的课堂教学结构发生根本性变革（教学结构变革的主要标志是师生关系与师生地位作用的改变），从而使学生的创新精神与实践能力的培养真正落到实处。这正是我们国家素质教育的主要目标，也是当今世界各国进行新一轮教育改革的主要目标。

第二节　信息技术与课程整合的历史与发展趋势

一、信息技术教育应用的发展阶段

自1959年美国IBM公司研究出第一个计算机辅助教学系统以来，信息技术教育应用在发达国家大体经历了三个发展阶段。

（一）CAI计算机辅助教学阶段

这一阶段大约是从20世纪60年代初至80年代中期。主要是利用计算机的快速运算、图形动画和仿真等功能辅助教师解决教学中的某些重点、难点，这些CAI课件大多以演示为主，这是信息技术教育的第一个发展阶段。在这一阶段，一般只提计算机教育（或计算机文化），还没有提出信息技术教育的概念。

（二）CAL计算机辅助学习阶段

这一阶段大约是从20世纪80年代中期至90年代中期。此阶段逐步从辅助教为主转向辅助学为主，也就是强调如何利用计算机作为辅助学生学习的工具，例如，用计算机帮助搜集资料、辅导答疑、自我测试以及帮助安排学习计划等，即不仅用计算机辅助教师的教，更强调用计算机辅助学生自主的学。这是信息技术教育应用的第二个发展阶段，在这一阶段，计算机教育和信息技术教育两种概念同时并存。

（三）IITC 信息技术与课程整合阶段

信息技术与各学科课程的整合是 20 世纪 90 年代中期以来，国际教育界非常关注、非常重视的一个研究课题，也是信息技术教育应用进入第三个发展阶段（大约从 20 世纪 90 年代中期开始至今）以后信息技术应用于教学过程的主要模式。在这一阶段，原来的计算机教育（或计算机文化）概念已完全被信息技术教育所取代。

应当指出的是，我国由于信息技术教育应用起步较晚——20 世纪 80 年代初才开始进行计算机辅助教学的试验研究（1982 年有 4 所中学成为首批试点校），比美国落后了 20 年，加上我国教育界历来受“以教为主”的传统教育思想影响，往往只重视教师的教，而忽视学生自主的学，所以尽管国际上自 20 世纪 80 年代中期以后信息技术教育应用的主要模式逐渐由 CAI 转向 CAL，但是在我国似乎并没有感受到这种变化——不仅从 20 世纪 80 年代初期到 90 年代中期是如此，甚至到了今天，我国绝大多数学校的信息技术教育应用模式仍然主要是 CAI。

二、我国教育信息化发展现状及存在的问题

（一）教育信息化发展现状

自 2000 年 10 月召开第一次全国中小学信息技术教育工作会议（在我国教育信息化进程中这是一次具有里程碑意义的重要会议）以来，由于政府的大力推动，我国教育信息化有了长足的发展。就基础教育领域而言，教育信息化的硬件设施与 4 年前相比，增长了 10 多倍。例如，中小学已经建立的校园网数量：在 2000 年 10 月召开那次会议的时候只有 3000 所左右；2003 年 3 月基础教育司的统计已达 26500 多所；到 2004 年底尚未有新的官方统计数字发表，但据部分教育信息化专家估计，目前这一数字应在 40000 至 45000 之间。不仅中小学校园网的数量有了极大的增长，校园网络的带宽与传输速率也有大幅提升。

教育信息化硬件设施的大幅增长，本来是件令人高兴的事，但是花费了几百亿元建设起来的几万个中小学校园网，目前却绝大部分未能充分发挥作用，造成资源的极大浪费。这种状况又着实让人为校园网的应用状况担忧。

（二）制约教育信息化发展的瓶颈

校园网建设需要很大投入（少的几十万，中档的一百多万，高档的二三百万以上，有些学校投入更多）。大投入应有大产出，高投资应有高效益。学校的产出是高素质人才，学校的效益应体现在各学科教学质量与教学效率的大幅提升。而目前的实际状况与这一目标有较大的距离，大投入没有大产出，高投资未能体现高效益。很多学校的信息技术环境（尤其是网络环境）只用于开设信息技术必修课，而没有能促进教育的深化改革，没有能导致中小学各学科教学质量的提升（更不用说大幅度的提升）——这是当前教育信息化进程中普遍存在的问题，也是制约我国教育信息化深入发展的瓶颈（关键所在）。

当然，信息技术课作为必修课开设，无疑对提高学生的信息素养、信息能力是大有好处的，但是校园网工程的大量投资若仅仅体现在“信息技术教育”这一门课的效益上，那样的效益与投入相比就太不相称了（如果只是开设信息技术教育课，每所学校建一两个联网的计

算机教室就够了，不必花上百万甚至几百万的资金去搞校园网）。

所以，能否运用信息技术环境（尤其是网络环境）来促进教育深化改革，大幅提升各级各类学校的学科教学质量，实在是当前教育信息化健康、深入发展的关键所在——信息技术与课程整合必须在提升各学科的教学质量与教学效率方面狠下功夫。

如何运用信息技术环境（尤其是网络环境）来促进教育深化改革、大幅提升各级各类学校的学科教学质量与效率的问题，不仅是中国教育信息化健康、深入发展的关键问题，也是当今世界各国教育信息化健康、深入发展的关键问题。从 2003 年 12 月召开的 ICCE（计算机教育应用）国际会议的主题“ICT 教育应用的第二浪潮（Second Wave）——从辅助教与学到促进教育改革”，以及微软于 2004 年 11 月举办的信息化国际论坛中也强调要运用信息技术来促进教育改革并实现教育的蛙跳式发展（Leapfrogging Development）即可看到这种发展趋势。

三、发达国家信息技术与课程整合的策略

当今世界各国为了迎接基础教育信息化所面临的上述严峻挑战，采取了多种不同的对策——通过教育信息化显著提升学科教学质量与学生能力素质的途径与方法。

（一）联合国教科文组织的对策

联合国教科文组织认为，要迎接基础教育信息化所面临的上述挑战，需要广大教师掌握信息化教学环境下的必要素养与能力。为了便于广大教师通过培训尽快掌握这类素养与能力，最好能对这类素养、能力进行规范，并使之标准化。为此，近年来在联合国教科文组织倡导下，成立了一个有关这类素养、能力的《标准制定项目组》。该项目组由联合国教科文组织人员 12 人和国际著名 IT 企业以及大学专业人员 14 人组成（另有项目研究评审人员 40 人）。该项目组经过较长时间的深入研究，制定了一个《教师信息技术能力标准》（ICT Competency Standard for Teachers，ICT-CST），并于 2008 年 1 月以联合国教科文组织名义正式发布，因而在国际上有较大的影响。该标准的制定是基于以下认识———为了使教师能将信息技术融入课堂，成功地实现信息技术与学科教学的整合，教师必须具备 4 个方面的素养与能力：构建学习环境的能力、信息技术素养、知识深化能力和知识创造能力。在 ICT-CST 文本的概述部分，提到并强调了这 4 种素养与能力；并且明确指出，构建学习环境的能力———要求通过培训使教师达到这样的目标：能以一种非传统的方式构建学习环境，将信息技术与新型教学方式相融合，从而形成既有利于学习者的自主学习、主动探究又便于学习群体开展协作交流、小组活动的社会化互动课堂。

（二）美国学者的对策

为了迎接基础教育信息化所面临的上述挑战，美国国家科学基金会于 2003 年秋建立了一个称之为“运用技术加强理科学习（Technology Enhanced Learning in Science，TELS）”研究中心。该研究中心的任务是要通过理科课程设计、教师专业培训、评估和信息技术支持等 4 个环节的研究与实践，来促进信息技术与理科教学的有效整合，从而显著提高学生的理科学习成绩，最终达到“运用技术加强理科学习”的目的。TELS 研究项目迄今已吸纳了 28 所学校的 14000 多名中学生和 200 多名中学教师参与试验研究。经过实际的测试与评估结果证实，在理解复杂科学概念（如化学反应、地质变化过程等）方面，参与 TELS 项目的所有学生都有较大的提高。

（三）日本学者的对策

日本倡导基于“协调自律学习”的新型教学方式。目前日本教育技术学界的基本观点认为，尽管信息技术在教育中的应用（包括网上教学和远程教育）已日益普及，但其中绝大多数是沿袭了过去以教师为中心的、基于“知识传递”的传统教学方式，以及与这种教学方式相对应的教学过程以及教学设计框架如图 8-1 所示。

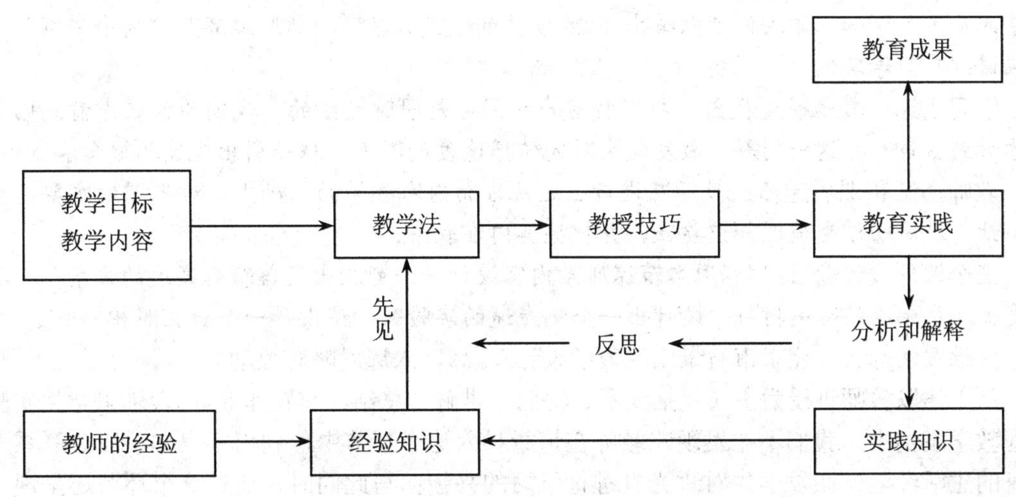

图 8-1　“协调自律学习”教学方式设计框架图

第三节　信息技术与课程整合的教学案例

信息技术与课程整合的实质与落脚点是变革传统的教学结构，即要改变以教师为中心的教学结构，创建新型的、既能发挥教师主导作用又能充分体现学生主体地位的“主导—主体型教学结构”。而新型教学结构的创建要通过相关的教学模式才能实现。

（一）“传递—接受”式教学案例

《光的传播》

北京市永乐中学　　侯志红

情景导入激发兴趣：教师借助多媒体投影展示一些光与影的图片，以吸引学生的注意；与此同时，教师用话语“光给我们带来了温暖和美丽，今天就让我们来研究光，看看它是怎么给我们带来温暖与美丽的？”作开场白，激发学生对“光”进行研究的兴趣。然后呈现教学内容，并通过提问启发学生思考：“从物理的角度来研究光，大家想想看，都要研究些什么？”于是学生们展开认真的思考，接着进行小组讨论，并将讨论结果推选代表回答，最后在教师的引导下归纳出“认识光源”、“光的传播方式”和“光速”等答案（由教师写出在黑板上）。

认识光源：教师呈现另一些光与影的图片，问“在这些美丽景象中，光是从哪儿来的？”学生分别回答之后，师生共同概括出“光源”的概念。

实验探究光的传播方式：教师先提出三个问题：“光可以在哪些介质中传播？”“通过日常经验猜猜光在这些介质中是如何传播的？”“能否通过实验来证明你的猜想？”让学生思考教师

提出的问题，并分组动手做实验验证猜想——这些实验包括“光在固体中传播的实验”和“光在不同介质中传播的实验”；做完实验后，全班同学对实验结果进行讨论。接着，教师又用动画演示并讲解“太阳光射到地球上时光线会发生弯曲”这一现象，然后从中归纳出“光在同一种均匀介质中沿直线传播”的规律；与此同时，还让学生学会利用物理符号来表示光线。

“光的直线传播”实例及其应用：教师继续演示和讲解小孔成像、影子成因、日蚀月蚀成因的模拟等物理实验，让学生了解，光的直线传播现象是光的一个基本特性，在生活中有大量的应用。例如，学生们可以举出：“看物体的边是否直”、“排队站齐”、“射击瞄准”、“激光掘进准直”等实例予以说明。

学习光速：教师通过提出“打雷时雷声和闪电是同时发生的，我们为什么先看到闪电然后才听到雷声？”这一问题，激发学生对光传播速度的思考，从而引出光速的概念和量值。

教师小结和课后迁移：教师在进行上述几方面内容教学的基础上，对本课的主要内容进行小结，以帮助学生梳理知识要点，并把握其内在联系。

三个课外设计题目：“利用本节课所学内容设计一个可测出某盏路灯高度的方案”，“参考历史上测量光速的有关材料，设计出一个测光速的实验”，“试设计一个针孔照相机”。

（该案例选自《北京市石景山区教学设计汇总》，入选时略有改动）

从上述以教师讲授为主（包括演示、提问、讲解、总结、布置作业等），辅以学生实验的物理教学案例中，我们不难发现，教师在情景导入这个环节中，利用多媒体手段，联系学生自身的生活经验，激发学生对“光”进行学习的兴趣；与此同时，通过这个环节还呈现了当前学习的先行组织者——“光与影”。这个先行组织者（“光与影”）对于《光的传播》来说，是个上位概念。就《光的传播方式》教学而言，“渐进分化”策略对于其内容的组织无疑是适宜的。随后教师提出三个问题让学生思考，接着让学生分组动手做实验，并对实验结果进行讨论——正是这种“渐进分化”策略运用的具体体现。

本课教学过程的组织围绕“认识光源”、“光的传播方式”和“光速”三个问题展开，与此同时，对本课教学的重点与难点“光的传播方式”，又运用“先行组织者”策略并辅以分组实验、班组讨论、生活实例等多种教学方式予以巩固和深化。最后一个环节的课后迁移设计也很到位——学生完成课外设计的过程，实际是对当前所学知识的意义进一步深入建构、并且融会贯通和加以灵活运用的过程。从上述案例的整体教学过程看，本节课是在多媒体教学环境下主要采用“先行组织者”教学策略和“渐进分化”内容组织策略的“传递—接受”教学模式的典型案例。

（二）“探究性”式教学案例

《黄金分割》

广东省佛山市汾江中学　　黄伟峰

创设情境、启发思考：教师先通过动画展示一组图片的方式创设情境，接着围绕展示的情境提出相关问题引发学生思考，例如，五星红旗的形状为什么不是正方形或其他形状？为什么翩翩起舞的芭蕾舞演员要掂起脚尖？为什么世界上许多人都对维纳斯着迷？等等，学生对问题进行猜想并做出回答。这些由真实情境所引出的问题极大地激发了学生的学习兴趣，并为后面的教学作了铺垫。然后教师给出一组矩形，让学生通过投票从中选出自己认为最好看的一个，再由此投票活动引出黄金矩形典故，从而转入新课。

自主探究、协作交流：教师向学生布置自主探究与协作交流任务——学生首先要运用几何画板自主测量黄金矩形的长和宽，以及五角星中对角线所分成的线段的比；学生在动手测量过程中要认真探究其中存在的规律；在此基础上还要开展小组协作、交流，以集思广益、深化认识。通过这样的学习，无须教师讲授，学生即可自己发现黄金比，并可用自己的语言说出黄金分割的概念。

作图演练、深化认识：为了促进学生对黄金分割这一重要概念的认识与理解，本课采取以下几种方式加强作图演练。第一，让学生利用 V－class 网络教学平台进行随堂练习（在此过程中教师可适当进行讲评）以巩固和深化学生对黄金分割的认识与理解；第二，由教师介绍黄金分割尺规作图方法，并在黑板上画出来，学生则根据老师的示范或课件演示学习这种作图，以进一步巩固和深化对黄金分割的认识；第三，要求学生运用黄金分割的有关知识（例如，黄金比和画图工具），自己找出黄金分割的其他作图方法。

开阔视野、感受价值：要求学生阅读有关黄金分割在建筑、艺术等领域的大量应用资料，在学生自主阅读过程中教师要进行全堂巡视，随时回答学生在阅读过程中提出的问题；在阅读资料后还要学生说出自己的感受（进行全班交流）。通过这一环节的学习，可以使学生通过建筑、艺术等方面的实例进一步体会黄金分割的文化价值及其在人类历史上的作用和影响。

课后拓展、促进迁移：课后要求完成以下作业，每位学生要根据自己对生活的观察，发挥自己的想象，运用本课所学的黄金分割原理，设计一个物体或图案；与此同时，每个学生小组要完成以黄金分割为主题的一个资源包（内容包括收集到的有关黄金分割的资料、自己设计的作品以及学习之后的感想）。此环节的目的是通过知识的应用与创新，促进对所学知识的巩固与迁移，进一步体会到知识的意义与价值，并使学生感受到数学就在我们身边——它来源于生活，又应用于生活，从而使学生的知识得到升华。

（该案例选自北京师范大学十五重点课题“基础教育跨越式发展创新探索试验研究”成果，入选时略有改动）

《黄金分割》这节课，在教学设计上主要有以下几个特色：其一，设置较丰富的问题情境，并从情境中提出真实问题，从而能较自然地引发学生的认真思考；其二，让学生利用几何画板作为认知工具，进行自主探究和自主发现，从而较充分地发挥了学生的主动性、积极性，提高了学生的学习兴趣，也使信息技术整合于教学过程的优势得到真正的体现；其三，通过将软件操作与实验观察相结合、自主探究与协作交流相结合，有效地促进了学生对黄金分割这一知识点的理解，增进了学生的实践意识，形成了相关的作图技能；其四，通过建筑、艺术等领域的应用实例，有力地体现了黄金分割的文化价值，使学生感受深刻、受益匪浅。正如学生所说：“学习‘黄金分割’，使我深切感受到数学与生活的联系与乐趣。”，“‘黄金分割’以它独特的科学神韵，美化了我们的生活，造福了人类，给我们带来无数的、无形的‘黄金’。我们不知道它从何而来，但是，它走进了我们的生活，甚至已经寄宿在我们的身上。”，“我们已经拥有了这笔财富，我们要利用这笔珍贵的财富继续探索、继续发现，让‘黄金分割’为我们分割出更多的‘黄金’”；“通过这节课的学习，我体会到数学来源于生活，服务于生活。数学必须应用于实际才有生命力——注重数学的实用性，才能学好数学，用好数学，才能真正体会到数学的价值，才能通过数学提高我们的生活质量，提高生产力，达到我们学习的目的。”

（三）“研究性学习”式学案例

《寻找身边的历史》

广东省佛山市第四中学　　凌怡

准备阶段：此阶段的任务是明确研究活动的目标并进行分组。教师先向学生展示研究活动的目标、主题以及研究活动的内容、方式，使学生有所了解。然后根据协作学习方式，将全班56位同学按自由组合原则，分成8个小组，每组7人，并选出小组长。教师根据分组情况对各小组人员作适当的合理调配，小组内各成员再根据自己的特长、兴趣及研究活动要求进行具体分工，并确定研究活动的实施计划。

实施阶段：此阶段的任务包括选定考察对象、实地考察、资料收集、撰写考察报告和收获体会4项。选定考察对象，是根据少数服从大多数原则，通过小组讨论，选定本小组最感兴趣的考察对象并确定考察日期。然后将考察对象和考察日期上报指导教师，再由教师根据实际情况进行调配，以避免项目重复；实地考察，要求各小组利用双休日进行，并要带上摄录器材对所考察的文物古迹进行现场拍摄，或对有关人员进行录音，以便作为研究资料；资料收集，要求各小组针对本组的考察对象，通过去图书馆或上网等方式收集相关资料，并对资料进行整理，资料收集完毕以后指导教师应进行检查，资料不足的小组要进行补充；撰写考察报告和收获体会，要求各小组根据考察情况和收集的有关资料写出一篇报告，报告内容包括考察对象的历史和现状、对这种历史和现状的看法与见解，以及对如何宣传、保护历史文物古迹所提出的建设性意见。此外，还要求小组成员根据自己在研究过程中所负责的工作和所遇到的问题写出自己的收获体会。

总结阶段：此阶段包括研究活动评比和研究成果展示两项。活动评比由各小组根据组员在本次研究性学习过程中的表现评选出最佳组员，再由指导教师根据各组活动开展情况选出最佳组长，并根据各组撰写的考察报告内容、质量从中选出优秀考察报告；然后举办“寻找身边的历史”研究活动成果展示会，由各小组自行设计成果展示方式——可以用多媒体课件、历史剧表演、文物制作或景区导游等不同方式将本小组的考察研究成果生动地展示出来。

（该案例选自教育部教学改革重点课题《学科“四结合”教学改革试验》案例，入选时有改动）

学生在此次活动中，真正地走入了自己身边的历史，对当地的各种历史遗址、历史文物、人文风俗现象进行了较全面深入的了解。在此次研究性学习活动过程中，历史的印记是学生自己亲自观察到的，历史的亲切与厚重是学生自己亲身感受和体会出来的；学生是此次研究性学习活动的主体，相关知识的学习过程是学生自己主动建构知识意义的过程。此次研究性学习活动的开展，是以小组的方式进行。在整个研究性学习过程中（从一开始到最终的小组汇报），都需要全体小组成员的通力合作，才能取得预期的学习成果。因此通过这种研究性学习，学生不仅较好地了解并掌握了有关的知识，还能在小组协作过程中学会人际交往以及与他人合作的能力。

（四）WebQuest教学案例

WebQuest是美国圣地亚哥州立大学的伯尼·道奇（Bernie Dodge）等人于1995年开发的一种课程计划。Web是“网络”的意思，Quest是“寻求”、“调查”的意思，而WebQuest在汉语中则还没有一个与之相匹配的词汇。WebQuest是一种“专题调查”活动，在这类活动中，部分或所有与学习者互相作用的信息均来自互联网上的资源。根据这一意思我们可以把它译为“网络专题调查”。这又很容易使人联想到我们时下的探究式学习、基于网络资源的主题学习，以及两年前引入国内的“Intel 未来教育”教师培训项目等。

根据完成时间的长短，WebQuest 可以分为短周期和长周期两种。短周期的 WebQuest 一般 1～3 课时完成，其教学目标是获取与整合知识，学习者需要处理大量新信息并最终形成对这些信息的意识。而长周期的 WebQuest 一般耗时一个星期至一个月，其教学目标是拓展与提炼知识，学习者需要深入分析“知识体”，学会迁移，并能以一定的形式呈现对知识的理解。

一个 WebQuest 必须包括引言（Introduction）、任务（Task）、过程（Process）、资源（Resources）、评估（Evaluation）、结论（Conclusion）6 个部分（关键属性）。除此之外还可以有如小组活动、学习者角色扮演、跨学科等非关键属性，如图 8-2 所示。

网络主题探究活动标题

适用年级　所属学科

设计与执教教师：*教师姓名*　*单位名称*　电子邮件：**yourname@domain.com**

网络地址：URL

XXXX年XX月发布　XXXX年XX月更新

图 8-2　WebQuest 首页

（图片来源：惟存教育实验室）

《多利》

（1）引言。“我决定首先克隆我自己，以消除外界对我的批评，说我是在利用一些对生活绝望了的妇女，用一种还没有被验证的程序作实验。”大约 60 年前人类曾利用两栖动物进行无性繁殖，但在蝌蚪阶段就夭折了。在过去的 60 年中，克隆哺乳动物仅仅在科学家们的想象中认为是可能的。嗨，Dolly！Wilmut，苏格兰 Roslin 学院的一名研究人员突然宣布，他的研究小组利用一个成熟的体细胞成功地克隆了一只小羊羔。第二天，教皇指责这项发现是“对生命缺乏尊重”，科学界却欢欣鼓舞，称之为人类的一次突破。

（2）任务。各国政府目前都在讨论克隆对人类社会的潜在影响。我们这次基于 WebQuest 的讨论目的就是决定如何通过立法来控制克隆。1997 年，美国国会议员，来自密歇根州的 Ehlers 先生建议立法，制定“禁止克隆人类法案”，其中包括“任何人利用人体细胞进行人类的克隆都是违法的”，“任何人违反都将受到不超过 5000 美元的罚款处罚”等条目，该法案在 1997 年 3 月 5 日由美国的参议院和众议院联合制定并通过。Ehlers 先生的提案虽然只是针对人类的克隆，这种禁止活动也不难做到，但是很可能最终被证明是一种目光短浅的做法。在 21 世纪，克隆技术的研究将对人类社会产生意义深远的影响，这种影响涉及全球饥荒、动物权益、土地贫瘠、疾病治疗、科学研究、人口过剩许多方面。

参与本项目的学习者的任务是提出问题，获得最新信息，分析资料的正确性，和你的同伴达成一致意见，然后解释最终结果。所有这些努力都是为了回答一个基本问题：政府应该制定什么样的方针政策来控制克隆？

要保持客观的态度，不要在调查研究结束之前就匆忙下结论。本系统将对你如何处理信息，如何阐明你的观点，以及你将如何跟你的同伴进行有效的交流与合作进行评价。祝你好运！

（3）过程。为完成上述学习任务而创设的情景是，美国的国会正在召开一个专家研讨会，研究克隆对美国的社会、经济、政治等方面所具有的广泛意义及影响；每一个专家组将在这一研讨会上阐述他们的研究发现。学习者组成的学习小组的职责是倾听每位专家的观点，形成自己对克隆的认识，然后对已通过的禁止克隆人类法案作出评价。

步骤 1：访问有关专家。

在该专家研讨会上，首先由 Salon 杂志的执行编辑 Andrew Ross，向克隆羊多莉的创造者 Ian Wilmut 博士提出了几个问题，这些问题主要涉及人们对克隆人类所抱的希望和产生的恐惧。听了这样的提问以后，要求你和你的学习小组成员一起去访问有关专家——利用面对面谈话的方式向专家表达出：对于克隆人类人们存在的三个希望和三种恐惧；要事先草拟好你们小组准备向专家提出的三个问题。

步骤 2：分组扮演角色。

尝试从不同的角度来看克隆——每种角度都有自己的观点，并对克隆产生的复杂问题都有自己独特的解决方案。每一个学习小组都被指定一个角色，要使所有小组成员都完全理解本组所扮演的角色。打开下面的卷宗，在浏览完每一个角色的职责之后，进入你们小组被指定扮演的角色，这时每一个学习小组成员都应清楚地了解本组的职责。然后各小组开始探索。

步骤 3：参加“讨论禁止克隆人类法案”高峰会议。

这项活动内容是各小组成员共享大家获得的有关克隆的知识。

1）演示者的任务。你已经成为你所代表的角色方面的专家，参加克隆峰会的人需要了解你对克隆的观点。给你们十分钟的时间解释怎样把提交的禁止克隆人类法案扩展到其他方面还是维持原状，你必须说明你的理由。你所用的图片、视频及音频片段以及对研究报告的引用都只能用来增强你的陈述效果。你们的任务就是要积极有效地阐述你们的观点，如果你们选择使用 PowerPoint，那么应该确保你们的 PowerPoint 演示能顺利进行，如果你们不使用 PowerPoint，那么应该制作一个论文展示板，或者使用录像带（你们可以浏览一下可能的得分标准，它描述了如何制作一个出色的演示，一定要有新的创意）。

2）听众的职责。每个学习小组中除了有一名代表去执行演示任务以外，其他成员是作为听众与会。作为克隆峰会的一名听众，你的任务是仔细倾听每个人的陈述，你将要被邀请参加会议的一个小组委员会，该委员会将决定政府应采取怎样的措施。所以你要一边倾听别人的观点，一边记下别人提出的一些关键问题，并列出你扮演的角色将会支持和反对的观点。

步骤 4：达成一致意见。

所建立的小组委员会要向政府建议下一步应该采取怎样的措施。这样的委员会应由各方面的专家组成，所以达成一致的意见并不是很容易的事情。有益于克隆研究的事并不一定有益于保障动物权益或宗教信仰。你们必须进行争论，努力说服别人；通过协商、共同出谋划策制定一个行动计划。你们可能不会一致同意陈述行动计划的某种方式，但是你们必须形成共同的行动计划；你们可能会发现为了找到一致同意的共同行动计划，你必须同意自己原来并不同意的观点。这样，一个“通过协商达成一致意见”的活动就完成了。你们的意见获得大多数人的同意以后，就可把你的报告粘贴到在线讨论板的正确位置上。

步骤 5：把观点公诸于众最后一个任务是将你们委员会要向政府建议的报告公诸于众，这将使你有机会得到社会上专家的反馈（该专家不是参与当前 WebQuest 学习活动的成员）。

为了能将报告公诸于众，首先要找到一个联系地址。这可能是你研究资料中的一个 E-mail 地址，或者你可以到网上去查找一个地址，你们小组的成员也有可能想把你们的建议发送到政府机构去。在后面这种情况下，你们可以通过适当的链接找到所需的 E-mail 地址，然后给白宫写信、给一位美国参议员写信或给一位众议院议员写信。

在发出这种电子邮件之前，要先为你的 E-mail 写一份情况说明，该情况说明应为你的联系对象提供相关的背景知识——他们理解你们的建议时需要这些背景知识；而且一定要告诉你的联系对象你很需要他的反馈；然后再把你们的报告粘贴在信中或者是把你们的报告作为一个附件发送出去。

在发出上述电子邮件之前，还应保证你们小组的所有成员都仔细阅读过该邮件的内容。

在发送上述电子邮件时，一定要把它复制一份给指导教师，这样教师就可得到一份你们作品的拷贝。

（4）评价。先由每个学习者对参与此次围绕克隆主题的 WebQuest 学习活动作出个人评价（评价内容包括主题的选取、任务的制定是否有意义、有价值？这样的主题和任务能否调动学习者的积极性、主动性？对完成任务步骤的划分与设计是否恰当、有效？等等），然后进行小组评价，最后再由教师评价。

（5）结论。克隆可能是 20 世纪末最重大的一个科学发现，它的深远影响将会在 21 世纪感受到。

（案例来源　http://www.ewisdom.net/dolly/default.htm，入选时有改动）

通过围绕克隆主题的 WebQuest 学习活动，应有助于我们的学生形成对待克隆这一新生事物的正确认识与态度，然后再把这种正确认识与态度公诸于世，将会产生更为良好的社会影响。

（五）“适时教学（JiTT）”教学案例

Just-in-Time Teaching（国内翻译为“适时教学”或“及时教学”，简称 JiTT）是 20 世纪末在美国高校本科教学中出现的一种新型的教与学策略。由于这种教与学策略必须在网络环境下（即要有信息技术手段的支持）才能够实施，所以基于 JiTT 的教学过程也被称之为信息技术与课程整合的一种教学模式，简称 Just-in-Time Teaching 模式（适时教学模式），或 JiTT 模式。

诺瓦克等人将“适时教学”定义为：建立在“基于网络的学习任务”（Web-based Study Assignment）和“学习者的主动学习课堂”（Active Learner Classroom）二者交互作用基础上的

一种新型教与学策略。

《计算机科学导论》

美国杜克大学　　Tammy Bailey&Jeffrey Forbes

（1）关于“算法设计课”的预习内容和要求。

1）要求学生先阅读 George Polya 著作中有关“问题求解”的基本概念。

2）然后完成下面的思考与练习题：

“在汤姆的仓库里有三只水果箱。一只箱里装苹果，一只箱里装橙子，另一只箱里既有苹果又有橙子。箱子上有标签注明其中所装水果的名称，但是这些标签全都贴错了（所标注的水果名称与其中所装水果不符）。试问汤姆能否只从一只箱子中取出一个水果就判断出每只箱子里装的是什么水果？”

在课堂上教师对这一问题进行讲解时，应特别强调问题求解策略。对于当前面临的问题，从策略上说可以分两步求解：第一步先确定其中一只箱子的内容，这一步很简单，可以直接判定（因为是从一只箱子里直接取出水果）。第二步再判定另外两只箱子分别装什么水果，这就只能采用间接判定策略——因为这时不允许再从箱子里直接取水果（规定只许取一次）。如何间接判定呢？可以从给定的已知条件去分析；给定的已知条件是“箱子上有标签注明其中所装水果的名称，但是这些标签所标注的水果名称与其中所装水果全都不符”；于是，我们可以把注意力集中到另外两只箱子的标注情况——这两只箱子的不同标注情况只有三种可能，对这三种情况作简单的辨别，问题即可迎刃而解。

之所以要特别强调问题求解策略，其目的是要引出本课的主题“算法设计”，并要为本课主题的讲授做好铺垫。这是因为“算法设计”的具体内容就是问题求解策略的一步步贯彻与落实；只要问题的求解策略搞清楚了，算法设计的关键问题或核心问题也就解决了。由此可见，上述有关本课预习内容和要求的设计，对于本课（算法设计课）教学目标的达成来说，非常贴切且有效。

（2）关于“密码技术课”的预习内容、要求和主动学习课堂。

1）先让学生阅读“凯撒密码”产生的历史和介绍美国 RSA 实验室（该实验室以研究加密算法而著名）的有关资料。

2）思考下列问题：

A．为何这种密码要以凯撒大帝的名字命名？什么是“密钥”？凯撒密码的密钥是多少？

B．RSA 如何与因特网一起对文明社会的方方面面（如商业、科技、教育等领域）产生影响？

3）做下面两个练习题：

A．右边引号中的消息 CTKTG IGJHI P SDV LXIWDGPCVT TNTQGDLH 已经过密钥为 15 的移动密码加密，请将它解密。

B．假定你接收到右边引号中的消息 XII VLRO YXPBXOB YBILKD QL RP，请将它解密；但你只知道该消息是用移动密码加了密，却忘记了密钥，你将怎样找出该密码的密钥？

4）关于创设“学习者主动学习课堂”的设计基本设计思想是，通过提出富有启发性且具有一定难度的问题让学生在课堂上进行讨论（或辩论），在此基础上再让学生分小组开展合作探究，从而能在较大程度上调动学生在课堂上的主动性与积极性。所提出的问题是，如何对一段经过疑难密码加密的消息进行解密；已知条件是，这是一种字母表可随机变换的移动密码（但事先并不知道替换的模式）。让学生首先进行课堂讨论（或辩论），然后再分成小组，通过合作探究去找出答案——希望学生通过自身的努力找到解密的办法，哪怕有 26 的阶乘（26!）那么多的可能替换模式。教师给出的提示是：只要善于利用字母、词汇出现频率和上下文等语言特征去缩小求解空间，就有可能使密码相对容易破解。

（3）关于“人工智能课”的预习内容和要求。

1）先让学生阅读有关 Eliza 智能软件（这是首批尝试用人类的自然语言和一位模拟心理医生进行对话的人工智能程序）和“图灵测试”的资料，使学生初步了解什么是人工智能与图灵测试。

1）为学生提供一种用 Java 语言实现的 Eliza 智能软件，然后让学生思考并回答下面的练习题：“花些时间和 Eliza 聊天。你能相信你是在和一个人交谈而不是在和机器交谈吗？你花了多长时间才确信自己不是在和人交谈？阐明你做出的回答。”

这种预习问题既可用于课堂教学之前，也可用于实验课之前，但实施效果不太一样。对于前一种情况，在随后的课堂讨论中，学生们一般会认为，Eliza 软件之所以“漏馅”是由于其会话模式和人类有差异——他们可以用自然语言和语法分析方面的知识来说明这个问题；对于后一种情况，在随后的实验课中，学生们有可能自己编写出 Eliza 程序——那只不过是由 Java 程序解析的一个文件。Eliza 程序在 1966 年刚被开发出来时相当简单，只使用了一个小型数据库用于存储单词、短语，并应用了一系列的匹配规则，借助这些规则可以形成人类回答时所要求的表达方式。但自那以后，已研发出许多更为复杂的程序用于仿真对话——这些复杂程序被称之为 Chatterbots（“饶舌者”或“爱唠叨的人”）。研发这种程序的目的是要使人们相信：Chatterbots 能和人类进行交谈（至少是简短的交谈）。目前较有代表性的一种 Chatterbots 程序叫 Alice。下一个预习题就与 Alice 有关。

3）为学生提供 Alice 智能软件，然后让学生思考并回答下面的练习题：“花些时间和 Alice 聊天，她会告诉你她是一个机器人。当你和 Alice 聊天时，你花了多长时间才确信自己不是在和一位假冒成机器人的人进行交谈？对你的回答加以说明。”

“饶舌者”Alice 提出了一种和图灵测试相反的测试——在测试中被测对象力图以“计算机”而不是以人类的面目出现。这个练习题所起的重要作用是，可以把现代人工智能及其应用，包括在日常生活中的应用（例如，语音识别、信息过滤、智能代理、网络游戏等）引入随后的课堂讨论中，从而有效地破除学生对人工智能的神秘感，并激发起对学习人工智能的极大兴趣。

（案例来源：T.Bailey and J.Forbes.Just-in-Time Teaching for CS0.[EB/OL]. www.cs.duke.edu /~forbes/papers/ sigcse2005.pdf）

延伸阅读

基于网络的英语教育跨越式发展创新试验

“基于网络的英语教育跨越式发展创新试验”是何克抗教授主持的国家级课题，该实验是在以语觉论为首的先进教育理论的指导下利用现代信息技术来促进学生自主学习，构建新型的“主导—主体”教学结构和以言语交际为中心的英语教学观念，从而大幅度提升学生的英语听说能力。2002 年 6 月，跨越式试验在佛山市南海实验小学正式启动。到目前为止，已经在佛山、广州、深圳、番禺、厦门、东莞、北京、大连、保定和丰宁等地建立试验区，试验学校数目已超过120所，经过几年的教学实践，目前已经取得了显著的教学效果。

《The Family》教学设计

北京市昌平区城南小学　　杨雪红

一、学习者分析

本课教学对象是试验班学生，经过半年多的试验教学，学生的英语听、读、说能力较强，敢于用英语表达，能听懂基本的英语课堂教学用语。学生的年龄在六、七岁之间，语言模仿能力强，具有好奇心、好胜心强、善表现的特点。学生基本能借助课件自主选择学习，能上资源网查找阅读材料并进行浏览。学生对图文并茂，集知识性、趣味性、生活化于一体的教学资源非常感兴趣。

本课学生通过唱歌、自由对话、看图说话等活动，培养学生在情境中运用英语的习惯，同时培养了他们自主学习、协作学习等各种策略，教师提供英语学习环境和适当的资源，引导并指导学生自主学习，学生能通过多次运用、体验、反思，巩固单词句子的意思，结合学生过去学过的英语知识综合运用，发挥学生的想象力和创造性，引导学生较熟练地进行口头表达练习，培养学生的英语听、说能力。

二、资源准备

（1）拓展阅读资源：4篇文章（Dressingup，Introducemyfamily，Little Tadpole is looking for his Mum,When will Daddy come home）。

（2）辅助言语交际材料：一张学生的家庭成员的合影。

（3）资源平台：http://10.116.20.3。

三、教学目标分析

（1）认知目标：本单元需要5课时，本课为第5课时，主要教学目标是正确使用his、her及相关的名词所有格，以家庭成员相关主题为线索，本课时的设计是建立在询问、描述家庭成员的基础上，综合运用语言。具体目标如下：

1）掌握名词所有格的用法，例如：Ann's，mother's等。

2）能够知道his和her在含义上的区别以及理解Whose的提问方式，在不同语境中能够正确区分并使用。

3）能够恰当表达How many people are there in your family?Who are they?How old is your father?What's your father?What does your father like?等有关家庭的提问的回答。

4）通过拓展阅读，培养学生提取有效信息的能力，在具体的语言环境中加以综合运用。

5）鼓励学生综合运用语言，能成段落的有逻辑地进行表达。

6）通过教学中的合作活动增强学生使用礼貌用语的意识，并能在生活中依照不同情境正确使用合适的礼貌用语。

（2）能力目标：通过韵律诗以及对话和模特展示等形式培养学生说英语的语感和节奏感。通过语言实践，开发学生的英语语言思维，培养学生们的综合运用语言的能力。能用语言去做事情，去解决问题的能力。培养学生网络环境下的自主学习能力、小组协作学习能力和综合运用语言的能力。

（3）情感目标：通过本课学习，更加热爱生活，热爱家庭。

四、教学策略分析

语言学习倡导大输入，才有大产出。本节课充分利用了自制的课件，综合运用讲授式、启发式、自主学习、协作学习等策略在唱歌、看图说话等形式中引导学生自主学习，进一步激发学生学习英语的兴趣，增强学习的自信性。在看图说话活动中，学生的思维及想象力得到锻炼，也进一步提高了语言综合运用的能力。整个教学活动中教师是组织者，协作者，引导者，学生是活动的主体，充分体现了“双主”的教学理念。

信息技术的运用，为学生大量输入语言提供了可能和必要的保障。每个学生都能熟练使用网络拓展课程资源进行自主学习，学生可以根据自己的喜好自主选择感兴趣的资源进行自主学习，为培养学生的自主学习能力提供了平台，尊重了学生的情感，有效促进了语言学习的积极性。

五、教学过程及评析

Step 1: Warm up:The family

全班学生在教师的带领下唱 The family（这是一首学生较熟悉的歌曲）。

*评析：此环节以熟悉的英文歌曲入手，吸引学生的注意力，即能激发学生学习的兴趣，又能创造英语学习的氛围

Step 2: Revision

（1）Free talk（以下用 T 指代 Teacher，Ss 指代 Students，S 指代 Student）。

T:Nice to meet you,boys and girls Ss:……

T:How are you today? Ss:……

T:Who is wearing yellow today? S:……

T:What day is today? S:……

T:What's the weather like today? S:……

T:Boys and girls,Miss Yang has a happy family.But I wantto know,do you love your family?（同时出示一张学生的家庭照片）

*评析：此环节教师通过日常问题的集体问答进行师生对话，唤起学生开口说英语的愿望，也检测了以前的特殊疑问句的掌握情况。

（2）Picture talking。

展示一张学生家庭生活照片，师生示范，出示 key points

T:Oh,what a happy family!Whose family is the photo?

Ss:This is Tony's family.

T:Tony,Is this your family?S:Yes.

T:How happy a family!Who is he?S:……

What color are the pants?S:……

What's your mother?S:……

What's he like?S:……

T:What's this?S:It's computer

T:Whose computer?S:It's mother's computer

总结上一环节后，教师引导学生进行两两听说。

T:I know something about Tony's family?Would you like

to talk about your family with your partner?Ok,I give you 3 minutes to talk something about family to your partner.

在两两对话后，请一到两组为全班作示范。

*评析：在此环节中，教师引导学生进行师生对话和生生两两对话，既为学生提供了描述家庭成员的范例，也让学生有机会相互交流。这种和个人生活情境紧密联系的“两两说”互动，可以有效地锻炼学生的语言应用和迁移能力，为以后的应用打下基础。

Step 3: Self-listening&dialogue

（1）导入。

T:Look,who is coming?—uncle Booky

T:Today,some old friends come to uncle Booky's home.

They are chatting about their family.I'd like to go and have a look.What are they talking?Would you like to go?

（2）学生自主听读和情境对话。

在教师的指导下先听情境对话，然后分两阶段进行说话练习，首先是对今天所学的句型的操练，然后是较为复杂的相关句型的练习。

*评析：教师提供了多种情境的对话，学生在丰富的情境中学习，不仅容易掌握，而且容易迁移，使练习避免了在同一水平上重复；采用了自主听说、两两对话的形式，让每个孩子都参与到说话中来，提高了活动的教学效率；教师和学生的示范不仅明确了重点，而且给学生提供了反馈的机会。

Step 4: Extended reading

（1）教师导入（用 Reading 中的主角）。

T:Today,we also have some new friends to come to our English class.They are talking something.What happened?

学生进入 V-class 系统找到相应的资料进行学习 Dressingup，Introduce my family，Little Tadpole is looking for his Mum，When will Daddy come home 这四篇文章。

（2）教师引导。

T:Can you introduce your family to your partner?

教师出示关键词，帮助学生进行表达和建构知识体系。

*评析：提供与主体相关的不同情境的阅读材料，使学生能够在丰富的语境中学会知识的迁移和更好的理解知识；充分体现了学生的主体性，学生通过自主听说来提高语言的应用能力，而教师则通过安排学习的进程、提供学习资源等活动来体现主导性。

（资料来源：袁磊 马萌“基于网络的基础教育英语跨越式创新试验”教学设计实例——《The Family》教学设计《中国电化教育》 2007.10）

U-learning（Ubiquitous Learning，泛在学习，普适学习）

泛在计算（Ubiquitous Computing）是一种无处不在的计算并且不依赖于任何形式的人工设备。泛在计算的目标是通过物理环境的多个计算机的协作以增强计算机的使用性，同时对于使用者来说这些发挥作用的机器本身不可见。具体来说，泛在计算是给世界所有物体插入芯片，通过网络连接，创造计算机“无处不在”的环境，并进行运算的方式。

泛在学习是泛在计算环境下未来的学习方式，是一种任何人可以在任何地方、任何时刻获取所需的任何信息的方式。就是利用信息技术提供学生一个可以在任何地方、随时、使用手边可以取得的科技工具来进行学习活动的3A（Anywhere，Anytime，Anydevice）学习。目前可用于泛在学习的设备主要是数码学习机、智能手机、PDA（Personal Digital Assistant，个人数字助理）、超小型笔记本电脑、MP3、MP4等。

【内容小结】

信息技术与学科课程整合是教育技术应用的关键所在。通过“整合”把信息技术设备应用到教学实践中，把先进的教学理念灌输到教育者和学习者的头脑中，最终实现教学结构的转变和创新人才的培养。本章介绍了“信息技术与课程整合”的定义，实质和目标，简要地回顾了信息技术运用于教育教学的发展历程，描述我们国家“整合”的现状，分析了存在的问题，并对其他国家的“整合”策略进行介绍。最后介绍了目前国内外常用的5种整合教学案例（“传递—接受”教学案例、“探究性”教学案例、“研究性学习”教学案例、Webquest教学案例和“适时教学”案例），并通过实例进行了指导。

【思考与实践】

1．选择在你所学专业中最感兴趣的一个研究方向，利用网络资源完成一篇对该研究方向的综述。

2．上网搜索一些WebQuest的优秀案例，仔细分析研究，学习其中的设计思想和方法。然后选择一个你感兴趣的课题，独立制作一个WebQuest课例，制作完成后在3～4人的小组内组织讨论，相互评价，提出修改意见。最后，根据组内意见对课例进行修改，上交修改完成的作品。

3．结合自己感兴趣的中小学教学内容，设计、撰写一份“信息技术与课程整合”的教学设计方案（1～2课时内容为宜）。

活动篇

活动一　应用因特网获取多媒体素材资源

一、活动目的

通过活动，逐渐熟悉、熟练应用因特网获取多媒体素材资源的方法和相关技巧，使我们能更有效地利用因特网这个巨大的资源库获取信息，下载资源。同时逐步收集、整理所学专业课程相关资源。

二、活动准备

1．预习（参考第四章中的相关内容）。
2．安装“电子教室”软件并联入因特网的计算机。

三、活动方法建议

1．教师演示计算机网络信息获取相关方法和技巧。
2．布置具体信息搜索目标，让同学迅速找到。
3．教师演示文本、图像、音频、课件、视频等的下载方法和相关技巧。
4．布置学生完成所学专业相关论文一篇、搜索图片一张、制作课件一个等任务。
5．提倡学生对相关资源的收集、积累。

活动二　撰写多媒体化教学教案

一、活动目的

利用教学设计和媒体相关知识实践多媒体教学设计，并形成多媒体化教学方案。

二、活动准备

1．理解教学设计思路、方法。
2．掌握媒体（特别是媒体符号系统）相关知识。

三、活动方法建议

1．模仿第五章第二节中的“第八课 小猴子下山 教案”形式，设计所学专业 1 到 2 课时多媒体教案。

2．组织学生根据“教案”说课。

3．师生点评。

活动三　图像的基本处理与制作

一、活动目的

掌握根据教学需要，利用 Photoshop 处理图像和制作图像的基本方法。

二、活动准备

1．准备安装“电子教室”软件和 Photoshop CS 软件的计算机。

2．相关案例图片。

三、活动方法建议

1．教师结合所开设专业的相关课程需要，示范利用 Photoshop CS 剪裁图片、调整亮度、对比度、色相等案例。

2．学生模拟实践。

3．教师结合所开设专业的相关课程需要，示范利用 Photoshop CS 合成图片素材案例。

4．学生模拟实践。

5．布置学生制作合成所学专业相关课程图片素材。

6．根据实际情况，引导学生对 Photoshop CS 相关运用的拓展学习。

活动四　音频素材的制作

一、活动目的

掌握利用 Windows 系统中的“录音机”程序制作音频素材的基本方法。

二、活动准备

1．安装“电子教室”软件的计算机。

2．相关案例音频素材。

三、活动方法建议

1．教师结合配乐诗、配乐散文或其他案例，示范利用 Windows 系统中的“录音机”程序录制、调整、剪接和合成音频素材的方法和基本技巧。

2．学生模拟实践。

3．布置学生自己录制、制作配乐诗、配乐散文或其他形式的音频素材。

4．根据实际情况，引导学生拓展学习相关音频处理软件（例如，CoolEdit、GoldWave 等）的使用。

活动五　多媒体课件制作

一、活动目的

掌握利用 PowerPoint 2003 制作多媒体课件的方法。

二、活动准备

1．安装有“电子教室”、PowerPoint 2003 软件的计算机。
2．相关课件案例及其素材。

三、活动方法建议

1．教师结合所开设专业的相关课程，示范利用 PowerPoint 2003 制作多媒体课件案例流程（可参考第五章第二节相关内容）。

2．学生模拟实践。

3．布置学生根据“活动二 撰写多媒体化教学教案”中所设计的多媒体化教学教案要求，准备所需素材，然后利用 PowerPoint 2003 制作出多媒体课件（建议按教材示范流程制作，以提高课件制作效率）。

4．根据实际教学情况，引导学生对 PowerPoint 2003 相关运用的拓展学习，或利用 Authorware 制作多媒体课件方法的拓展学习。

活动六　多媒体教学模拟实践

一、活动目的

多媒体教学模拟实践。

二、活动准备

1．多媒体教室或微格教室。
2．学生完成的多媒体课件。

三、活动方法建议

1．学生利用“活动五 多媒体课件制作”中完成的多媒体课件，辅助模拟多媒体化的课堂教学；

2．师生讨论、点评，并给出成绩。

3．引导学生积极探索、实践教学设计，利用现代教育技术提高教学效率和效益，积极投身教学改革。

注：以上活动项目设计主要针对基于计算机、计算机网络、多媒体教学的设计，未涉及常规媒体应用方面，各校可根据实际条件加以补充，不当之处，请不吝赐教，谢谢！

参考文献

[1] 张剑平．现代教育技术——理论与应用．北京：高等教育出版社，2003．

[2] 何克抗，李文光．教育技术学．北京：北京师范大学出版社，2002．

[3] 李兆君．现代教育技术．北京：高等教育出版社，2004．

[4] 李芒，金林．教育技术学导论．北京：北京大学出版社，2009．

[5] 何克抗．论现代教育技术与教育深化改革——关于 ME 命题的论证．电化教育研究，1999(1)(2)．

[6] 何克抗．教学系统设计．北京：北京师范大学出版社，2002．

[7] 乌美娜．教学设计．北京：高等教育出版社，1994．

[8] 皮连生．教学设计——心理学的理论与技术．北京：高等教育出版社，2000．

[9] 张祖忻．教学设计——基本原理与方法．上海：上海外语教育出版社，1992．

[10] 裴娣娜．现代教学论（第一卷）．北京：人民教育出版社，2005．

[11] 盛群力．现代教学设计应用模式．杭州：浙江教育出版社，2002．

[12] 张大均，郭成．教学心理学纲要．北京：人民教育出版社，2006．

[13] 朱慕菊．走进新课程——与课程实施者对话．北京：北京师范大学出版社，2002．

[14] 薛庆文．现代教育技术．北京：科学出版社，2007．

[15] 耿建民，周速．新编现代教育技术．上海：华东师范大学出版社，2009．

[16] 白凤翔，罗滨．现代教育技术技能教程．北京：中国铁道出版社，2007．

[17] 郭向勇．现代教育技术应用教程．广州：广东高等教育出版社，1999．

[18] 郭奕玲．物理学史幻灯片．北京：清华大学图片社，1983．

[19] 荣静娴，钱舍．微格教学与微格教研．上海：华东师范大学出版社，2001．

[20] 孟先恺．微格教学基本教程．北京：北京师范大学出版社，1992．

[21] 孙立仁．微格教学理论与实践研究．北京：科学出版社，1999．

[22] 陈传锋．微格教学初步．广州：中山大学出版社，1999．

[23] 王保顺．校园网设计与远程教学系统开发．北京：人民邮电出版社，2003．

[24] 咸立亭．校园网操作全书．北京：兵器工业出版社，2001．

[25] 黄荣怀．信息技术与教育．北京：北京师范大学出版社，2002．

[26] 祝智庭．现代教育技术——走向信息化教育．北京：教育科学出版社，2000．

[27] 钟义信．信息科学原理．北京：北京邮电大学出版社，1996．

[28] 刘建臣，李文武．信息技术教程．北京：电子工业出版社，2001．

[29] 丁兴富．远程教育学．北京：北京师范大学出版社，2001．

[30] 陈丽．远程教育学基础．北京：高等教育出版社，2004．

[31] 钟志贤．远程教育导论——学与教的原理与方法．北京：高等教育出版社，2005．

[32] 王继新．远程教育原理与技术．武汉：湖北科学技术出版社，2005．

[33] 高小玲．远程教育系统．北京：中国宇航出版社，2004．

[34] 王江华．国家现代远程教育工程实用教程．南昌：江西高校出版社，2006．

[35] 孙杰远．信息技术与课程整合．北京：北京大学出版社，2002．

[36] 潘克明．用系统科学方法论指导信息技术及学科教学整合．中国电化教育．2004．

[37] 何克抗．信息技术与课程深层次整合的理论与方法．电化教育研究．2005．

[38] 张武升．关于教学模式的探讨．教育研究．1988．

[39] 严久．着眼于学生学习方式的转变．全球教育展望．2001．

[40] 胡兴宏．关于学校实施研究性学习的构想．上海教育科研．2000．

[41] 程海东．研究性学习模式初探．教育探索．2001．

[42] 何克抗．对国内外信息技术与课程途径与方法的比较分析．中国电化教育．2009．

[43] 袁磊，马萌．“基于网络的基础教育英语跨越式创新试验”教学设计实例——《The Family》教学设计．中国电化教育．2007．

[44] 何克抗，吴娟．信息技术与课程整合的教学模式研究之一．现代教育技术．2008．

[45] 何克抗，吴娟．信息技术与课程整合的教学模式研究之二．现代教育技术．2008．

[46] 何克抗，吴娟．信息技术与课程整合的教学模式研究之三．现代教育技术．2008．

[47] 何克抗，吴娟．信息技术与课程整合的教学模式研究之四．现代教育技术．2008．

[48] 何克抗，吴娟．信息技术与课程整合的教学模式研究之五．现代教育技术．2008．

[49] 何克抗，吴娟．信息技术与课程整合的教学模式研究之六．现代教育技术．2008．